建筑信息化服务技术人员职业技术辅导教材

BIM 路桥专业基础知识

北京绿色建筑产业联盟
北京百高建筑科学研究院 组织编写

孙立山　主　编

姚丽亚　魏中华　邱　实　刘占省　孔德文　许　琰　副主编

U0330661

中国建筑工业出版社

图书在版编目(CIP)数据

BIM 路桥专业基础知识/孙立山主编. —北京：中国建筑工业
出版社，2019.3
建筑信息化服务技术人员职业技术辅导教材
ISBN 978-7-112-23193-5

Ⅰ. ①B… Ⅱ. ①孙… Ⅲ. ①道路工程-计算机辅助设计-应用软
件-岗位培训-教材②桥梁工程-计算机辅助设计-应用软件-岗位培
训-教材 Ⅳ. ①U412.6 ②U442.5-39

中国版本图书馆 CIP 数据核字(2019)第 010276 号

责任编辑：封　毅　毕凤鸣　周方圆
责任校对：李欣慰

建筑信息化服务技术人员职业技术辅导教材
BIM 路桥专业基础知识

北京绿色建筑产业联盟
北京百高建筑科学研究院　组织编写

孙立山　主　编

姚丽亚　魏中华　邱　实　刘占省　孔德文　许　琰　副主编

*

中国建筑工业出版社出版、发行(北京海淀三里河路 9 号)
各地新华书店、建筑书店经销
北京红光制版公司制版
天津翔远印刷有限公司印刷

*

开本：787×1092 毫米　1/16　印张：12　字数：289 千字
2019 年 5 月第一版　2019 年 5 月第一次印刷
定价：**45.00** 元
ISBN 978-7-112-23193-5
(33271)

《BIM 路桥专业基础知识》编审人员名单

主　　编：孙立山

副 主 编：姚丽亚　魏中华　邱　实　刘占省

　　　　　孔德文　许　琰

主　　审：陆泽荣　陈玉霞

编写人员：王　艳　于　宸　李宏远　王顺超

　　　　　袁　广　史明志　邵　娟　张亚军

　　　　　刘光通　李绪泽　危志勇

丛　书　总　序

中共中央办公厅、国务院办公厅印发《关于促进建筑业持续健康发展的意见》（国发办〔2017〕19号），住房城乡建设部印发《2016—2020年建筑业信息化发展纲要》（建质函〔2016〕183号），《关于推进建筑信息模型应用的指导意见》（建质函〔2015〕159号），国务院印发《国家中长期人才发展规划纲要（2010—2020年）》《国家中长期教育改革和发展规划纲要（2010—2020年）》，教育部等六部委联合印发的《关于进一步加强职业教育工作的若干意见》等文件，以及全国各地方政府相继出台多项政策措施，为我国建筑信息化BIM技术广泛应用和人才培养创造了良好的发展环境。

当前，我国的建筑业面临着转型升级，BIM技术将会在这场变革中起到关键作用；也必定成为建筑领域实现技术创新、转型升级的突破口。围绕住房和城乡建设部印发的《推进建筑信息模型应用指导意见》，在建设工程项目规划设计、施工项目管理、绿色建筑等方面，更是把推动建筑信息化建设作为行业发展总目标之一。国内各省市行业行政主管部门已相继出台关于推进BIM技术推广应用的指导意见，标志着我国工程项目建设、绿色节能环保、装配式建筑、3D打印、建筑工业化生产等要全面进入信息化时代。

如何高效利用网络化、信息化为建筑业服务，是我们面临的重要问题；尽管BIM技术进入我国已经有很长时间，所创造的经济效益和社会效益只是星星之火。不少具有前瞻性与战略眼光的企业领导者，开始思考如何应用BIM技术来提升项目管理水平与企业核心竞争力，却面临诸如专业技术人才、数据共享、协同管理、战略分析决策等难以解决的问题。

在"政府有要求，市场有需求"的背景下，如何顺应BIM技术在我国运用的发展趋势，是建筑人应该积极参与和认真思考的问题。推进建筑信息模型（BIM）等信息技术在工程设计、施工和运行维护全过程的应用，提高综合效益，是当前建筑人的首要工作任务之一，也是促进绿色建筑发展、提高建筑产业信息化水平、推进智慧城市建设和实现建筑业转型升级的基础性技术。普及和掌握BIM技术（建筑信息化技术）在建筑工程技术领域应用的专业技术与技能，实现建筑技术利用信息技术转型升级，同样是现代建筑人职业生涯可持续发展的重要节点。

为此，北京绿色建筑产业联盟特邀请国际国内BIM技术研究、教学、开发、应用等方面的专家，组成BIM技术应用型人才培养丛书编写委员会；针对BIM技术应用领域，组织编写了这套BIM工程师专业技能培训与考试指导用书，为我国建筑业培养和输送优秀的建筑信息化BIM技术实用性人才，为各高等院校、企事业单位、职业教育、行业从业人员等机构和个人，提供BIM专业技能培训与考试的技术支持。这套丛书阐述了BIM技术在建筑全生命周期中相关工作的操作标准、流程、技巧、方法；介绍了相关BIM建模软件工具的使用功能和工程项目各阶段、各环节、各系统建模的关键技术。说明了BIM技术在项目管理各阶段协同应用关键要素、数据分析、战略决策依据和解决方案。提出了推动BIM在设计、施工等阶段应用的关键技术的发展和整体应用策略。

我们将努力使本套丛书成为现代建筑人在日常工作中较为系统、深入、贴近实践的工具型丛书，促进建筑业的施工技术和管理人员、BIM 技术中心的实操建模人员、战略规划和项目管理人员，以及参加 BIM 工程师专业技能考评认证的备考人员等理论知识升级和专业技能提升。本丛书还可以作为高等院校的建筑工程、土木工程、工程管理、建筑信息化等专业教学课程用书。

本套丛书包括四本基础分册，分别为《BIM 技术概论》《BIM 应用与项目管理》《BIM 建模应用技术》《BIM 应用案例分析》，为学员培训和考试指导用书。另外，应广大设计院、施工企业的要求，我们还出版了《BIM 设计施工综合技能与实务》《BIM 快速标准化建模》等应用型图书，并且方便学员掌握知识点的《BIM 技术知识点练习题及详解（基础知识篇）》《BIM 技术知识点练习题及详解（操作实务篇）》。后续我们还将陆续推出面向 BIM 造价工程师、BIM 装饰工程师、BIM 电力工程师、BIM 机电工程师、BIM 铁路工程师、BIM 轨道交通工程师、BIM 工程设计工程师、BIM 路桥工程师、BIM 成本管控、装配式 BIM 技术人员等专业方向的培训与考试指导用书，覆盖专业基础和操作实务全知识领域，进一步完善 BIM 专业类岗位能力培训与考试指导用书体系。

为了适应 BIM 技术应用新知识快速更新迭代的要求，充分发挥建筑业新技术的经济价值和社会价值，本套丛书原则上每两年修订一次；根据《教学大纲》和《考评体系》的知识结构，在丛书各章节中的关键知识点、难点、考点后面植入了讲解视频和实例视频等增值服务内容，让读者更加直观易懂，以扫二维码的方式进入观看，从而满足广大读者的学习需求。

感谢各位编委们在极其繁忙的日常工作中抽出时间撰写书稿。感谢清华大学、北京建筑大学、北京工业大学、华北电力大学、云南农业大学、四川建筑职业技术学院、黄河科技学院、湖南交通职业技术学院、中国建筑科学研究院、中国建筑设计研究院、中国智慧科学技术研究院、中国建筑西北设计研究院、中国建筑股份有限公司、中国铁建电气化局集团、北京城建集团、北京建工集团、上海建工集团、北京中外联合建筑装饰工程有限公司、北京市第三建筑工程有限公司、北京百高教育集团、北京中智时代信息技术公司、天津市建筑设计院、上海 BIM 工程中心、鸿业科技公司、广联达软件、橄榄山软件、麦格大宝集团、成都孺子牛工程项目管理有限公司、山东中永信工程咨询有限公司、海航地产集团有限公司、T-Solutions、上海开艺设计集团、江苏国泰新点软件、浙江亚厦装饰股份有限公司、文凯职业教育学校等单位，对本套丛书编写的大力支持和帮助，感谢中国建筑工业出版社为丛书的出版所做出的大量的工作。

北京绿色建筑产业联盟执行主席　陆泽荣

2019 年 1 月

前　言

改革开放至今，"要想富、先修路"已成为国民共识。截至 2017 年末，我国公路总里程达到 477.35 万公里，里程规模居世界第一。国家投资重点倾斜以及集资渠道的多元化，为我国路桥专业的发展提供了资金保障和良好机遇。为提高我国路桥专业竞争力，适应社会的发展进步，亟需提高我国路桥专业项目的现代信息化管理水平，以改善我国路桥工程项目建设效率低、资源管理利用率低等问题。

当前，BIM 技术被认为是"建筑信息化的最佳解决方案"。为促进 BIM 技术在我国建筑行业的发展与应用，住房城乡建设部相继出台多项政策文件：2011 年 5 月，"十二五"纲要——《2011—2015 建筑行业信息化发展纲要》推进 BIM 技术从设计阶段向施工阶段的应用延伸；2012 年 1 月，《关于印发 2012 年工程建设标准规范制订修订计划的通知》宣告中国 BIM 标准制定工作的正式启动；2013 年 8 月，《关于征求关于推荐 BIM 技术在建筑领域应用的指导意见（征求意见稿）意见的函》明确了到 2020 年末，形成 BIM 技术应用标准和政策体系；2015 年 6 月，《关于推进建筑信息模型应用的指导意见》明确了到 2020 年末，建筑行业甲级勘察、设计单位以及特级、一级房屋路桥工程施工企业应掌握并实现 BIM 与企业管理系统和其他信息技术的一体化集成应用；2016 年 8 月，"十三五"纲要——《2016—2020 年建筑业信息化发展纲要》指出，建筑行业应深入研究 BIM 技术，积极探索在"互联网＋"新形势下的管理、生产、监管的新模式，促进建筑行业企业信息化、行业监管与服务信息化水平，实现跨越式发展。

路桥专业作为建筑行业重点领域，其基于 BIM 的信息化发展不仅有利于提高路桥项目管理组织效率，还可进一步完善和促进建筑行业信息化的发展。与传统的路桥设计、施工技术相比较，路桥工程 BIM 具有充分利用 BIM 技术高度可视化、一体化、参数化、仿真化、协调性、优化性、可图示性及信息完备性等特点。BIM 技术可以很好地应用于路桥项目设计、施工、运维等全生命周期各个阶段中，有效地保证了数据信息的高效传递与共享，为路桥工程各专业人员、运维人员之间的高效协作提供了有力支撑，这不仅有利于提高项目实施效率及成本控制，还可保障项目安全质量，从而实现路桥工程项目的全生命周期一体化的协同管控。

本书针对路桥工程对 BIM 技术的迫切需求现状，首先，结合路桥行业发展现状，简单阐述了 BIM 技术在路桥工程中的应用及发展前景；接着，介绍了路桥工程 BIM 软硬件的构成以及路桥项目 BIM 应用的目标、组织架构、流程、效益等内容；随后，对 BIM 技术在路桥工程设计、施工、运维等阶段的应用要点进行了详细介绍。最后，以实际应用案例展示了 BIM 在路桥项目中的多项优势。

本书由北京工业大学孙立山教授担任主编，北京理工大学姚丽亚，北京工业大学魏中华、邱实、刘占省、孔德文、许琰担任副主编；北京工业大学王艳、于宸、李宏远、王顺超、袁广、史明志、邵娟、张亚军、刘光通，广州市新誉工程咨询有限公司李绪泽、危志勇参与了相应章节的编写工作。在此感谢为本书付出辛勤劳动的全体编审人员！本书在编写过程中参考了大量宝贵的文献，吸取了行业专家的经验。在此，向文献的作者表示衷心的感谢！限于本书编者水平，书中难免存在不当或疏漏之处，敬请读者批评指正。

《BIM 路桥专业基础知识》编写组

2019 年 3 月

目 录

第 1 章　路桥工程 BIM 概述

本章导读

　　BIM 作为一种新的理念、方法、技术和平台的系统集成，提供新一代精细化设计、建造和运维的工程支撑技术和数字化、信息化工作方式，将三维可视化网络协同技术等现代信息技术和工程技术有机结合，革新传统的路桥工程工作模式和流程，实现路桥行业全产业链的更新、改造、升级和技术、管理、体制及机制的跨越，推动行业的新模式、新业态。目前，BIM 技术在建筑领域已经取得了较好的应用效果，但在路桥工程领域仍处于初步发展的阶段。现阶段，主流的 BIM 软件开发商，均已针对路桥工程行业特点提出了相应的解决方案，以适应路桥工程的多样化 BIM 需求。本章在介绍 BIM 技术国内外整体发展现状的基础上，结合当前我国路桥行业的发展现状，着重介绍了 BIM 在路桥工程的技术应用以及路桥工程师的 BIM 职业特点。

1.1　BIM 技术概述

BIM 是 "建筑信息模型（Building Information Modeling）" 的简称，作为建筑学、工程学及土木工程的新工具，是指以三维图形为主、物件导向、建筑学有关的电脑辅助设计。BIM 技术起源于美国佐治亚理工学院（Georgia Institute of Technology）建筑与计算机专业的查克伊斯曼（Chuck Eastman）博士提出的一个概念：建筑信息模型包含了不同专业的所有的信息、功能要求和性能，把一个工程项目的所有信息，如设计、施工、运营管理过程等信息全部整合到一个建筑模型中（图 1.1-1）。目前，BIM 技术已经在全球范围内得到业界的广泛认可，它可以帮助实现建筑信息的集成，从建筑的设计、施工、运行直至建筑全生命周期的终结，各种信息始终整合于一个三维模型信息数据库中，设计团队、施工单位、设施运营部门和业主等各方人员可以基于 BIM 进行协同工作，有效提高工作效率、节约资源、降低成本，以实现可持续发展。

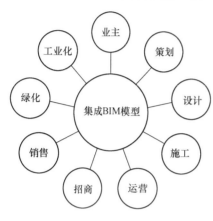

图 1.1-1　各专业集成 BIM 模型图

1.1.1　BIM 技术概念

在《建筑信息模型应用统一标准》GB/T 51212—2016 中，将 BIM 定义为：建筑信息模型 building information modeling 或 building information model（BIM），是指在建设工程及设施在全生命期内，对其物理和功能特性进行数字化描述与表达，并以完成设计、施工、运营的过程和结果的总称 。

BIM 技术是一种多维（三维空间、四维时间、五维成本、N 维更多应用）模型信息集成技术，可以使建设项目的所有参与方（包括政府主管部门、业主、设计、施工、监理、造价、运营管理、项目用户等）在项目从概念产生到完全拆除的整个生命周期内都能够在模型中操作信息以及在信息中操作模型，从而在根本上改变从业人员依靠符号、文字、图纸等传统形式进行项目建设和运营管理的工作方式，其信息库不仅包括描述建筑物构建的几何信息、专业属性以及状态信息，还包含了非构件对象（如空间、运动行为）的状态信息，大大提高工程建设的信息集成化程度，从而实现在建设项目全生命周期内提高工作效率和质量的同时减少错误和风险的目标。

BIM 的含义总结为以下三点：

1）BIM 是以三维数字技术为基础，集成了路桥工程项目各种相关信息的工程数据模型，是对工程项目物理实体与功能特性的数字化表达。

2）BIM 是一个完善的信息模型，能够连接建筑项目在生命期内不同阶段的数据、过程和资源，是对工程对象的完整描述，提供可自动计算、查询、组合拆分的实时工程数据，可被建设项目各参与方普遍使用。

3）BIM 具有单一工程数据源，可解决分布式、异构工程数据之间的一致性和全局共享问题，支持建设项目生命期中动态的工程信息创建、管理和共享，是项目实时的共享数据平台。

1.1.2 BIM 技术特点

1.1.2.1 可视化

可视化即"所见所得"的形式，对于路桥行业来说，可视化的真正运用在路桥行业发展中的作用是非常大的。BIM 提供可视化的思路，将以往的线条式构件形成一种三维的立体实物图形展示在人们面前，项目设计、建造、运营过程中的沟通、讨论、决策都可在可视化的状态下进行。

1. 设计可视化

设计可视化是在路桥设计阶段以三维方式直观呈现出来的界面视图。设计师能够运用设计可视化的三维思考方式有效地完成路桥设计，同时也使业主（或最终用户）可直接获取路桥项目的信息，真正摆脱了技术壁垒限制，并且可大大减小业主与设计师间的交流沟通障碍。

BIM 工具，一般包括隐藏线、带边框着色和真实渲染等多种可视化模式，图 1.1.2.1-1 是在这三种模式下的桥梁模型图例。

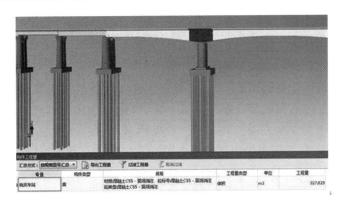

图 1.1.2.1-1 BIM 可视化的桥梁模型图

此外，BIM 还具有漫游功能，可通过创建相机路径，创建动画或一系列图像，向客户进行模型展示（图 1.1.2.1-2）。

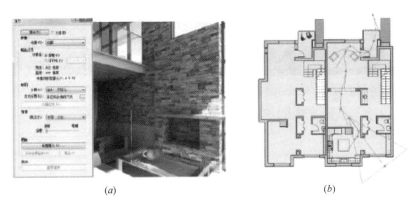

(a)　　　　　　　　　　　　　　　(b)

图 1.1.2.1-2 BIM 漫游可视化图

（a）漫游路径设置；（b）渲染设置

3

2. 施工可视化

1）施工组织可视化

施工组织可视化是利用 BIM 工具创建建筑设备、周转材料、临时设施等诸多模型，用来模拟施工过程，确定施工方案，进行施工组织。通过创建各种模型，可以在电脑中进行虚拟施工，使施工组织可视化（图 1.1.2.1-3）。

图 1.1.2.1-3　施工组织可视化图

2）复杂构造节点可视化

复杂构造节点可视化是利用 BIM 的可视化特性将复杂的构造节点通过可视化特性来全方位地呈现，如复杂的钢筋节点等。图 1.1.2.1-4 是复杂钢筋节点的可视化应用，传统 CAD 图纸［图 1.1.2.1-4（a）］难以表示的钢筋排布，在 BIM 中则很好地展现［图 1.1.2.1-4（b）］，甚至可以做出钢筋模型的动态视频，有利于施工和技术交流。

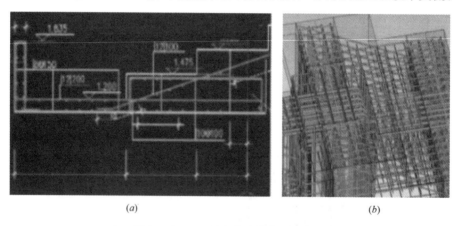

（a）　　　　　　　　　　　　　　　　　　（b）

图 1.1.2.1-4　复杂构造节点可视化图
（a）CAD 图纸；（b）BIM 展现

3. 设备可操作性可视化

设备可操作性可视化即利用 BIM 技术对建筑设备空间布局是否合理进行提前的检验。某高速公路服务区机房的 BIM 模型如图 1.1.2.1-5 所示，通过该模型可以验证机房的操作空间布置是否合理，并对管道支架进行优化。通过制作工作集和设置不同施工路线，可

图 1.1.2.1-5　设备可操作性可视化图

以制作多种多样的设备安装动画，不断调整，从中找出最佳的设备安装位置和工序。与传统的施工方法相比，该方法更直观、清晰。

4. 机电管线碰撞检查可视化

机电管线碰撞检查可视化即通过将各专业模型组装为一个整体 BIM 模型，从而使机电管线与建筑物的碰撞点以三维方式直观显示出来。在传统的路桥工程施工方法中，对管线碰撞检查的方式主要有两种：一是把不同专业的 CAD 图纸在一张图上进行观察，根据施工经验和空间想象力找出碰撞点并加以修改；二是在施工的过程中边工作边修正。上述两种方法均费时费力，效率较低。通过 BIM 模型技术应用，可以提前在真实的三维空间中找出碰撞点，并由各专业人员在模型中调整好碰撞点或不合理之处后再导出 CAD 图纸。某路桥工程管线碰撞检查如图 1.1.2.1-6 所示。

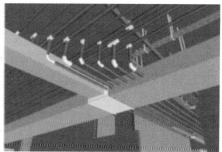

图 1.1.2.1-6　管线碰撞可视化图

1.1.2.2　一体化

一体化指的是 BIM 技术可进行从设计到施工再到运营的贯穿工程项目全生命周期的一体化管理。BIM 的技术核心是一个由计算机三维模型所形成的数据库，不仅包含了建筑师的设计信息，而且可以容纳从设计到建成使用，甚至是使用周期终结的全过程信息。BIM 可以持续提供项目设计范围、进度以及成本信息，这些信息完整可靠并且完全协调。BIM 能在综合数字环境中保持信息不断更新并可提供访问，使建筑师、交通工程师、施工人员以及业主可以清楚全面地了解项目。这些信息在建筑设计、施工和管理的过程中能使项目质量显著提高，收益增加。BIM 在整个路桥行业从上游到下游的各个企业间不断完善，从而实现项目全生命周期的信息化管理，最大化地实现项目的功能最大化。

在设计阶段，BIM 可以将路桥、建筑、结构、给水排水、空调、电气等各个专业基于同一个模型中进行工作，从而真正意义上使三维集成协同设计成为可能。同时 BIM 能够将整个设计整合到一个共享的路桥设计模型中，使结构与设备、设备与设备间的冲突直观地显现出来，工程师们可在三维模型中随意查看，并能准确查看到可能存在问题的地方，并及时调整，从而极大避免了施工中的浪费。这在很大程度上促进设计施工的一体化过程。在道路施工阶段，BIM 可以同步提供有关路桥建筑质量、进度以及成本的信息。BIM 可以帮助施工人员促进路桥建筑的量化，迅速为业主制定并展示场地使用情况或更新调整情况的规划，实现整个施工周期的可视化模拟与可视化管理，提高文档质量，改善施工规划。最终能将业主更多的施工资金投入建设中，而不是行政和管理中。此外 BIM 还能在运营管理阶段提高收益和成本管理水平，为路桥运营管理部门提供很大的透明度和便利性。BIM 的应用发展，对于工程建设设计施工一体化各个环节，必将产生深远的影响。这项技术已经可以清楚地表明其在协调方面的设计，缩短设计与施工时间，显著降低成本，改善工作场所安全和可持续地路桥项目带来整体效益的提高。

1.1.2.3　参数化

参数化建模指的是通过参数（变量）而不是数字建立和分析模型，简单地改变模型中的参数值就能建立和分析新的模型。

参数化设计可以大大提高模型的生成和修改速度。在参数化设计中，设计人员根据工程关系和几何关系来指定设计要求。

BIM 的参数化设计分为两个部分："参数化图元"和"参数化修改引擎"。"参数化图元"指的是 BIM 中的图元是以构件的形式呈现，这些构件之间的区别，主要通过对参数的调整来反映，参数保存了图元作为数字化建筑构件的所有信息；"参数化修改引擎"指的是参数更改技术使用户对建筑设计或文档部分做出的任何改动，都可以自动地在其他相关联的部分反映出来。参数化设计的本质是在可变参数的作用下，系统能够自动维护所有的不变参数。因此，参数化模型中建立的各种约束关系，正是体现了设计人员的设计意图。参数化设计可以大大提高模型的生成和修改速度。

1.1.2.4　仿真性

1. 建筑物性能分析仿真

建筑物性能分析主要包括能耗分析、光照分析、设备分析、绿色分析等。建筑物性能分析仿真基于 BIM 技术道路工程师在设计过程中赋予所创建的虚拟路桥模型中需要的大量结构信息（几何信息、材料性能、构件属性等），然后将 BIM 模型导入相关性能分析软件，最终得到相应分析结果。这一性能使得原本 CAD 时代需要专业人士花费大量时间进行海量专业数据输入的过程，如今可自动轻松完成，显著降低了工作周期，提高了设计质量，优化了对业主的服务。

2. 施工仿真

1）施工方案模拟、优化

施工方案模拟优化是指通过 BIM 可对项目重点及难点部分进行建设可行性模拟与分析，按月、日、时进行施工安装方案的分析优化，验证复杂建筑体系（如施工模板、梁柱装配、锚固等）的可建造性，从而提高施工计划的可行性。对项目管理方而言，可直观了解整个施工安装环节的时间节点、安装工序及疑难点。而施工方也可对原有安装方案进行进一步的优化和改善，达到提高施工效率和施工方案的安全性的目的。

2）工程量自动计算

BIM 模型作为一个富含工程信息的数据库，可真实地提供造价管理所需的各类工程量数据。基于这些数据信息，计算机可快速对各种路桥工程量进行统计分析，显著减少了繁琐的人工操作和潜在误差，实现了工程量信息与设计文件的统一。通过 BIM 所获得的准确的工程量统计，可用于设计前期的成本估算、方案比选、成本比较以及开工前预算和竣工后决算等工作。

3）消除现场施工过程干扰或施工工艺冲突

随着路桥行业规模和 BIM 使用功能复杂程度的增加，设计方、施工方甚至业主部门，对于路桥行业综合的出图要求愈加强烈。利用 BIM 技术，通过搭建各专业 BIM 模型，设计师能够在虚拟三维环境下快速发现并及时排除施工中可能遇到的碰撞冲突，显著减少由此产生的变更申请单，更大大提高施工现场作业效率，降低了因施工不协调造成的成本增长和工期延误。

3. 施工进度模拟

施工进度模拟即通过将 BIM 与施工进度计划相链接，把空间信息与时间信息统一整合在一个可视的 4D 模型中，直观、精确地反映整个施工过程。当前路桥工程项目管理中常用来表示进度计划的甘特图，特点为专业性强，但存在着可视化程度低，无法清晰描述施工进度以及各种复杂关系（尤其是动态变化过程）等缺陷。而通过基于 BIM 技术的施工进度模拟可直观、精确地反映整个施工过程，进而可缩短工期、降低成本、提高质量。

4. 运维仿真

1）设备运行监控

设备的运行监控即采用 BIM 技术实现对建筑物设备的搜索、定位、信息查询等功能。在设备信息集成的基础上，运用计算机对运维 BIM 模型中的设备进行操作，可以快速查询设备的所有信息，如生产厂商、使用寿命期限、联系方式、运行维护情况以及设备所在位置等。利用终端设备、二维码和 RFID 技术，通过对设备运行周期的预警管理可以迅速对发生故障的设备进行检修，有效地防止交通等运行事故的发生。

2）能源运行管理

路桥工程建筑设备数量庞大、专业性强，能源需求形式多样、消耗量大，给施工、运维阶段的能源管理带来了不小的压力。能源运行管理即通过 BIM 模型对路桥工程项目相关用户的能源使用情况进行监控与管理，赋予每个能源使用记录表传感功能，在管理系统中及时做好信息的收集处理，通过能源管理系统对能源消耗情况自动进行统计分析，并且可以及时发现设备安全运行隐患，提示运维人员及时处理，降低工程能源运行管理难度。

3）建筑空间管理

建筑空间管理即基于 BIM 技术业主通过三维可视化直观地查询定位到每个路桥工程结构的空间位置以及信息，如结构名称、建筑面积、租约区间、租金情况、物业管理情况；还可以实现工程结构各种信息的提醒功能，同时根据结构信息的变化，实现对数据的及时调整和更新。

1.1.2.5 协调性

"协调"一直是路桥行业工作中的重点内容，不管是施工单位还是业主或设计单位，无不在做着协调及配合的工作。基于 BIM 进行工程管理，有助于工程各参与方开展组织协调工作。通过 BIM 建筑信息模型可在建筑物建造前期协调各专业的碰撞问题，生成并提供协调数据。

1. 设计协调

设计协调指的是通过 BIM 三维可视化控件及程序自动检测，可对路桥工程内机电管线和设备进行直观布置模拟设计和安装，检查是否发生设计冲突，找出核心问题所在及矛盾，还可调整墙柱尺寸、钢筋点位等。从而有效解决传统方法易引起的设计缺陷，提升设计质量，减少后期修改，降低成本及风险。

2. 整体进度规划协调

整体进度规划协调是指基于 BIM 技术，对路桥工程施工进度进行模拟，同时根据最前线的经验和知识进行调整，极大地缩短施工前期的技术准备时间，并帮助各类各级人员对设计意图和施工方案获得更高层次的理解。以前施工进度通常是由技术人员或管理层敲定的，容易出现与下级人员之间信息断层的情形。如今，BIM 技术的应用使得施工方案更高效、更完美。

3. 成本预算、工程量估算协调

成本预算、工程量估算协调指的是应用 BIM 技术可以为造价工程师提供各个设计阶段准确的工程量、设计参数和工程参数，这些工程量、参数与技术经济指标结合，可以计算出准确的估算、概算，再运用价值工程和限额设计等手段对设计成果进行优化。同时，基于 BIM 技术生成的工程量不是简单的长度和面积的统计，专业的 BIM 造价软件可以进行精确的 3D 布尔运算和实体扣减，从而获得更符合实际的工程量数据，并且可以自动生成电子文档来交换、共享、远程传递和永久存档。相较于较传统统计方法，在很大程度上提高了准确率和速度，有效降低了造价工程师的工作强度，提高了工作效率。

4. 运维协调

BIM 系统包含了多方运维相关信息，如厂家价格信息、竣工模型、维护信息、施工阶段安装深化图等，BIM 系统能够把成堆的图纸、报价单、采购单、工期图等统筹在一起，基于这些信息进行运维协调，最终呈现出直观、实用的数据信息。

运维管理主要体现在以下方面：

1）空间协调管理

空间协调管理主要应用在照明、消防等各系统和设备空间定位方面。应用 BIM 技术业主可获取各系统和设备空间位置信息，把原来编号或者文字表示变成三维图形位置，这样使位置信息更加直观形象且方便查找。如通过 RFID 获取大楼的安保人员位置。其次，BIM 技术可应用于内部空间设施可视化，利用 BIM 建立一个可视三维模型，所有数据和信息可以从模型获取调用。如装修的时候，可快速获取不能拆除的管线、承重墙等建筑构件的相关信息。

2）设施协调管理

设施协调管理主要体现在设施的装修、空间规划和维护操作。BIM 技术能够提供关于建筑项目的协调一致的、可进行计算的信息，该信息可用于共享及重复使用，从而可降低业主和运营商之间由于缺乏操作性而导致的成本损失。此外基于 BIM 技术还可对重要设备进行远程控制，把原来商业地产中独立运行的各种设备通过 RFID 等技术汇总到统一的平台上进行综合管理和控制。通过远程控制，可充分了解设备的运行状况，为业主更好地进行运维管理提供良好条件。

3）隐蔽工程协调管理

基于 BIM 技术的运维可以管理复杂的地下管网，如污水管、排水管、网线、电线以及相关管井，并且可以在图上直接获得相对位置关系。当改建或二次装修的时候可以避开现有管网位置，便于管网维修、更换设备和定位。内部相关人员可以共享这些电子信息，有变化可随时调整，保证信息的完整性和准确性。

4）应急协调管理

通过 BIM 技术的运维管理对突发事件进行管理，具体包括预防、警报和处理。以消防事件为例，该管理系统可以通过喷淋感应器感应信息；如果发生着火事故，在商业广场的 BIM 信息模型界面中，就会自动触发火警警报；着火区域的三维位置和房间立即进行定位显示；控制中心可以及时查询相应的周围环境和设备情况，为及时疏散人群和处理灾情提供重要信息。

5）节能减排管理协调

通过 BIM 结合物联网技术的应用，使得日常能源管理监控变得更加方便。通过安装具有传感功能的电表、水表、煤气表后，可以实现建筑能耗数据的实时采集、传输、初步分析、定时定点上传等基本功能，并具有较强的扩展性。系统还可以实现室内温湿度的远程监测，分析房间内的实时温湿度变化，配合节能运行管理。在管理系统中可以及时收集所有能源信息，并且通过开发的能源管理功能模块，对能源消耗情况进行自动统计分析，比如各区域、各户主的每日用电量、每周用电量等，并对异常能源使用情况进行警告或者标识。

1.1.2.6 优化性

整个设计、施工、运营的过程其实就是一个不断优化的过程，没有准确的信息是做不出合理优化结果的。BIM 模型提供了道路和桥梁存在的实际信息，包括几何信息、物理信息、规则信息，还提供了建筑物变化以后的实际存在。BIM 及与其配套的各种优化工具提供了对复杂项目进行优化的可能：把项目设计和投资回报分析结合起来，计算出设计变化对投资回报的影响，使得业主知道哪种项目设计方案更有利于自身的需求，对设计施工方案进行优化，可以带来显著的工期和造价改进。

1.1.2.7 可图示性

运用 BIM 技术，除了能够进行建筑平、立、剖及详图的输出外，还可以出具碰撞报告及构件加工图等。

1. 施工图纸输出

通过将路桥、建筑、结构、电气、给水排水、暖通等专业的 BIM 模型整合后，进行管线碰撞检测，可以出综合管线图（经过碰撞检查和设计修改，消除了相应错误以后）、综合结构留洞图（预埋套管图）、碰撞检查报告和建议改进方案。

1）路桥与结构专业的碰撞

路桥与结构专业的碰撞主要包括路桥与结构图纸中的标高、柱、剪力墙等的位置是否一致等。图 1.1.2.7-1 是梁与门之间的碰撞。

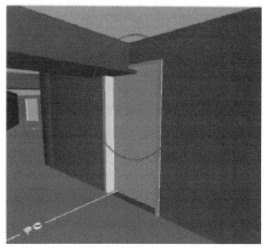

图 1.1.2.7-1　梁与门碰撞图

2）设备内部各专业碰撞

设备内部各专业碰撞内容主要是检测各专业与管线的冲突情况，如图 1.1.2.7-2 所示。

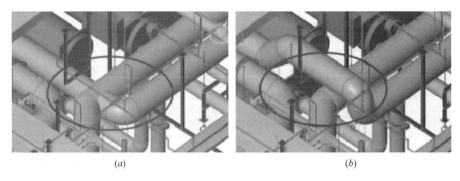

(a)　　　　　　　　　　　　　　　　　　*(b)*

图 1.1.2.7-2　设备管道互相碰撞图

（*a*）检测出的碰撞；（*b*）优化后的管线

3）路桥、结构专业与设备专业碰撞

路桥专业与设备专业的碰撞如设备与室内装修碰撞，如图 1.1.2.7-3 所示；结构专业与设备专业的碰撞如管道与梁柱冲突，如图 1.1.2.7-4 所示。

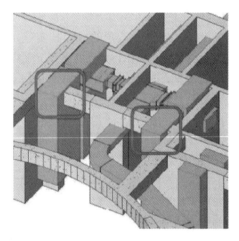

图 1.1.2.7-3　水管穿吊顶图　　　　　　图 1.1.2.7-4　风管和梁碰撞图

4）解决管线空间布局

基于 BIM 模型可调整解决管线空间布局问题，如机房过道狭小、各管线交叉等。管线交叉及优化具体过程如图 1.1.2.7-5 所示。

2. 构件加工指导

1）构件加工出图

通过 BIM 模型对路桥建设的信息化表达，可在 BIM 模型上直接生成构件加工图，不仅能清楚地传达传统图纸的二维关系，而且对于复杂的空间剖面关系也可以清楚准确地表达，同时还能够将离散的二维图纸信息汇集到一个模型当中，这样的模型能够更加紧密地实现与预制工厂的协同和对接。

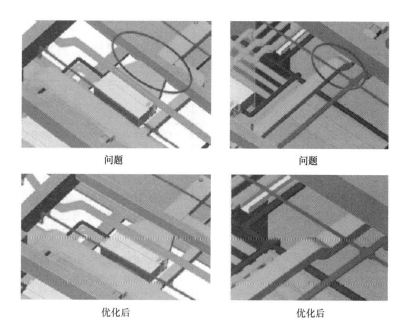

图 1.1.2.7-5 BIM 解决管线空间布局问题

2）构件生产指导

在生产加工过程中，BIM 信息化技术可以直观地表达出配筋的空间关系和各种参数情况，能自动生成构件下料单、派工单、模具规格参数等生产表单，并且能通过可视化的直观表达方式帮助工人更好地理解设计意图，可以形成 BIM 生产模拟动画、流程图、说明图等辅助培训的材料，有助于提高工人生产的准确性和质量效率。

3）实现预制构件的数字化制造

借助工厂化、机械化的生产方式，采用集中、大型的生产设备，将 BIM 信息数据输入设备，就可以实现机械的自动化生产，这种数字化建造的方式可以大大提高工作效率和生产质量。比如现在已经实现了钢筋网片的商品化生产，符合设计要求的钢筋在工厂自动下料、自动成形、自动焊接（绑扎），形成标准化的钢筋网片。

1.1.2.8 信息完备性

信息完备性体现在 BIM 技术可对工程对象进行 3D 几何信息和拓扑关系的描述以及完整的工程信息描述。如对象名称、结构类型、建筑材料、工程性能等设计信息；施工工序、进度、成本、质量以及人力、机械、材料资源等施工信息；工程安全性能、材料耐久性能等维护信息；对象之间的工程逻辑关系等。

1.1.3 BIM 的优势

CAD 技术将路桥工程师、建筑师、工程师们从手工绘图推向计算机辅助制图，实现了工程设计领域的第一次信息革命。但是此信息技术不能使各个领域和环节之间有所关联，并且从整个产业整体来看，信息化的综合应用仍明显不足。而 BIM 是一种技术、一种方法、一种过程，它既包括建筑物全生命周期的信息模型，同时又包括路桥工程管理行为的模型，它将两者进行完美的结合来实现集成管理，它的出现可能引发整个 A/E/C

（Architecture/Engineering/Construction）领域的第二次革命。

BIM 技术较二维 CAD 技术的优势见表 1.1.3-1。

BIM 技术较二维 CAD 技术的优势表   表 1.1.3-1

面向对象 \ 类别	CAD 技术	BIM 技术
基本元素	基本元素为点、线、面，无专业意义	基本元素如墙、窗、门等，不但具有几何特性，同时还具有建筑物理特征和功能特征
修改图元位置或大小	需要再次画图，或者通过拉伸命令调整大小	所有图元均为参数化建筑构件，附有建筑属性；在"族"的概念下，只需要更改属性，就可以调节构件的尺寸、样式、材质、颜色等
各路桥建筑物元素间的关联性	各个建筑元素之间没有相关性	各个构件是相互关联的，例如删除一面墙，墙上的窗和门跟着自动删除；删除一扇窗，墙上原来窗的位置会自动恢复为完整的墙
路桥建筑物整体修改	需要对建筑物各投影面依次进行人工修改	只需进行一次修改，则与之相关的平面、立面、剖面、三维视图、明细表等都自动修改
路桥建筑物信息的表达	提供的建筑信息非常有限，只能将纸质图纸电子化	包含了建筑的全部信息，不仅提供形象可视的二维和三维图纸，而且提供工程量清单、施工管理、虚拟建造、造价估算等更加丰富的信息

1.1.4 BIM 国内外发展历程

1.1.4.1 BIM 技术的发展沿革

BIM 作为对包括工程建设行业在内的多个行业的工作流程、工作方法的一次重大思索和变革，其雏形最早可追溯到 20 世纪 70 年代。如前文所述，查克伊士曼博士（Chuck Eastman，Ph. D.）在 1975 年提出了 BIM 的概念；在 20 世纪 70 年代末至 80 年代初，英国也在进行类似 BIM 的研究与开发工作，当时，欧洲习惯把它被称为"产品信息模型（Product Information Model）》，而美国通常称之为"建筑产品模型（Building Product Model）"。

1986 年罗伯特·艾什（Robert Aish）发表的一篇论文中，第一次使用"Building Information Modeling"一词，他在这篇论文描述了今天我们所知的 BIM 论点和实施的相关技术，并在该论文中应用 RUCAPS 建筑模型系统分析了一个案例来表达了他的概念。

21 世纪前的 BIM 研究由于受到计算机硬件与软件水平的限制，BIM 仅能作为学术研究的对象，很难在工程实际应用中发挥作用。

21 世纪以后，计算机软硬件水平的迅速发展以及对建筑生命周期的深入理解，推动了 BIM 技术的不断前进。自 2002 年，BIM 这一方法和理念被提出并推广之后，BIM 技术变革风潮便在全球范围内席卷开来。

1.1.4.2 BIM 在国外的发展状况

1. BIM 在美国的发展现状

美国是较早启动路桥行业信息化研究的国家，发展至今，BIM 研究与应用都走在世界前列（图 1.1.4.2-1、图 1.1.4.2-2）。

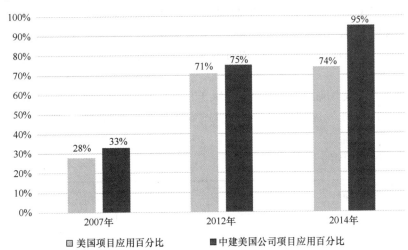

图 1.1.4.2-1 美国 BIM 应用趋势

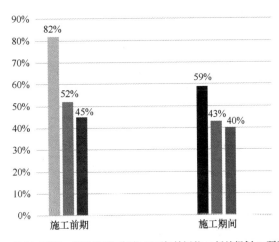

图 1.1.4.2-2 美国 BIM 应用点

目前，美国大多建筑项目已经开始应用 BIM，BIM 的应用点种类繁多，而且存在各种 BIM 协会，也出台了各种 BIM 标准。政府自 2003 年起，实行国家级 3D-4D-BIM 计划；自 2007 年起，规定所有重要项目要通过 BIM 进行空间规划。关于美国 BIM 的发展，有以下几大 BIM 的相关机构。

1）GSA

2003 年，为了提高建筑领域的生产效率、提升路桥行业信息化水平，美国总务署（General Service Administration，GSA）下属的公共建筑服务（Public Building Service）部门的首席设计师办公室（Office of the Chief Architect，OCA）推出了全国 3D-4D-BIM 计划。从 2007 年起，GSA 要求所有大型项目（招标级别）都需要应用 BIM，最低要求是空间规划验证和最终概念展示都需要提交 BIM 模型。所有 GSA 的项目都被鼓励采用 3D-

4D-BIM 技术，并且根据采用这些技术的项目承包商的应用程序不同，给予不同程度的资金支持。目前 GSA 正在探讨在项目生命周期中应用 BIM 技术，包括空间规划验证、4D 模拟、激光扫描、能耗和可持续发展模拟、安全验证等，并陆续发布各领域的系列 BIM 指南，在官网可供下载，对于规范和 BIM 在实际项目中的应用起到了重要作用。

2）USACE

2006 年 10 月，美国陆军工程兵团（the US Army Corps of Engineers、USACE）发布了为期 15 年的 BIM 发展路线规划，为 USACE 采用和实施 BIM 技术制定战略规划，以提升规划、设计和施工质量及效率（图 1.1.4.2-3）。规划中，USACE 承诺未来所有军事建筑项目都将使用 BIM 技术。

初始操作能力	建立生命周期数据互用	完全操作能力	生命周期任务自动化
2008年8个COS（标准化中心）BIM具备生产能力	90%符合美国BIM标准； 所有地区美国BIM标准具备生产能力	美国BIM标准作为所有项目合同公告、发包、提交的一部分	利用美国BIM标准数据大大降低建设项目的成本和时间
2008	2010	2012	2020

图 1.1.4.2-3　USACE 的 BIM 发展图

3）bSa

Building SMART 联盟（building SMART alliance，bSa）致力于 BIM 的推广与研究，使项目所有参与者在项目生命周期阶段能共享准确的项目信息。通过 BIM 收集和共享项目信息与数据，可以有效地节约成本、减少浪费。美国 bSa 的目标是在 2020 年之前，帮助建设部门节约 31% 的浪费或者节约 4 亿美元。bSa 下属的美国国家 BIM 标准项目委员会（the National Building Information Model Standard Project Committee-United States，NBIMS-US），专门负责美国国家 BIM 标准（the National Building Information Model Standard，NBIMS）的研究与制定。2007 年 12 月，NBIMS-US 发布了 NBIMS 第一版的第一部分，主要包括了关于信息交换和开发过程等方面的内容，明确了 BIM 过程和工具的各方定义、相互之间数据交换要求的明细和编码，使不同部门可以充分开发协商一致的 BIM 标准，更好地实现协同。2012 年 5 月，NBIMS-US 发布 NBIMS 第二版的内容。NBIMS 第二版的编写过程采用了一个开放投稿（各专业 BIM 标准）、民主投票决定标准的内容（Open Consensus Process），因此，也被称为是第一份基于共识的 BIM 标准。

2. BIM 在英国的发展现状

与大多数国家不同，英国政府要求强制使用 BIM。2011 年 5 月，英国内阁办公室发布了政府建设战略（Government Construction Strategy）文件，明确要求：到 2016 年，政府要求全面协同的 3D BIM，并将全部的文件以信息化管理。

政府要求强制使用 BIM 的文件得到了英国路桥行业 BIM 标准委员会（AEC（UK）BIM Standard Committee）的支持。迄今为止，英国路桥行业 BIM 标准委员会已发布了英国路桥行业 BIM 标准（AEC（UK）BIM Standard）、适用于 Revit 的英国路桥行业

BIM 标准（AEC（UK）BIM Standard for Revit）、适用于 Bentley 的英国路桥行业 BIM 标准（AEC（UK）BIM Standard for Revit），并还在制定适用于 ArchiCAD、Vectorworks 的 BIM 标准，这些标准的制定为英国的 AEC 企业从 CAD 过渡到 BIM 提供切实可行的方案和程序。

英国目前 BIM 技术的使用情况可分为三类：第一类是仅仅对 BIM 只有表面了解；第二类是会使用 BIM；第三类是对 BIM 既没有了解也没有任何相关使用各类比例如图 1.1.4.2-4 所示。

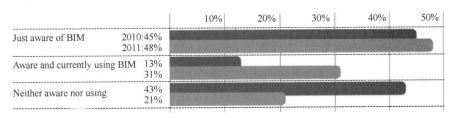

图 1.1.4.2-4　英国 BIM 使用情况图

3. BIM 在新加坡的发展现状

在 BIM 这一术语引进之前，新加坡当局就注意到信息技术对路桥行业的重要作用。早在 1982 年，建筑管理署（Building and Construction Authority，BCA）就有了人工智能规划审批（Artificial Intelligence plan checking）的想法，2000～2004 年，发展 CORENET（Construction and Real Estate NETwork）项目，用于电子规划的自动审批和在线提交，是世界首创的自动化审批系统。2011 年，BCA 发布了新加坡 BIM 发展路线规划（BCA's Building Information Modelling Roadmap），规划明确推动整个路桥行业在 2015 年前广泛使用 BIM 技术。为了实现这一目标，BCA 分析了面临的挑战，并制定了相关策略（图 1.1.4.2-5）。

图 1.1.4.2-5　新加坡 BIM 发展策略图

在创造需求方面，新加坡政府部门带头在所有新建项目中明确提出 BIM 需求。2011 年，BCA 与一些政府部门合作确立了示范项目。BCA 将强制要求提交建筑 BIM 模型（2013 年起）、结构与机电 BIM 模型（2014 年起），并且最终在 2015 年前实现所有建筑面积大于 5000m² 的项目都必须提交 BIM 模型的目标。

在建立 BIM 能力与产量方面，BCA 鼓励新加坡的大学开设 BIM 课程、为毕业学生组织密集的 BIM 培训课程、为行业专业人士建立了 BIM 专业学位。

4. BIM 在北欧国家的发展现状

北欧国家如挪威、丹麦、瑞典和芬兰，是一些主要的路桥行业信息技术的软件厂商所在地，因此，这些国家是全球最早一批采用基于模型的设计的国家，也在推动建筑信息技术的互用性和开放标准。北欧国家冬天漫长多雪，这使得建筑的预制化非常重要，这也促进了包含丰富数据、基于模型的 BIM 技术的发展，并导致了这些国家及早就进行了 BIM 的部署。

北欧四国政府并未强制要求全部使用 BIM，由于当地气候的要求以及先进建筑信息技术软件的推动，BIM 技术的发展主要是企业的自觉行为。如 2007 年，Senate Properties 发布了一份建筑设计的 BIM 要求（Senate Properties' BIM Requirements for Architectural Design，2007），自 2007 年 10 月 1 日起，Senate Properties 的项目仅强制要求建筑设计部分使用 BIM，其他设计部分可根据项目情况自行决定是否采用 BIM 技术，但目标将是全面使用 BIM。该报告还提出，在设计招标将有强制的 BIM 要求，这些 BIM 要求将成为项目合同的一部分，具有法律约束力；建议在项目协作时，建模任务需创建通用的视图，需要准确的定义；需要提交最终 BIM 模型，且建筑结构与模型内部的碰撞需要进行存档；流程分为四个阶段：Spatial Group BIM、Spatial BIM、Preliminary Building Element BIM 和 Building Element BIM。

5. BIM 在日本的发展现状

在日本，有 2009 年是日本的 BIM 元年之说。大量的日本设计公司、施工企业开始应用 BIM，而日本国土交通省也在 2010 年 3 月表示，已选择一个政府建设项目作为试点，探索 BIM 在设计可视化、信息整合方面的价值及实施流程。

2010 年，日经 BP 社 2010 年调研了 517 位设计院、施工企业及相关建筑行业从业人士，了解他们对于 BIM 的认知度与应用情况。结果显示，BIM 的知晓度从 2007 年的 30% 提升至 2010 年的 76%。2008 年的调研显示，采用 BIM 的最主要原因是 BIM 绝佳的展示效果，而 2010 年人们采用 BIM 主要用于提升工作效率，仅有 7% 的业主要求施工企业应用 BIM，这也表明日本企业应用 BIM 更多的是企业的自身选择与需求。日本 33% 的施工企业已经使用 BIM，在这些企业当中近 90% 是在 2009 年之前开始实施的。

日本 BIM 相关软件厂商认识到，BIM 需要多个软件来互相配合，这是数据集成的基本前提，因此多家日本 BIM 软件商在 IAI 日本分会的支持下，以福井计算机株式会社为主导，成立了日本国国产解决方案软件联盟。此外，日本建筑学会于 2012 年 7 月发布了日本 BIM 指南，从 BIM 团队建设、BIM 数据处理、BIM 设计流程、应用 BIM 进行预算、模拟等方面为日本的设计院和施工企业应用 BIM 提供了指导。

6. BIM 在韩国的发展现状

韩国在运用 BIM 技术上十分领先，多个政府部门都致力于制定 BIM 的标准。2010 年 4 月，韩国公共采购服务中心（Public Procurement Service，PPS）发布了 BIM 路线图（图 1.1.4.2-6），内容包括：2010 年，在 1、2 个大型工程项目应用 BIM；2011 年，在 3、4 个大型工程项目应用 BIM；2012～2015 年，超过 50 亿韩元大型工程项目都采用 4D BIM 技术（3D＋成本管理）；2016 年前，全部公共工程应用 BIM 技术。2010 年 12 月，PPS 发布了《设施管理 BIM 应用指南》，针对设计、施工图设计、施工等阶段中的 BIM 应用进行指导，并于 2012 年 4 月对其进行了更新。

2010 年 1 月，韩国国土交通海洋部发布了《建筑领域 BIM 应用指南》，该指南为开发商、建筑师和工程师在申请四大行政部门、16 个都市以及 6 个公共机构的项目时，提

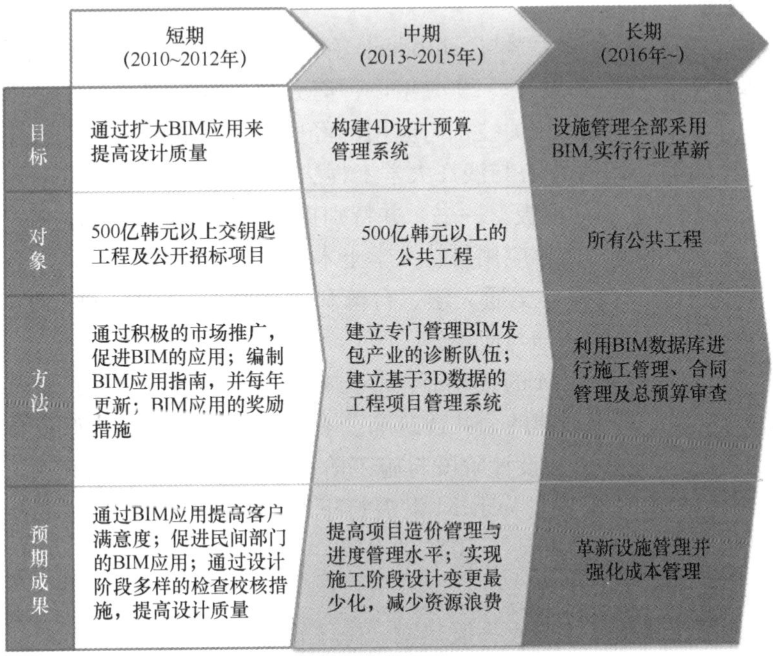

图 1.1.4.2-6 BIM 路线图

供采用 BIM 技术时必须注意的方法及要素的指导。指南应该能在公共项目中系统地实施 BIM，同时也为企业建立实用的 BIM 实施标准。

综上，BIM 技术在国外的发展情况如表 1.1.4.2-1 所示。

BIM 国外发展情况 表 1.1.4.2-1

国家	BIM 应用现状
英国	政府明确要求 2016 年前企业实现 3D BIM 的全面协同
美国	政府自 2003 年起，实行国家级 3D 4D BIM 计划，自 2007 年起，规定所有重要项目通过 BIM 进行空间规划
韩国	政府计划于 2016 年前实现全部公共工程的 BIM 应用
香港	2014～2015 年，政府计划将 BIM 应用作为所有房屋项目的设计标准
新加坡	政府成立 BIM 基金；计划于 2015 年前，超 80%路桥行业企业广泛应用 BIM
北欧国家	已经孕育 Tekla、Solibri 等主要的路桥行业信息技术软件厂商
日本	建筑信息技术软件产业成立国家级国产解决方案软件联盟

1.1.4.3 BIM 在国内的发展状况

1. BIM 在香港

香港的 BIM 发展也主要靠行业自身的推动。早在 2009 年，香港便成立了香港 BIM 学会。2010 年，香港的 BIM 技术应用目前已经完成从概念到实用的转变，处于全面推广的最初阶段。香港房屋署自 2006 年起，已率先试用建筑信息模型；为了成功地推行 BIM，自行订立 BIM 标准、用户指南、组建资料库等设计指引和参考。这些资料有效地为模型建立、管理档案以及用户之间的沟通创造了良好的环境。2009 年 11 月，香港房屋署发布了 BIM 应用标准。香港房屋署提出，在 2014～2015 年该项技术将覆盖香港房屋署的所有项目。

2. BIM 在台湾

在科研方面，2007 年台湾大学与 Autodesk 签订了产学合作协议，重点研究建筑信息模型（BIM）及动态工程模型设计。2009 年，台湾大学土木工程系成立了工程信息仿真与管理研究中心，促进了 BIM 相关技术与应用的经验交流、成果分享、人才培训与产学研合作。2011 年 11 月，BIM 中心与淡江大学工程法律研究发展中心合作，出版了《工程项目应用建筑信息模型之契约模板》一书，并特别提供合同范本与说明，补充了现有合同内容在应用 BIM 上之不足。高雄应用科技大学土木系也于 2011 年成立了工程资讯整合与模拟（BIM）研究中心。此外，交通大学、台湾科技大学等对 BIM 进行了广泛的研究，推动了中国台湾对于 BIM 的认知与应用。

中国台湾的政府层级对 BIM 的推动有两个方向。首先，对于建筑产业界，政府希望其自行引进 BIM 应用。对于新建的公共建筑和公有建筑，其拥有者为政府单位，工程发包监督都受政府管辖，则要求在设计阶段与施工阶段都以 BIM 完成。其次，一些直辖市也在积极学习国外的 BIM 模式，为 BIM 发展打下基础；另外，政府也举办了一些关于 BIM 的座谈会和研讨会，共同推动了 BIM 的发展。

3. BIM 在大陆

近来 BIM 在国内路桥行业形成一股热潮，除了前期软件厂商的大声呼吁外，政府相关单位、各行业协会与专家、设计单位、施工企业、科研院校等也开始重视并推广 BIM。2010 年、2011 年，中国房地产业协会商业地产专业委员会、中国路桥行业协会工程建设质量管理分会、中国建筑学会工程管理研究分会、中国土木工程学会计算机应用分会组织并发布了《中国商业地产 BIM 应用研究报告 2010》和《中国工程建设 BIM 应用研究报告 2011》，一定程度上反映了 BIM 在我国工程建设行业的发展现状（图 1.1.4.3-1）。根据这两年的报告，关于 BIM 的知晓程度从 2010 年的 60% 提升至 2011 年的 87%。2011 年，共有 39% 的单位表示已经使用了 BIM 相关软件，而其中以设计单位居多。

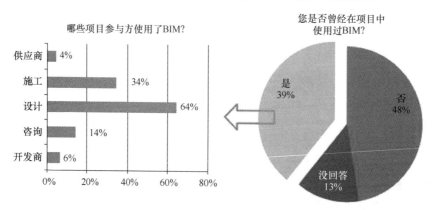

图 1.1.4.3-1　BIM 使用调查图

2011 年 5 月，住房城乡建设部发布的《2011-2015 建筑行业信息化发展纲要》中，明确指出：在施工阶段开展 BIM 技术的研究与应用，推进 BIM 技术从设计阶段向施工阶段的应用延伸，降低信息在传递过程中的衰减；研究基于 BIM 技术的 4D 项目管理信息系统在大型复杂工程施工过程中的应用，实现对路桥工程有效的可视化管理等。加快建筑信息化建设及促进建筑行业技术进步和管理水平提升的指导思想，达到普及 BIM 技术概念和应用的目标，使 BIM 技术初步应用到工程项目中去，通过住房城乡建设部和各行业协会的引导作用来保障 BIM 技术的推广。这拉开了 BIM 在中国应用的序幕。

2012 年 1 月，住房城乡建设部《关于印发 2012 年工程建设标准规范制订修订计划的通知》宣告了中国 BIM 标准制定工作的正式启动，其中包含五项 BIM 相关标准：《路桥工程信息模型应用统一标准》《路桥工程信息模型存储标准》《路桥工程设计信息模型交付标准》《路桥工程设计信息模型分类和编码标准》《制造工业工程设计信息模型应用标准》。其中，《路桥工程信息模型应用统一标准》的编制采取"千人千标准"的模式，邀请行业内相关软件厂商、设计院、施工单位、科研院所等近百家单位参与标准研究项目、课题、子课题的研究。至此，工程建设行业的 BIM 热度日益高涨。

2013 年 8 月，住房城乡建设部发布了《关于征求〈关于推进 BIM 技术在建筑领域应用的指导意见（征求意见稿）〉意见的函》，首次提出了工程项目全生命期质量安全和工作效率的思想，并要求确保工程建设安全、优质、经济、环保，确立了近期（至 2016 年）和中长期（至 2020 年）的目标，明确指出，2016 年以前政府投资的 2 万 m^2 以上大型公共建筑以及申报绿色建筑项目的设计、施工采用 BIM 技术；截至 2020 年，完善 BIM 技术应用标准、实施指南，形成 BIM 技术应用标准和政策体系。

2014 年度，《关于推进建筑行业发展和改革的若干意见》再次强调了 BIM 技术工程设计、施工和运行维护等全过程应用重要性。各地方政府关于 BIM 的讨论与关注更加活跃，上海、北京、广东、山东、陕西等各地区相继出台了各类具体的政策推动和指导 BIM 的应用与发展。

2015 年 6 月，住房城乡建设部《关于推进建筑信息模型应用的指导意见》中，明确发展目标：到 2020 年末，建筑行业甲级勘察、设计单位以及特级、一级房屋路桥工程施工企业应掌握并实现 BIM 与企业管理系统和其他信息技术的一体化集成应用。并首次引入全生命期集成应用 BIM 的项目比率，要求以国有资金投资为主的大中型建筑、申报绿色建筑的公共建筑和绿色生态示范小区的比率达到 90%，该项目标在后期成为地方政策的参照目标；保障措施方面添加了市场化应用 BIM 费用标准，搭建公共建筑构件资源数据中心及服务平台以及 BIM 应用水平考核评价机制，使得 BIM 技术的应用更加规范化，做到有据可依，不再是空泛的技术推广。

2016 年，住房城乡建设部发布了"十三五"纲要——《2016～2020 年建筑行业信息化发展纲要》，相比于"十二五"纲要，引入了"互联网＋"概念，以 BIM 技术与路桥行业发展深度融合，塑造建筑行业新业态为指导思想，实现企业信息化、行业监管与服务信息化、专项信息技术应用及信息化标准体系的建立，达到基于"互联网＋"的建筑行业信息化水平升级。

总的来说，国家政策是一个逐步深化、细化的过程，从普及概念到工程项目全过程的深度应用再到相关标准体系的建立完善，由点到面，逐渐完成 BIM 技术应用的推广工作，硬性要求应用比率以及和其他信息技术的一体化集成应用，同时开始上升到管理层面，开发集成、协同工作系统及云平台，提出 BIM 的深层次应用价值，如与绿色建筑、装配式及物联网的结合，BIM＋时代到来，使 BIM 技术得以深入建筑行业的各个方面。

1.1.5 BIM 应用现状

BIM 是从美国发展起来的，逐渐扩展到欧洲、日韩等发达国家。目前 BIM 在这些国家的发展态势和应用水平都达到了一定程度，其中，又以美国的应用最为广泛和深入。而在我国，一向是亚洲潮流风向标的中国香港地区，BIM 技术已经广泛应用于各类型房地产开发项目中。

当前的 BIM 市场主要呈现以下特征：

1. BIM 技术应用覆盖面较窄

BIM 在当前路桥工程中的运用还仅限于培训和咨询，而且参与 BIM 培训的以施工单位居多，覆盖面较小，没有达到推广和普及的层面。

2. 涉及项目的实践较少

当前路桥工程中只有部分项目尝试应用 BIM 技术，且只在项目中某阶段选择性地应用，缺少项目全生命周期运用 BIM 技术的案例及经验。

3. 缺少专业的 BIM 工程师

当前 BIM 技术培训对象多为新入职应届毕业生，很多大型设计院以人才定向培养或直接到培训机构聘请学员的形式来进行设计院内部的 BIM 人才架构建设。对于 BIM 以及其软件在路桥工程中的应用效果，一些有多年实际工程经验的设计师仍然多存质疑。

4. 前期投入高

运用 BIM 技术需要大量资金投入配备相应的软硬件设备，以及培训能够熟练掌握该项技术的人员，后期的维护也是价格高昂，虽然从已运用 BIM 技术的项目来看，BIM 项目取得了收益，但 BIM 项目的投资回报率却低于基准收益率。

5. 软件数据的传递问题

目前国内在 BIM 软件自主研发方面还存在较大差距，已经使用的 BIM 软件大部分都由国外引进，此类软件引入我国后与国产相关软件存在交互性差、兼容性差等问题，导致信息数据传递效率低下，直接降低了 BIM 等模型价值，增加了设计人员工作重复率以及工作成本。在软件之间数据转换的过程中，问题主要表现为两个方面：一是 BIM 软件之间转换后信息数据的丢失；二是 BIM 软件与分析软件的数据接口不完善，直接增加了大量的重复性工作，降低了模型、数据的利用率，影响了建筑行业信息在整个生命周期的流畅度。

6. 缺少统一 BIM 标准

BIM 技术由国外研发，相应标准也是依照国外情形而定，与国外相比，我国现有的建筑行业体制不统一，缺乏较完善的 BIM 应用标准，加之业界对于 BIM 的法律责任界限不明，导致路桥行业推广 BIM 应用的环境不够成熟。现有的 BIM 标准、行业体制及规范仍存在差异，所以制定出符合我国国情的统一的 BIM 标准是目前急需解决的问题。

1.2 路桥行业现状

1.2.1 行业业态

公路是指连接城市、乡村和工矿基地之间，主要供汽车行驶并具备一定技术标准和设施的道路。公路根据使用任务、功能和适应的交通量，一般可以分为高速公路、一级公路、二级公路、三级公路、四级公路和等级外公路。衡量公路差别的主要技术指标有：计算行车速度、行车道宽度、路基宽度、极限最小平曲线半径、停车视距、最大纵坡、桥涵设计车辆荷载及桥面车道数。

桥梁是指供铁路、道路、渠道、管线等跨越河流、山谷或其他交通线时使用的建筑物。桥梁按使用性质可分为公路桥、公铁两用桥、人行桥、机耕桥、过水桥等。按跨径大小和多跨总长分为小桥、中桥、大桥、特大桥。其中特大桥是指多孔跨径总长＞500m，单孔跨径＞100m 的桥梁，大桥是指多孔跨径总长＞100m，单孔跨径＞40m 的桥梁。

经济发展交通先行，公路桥梁作为发展中国家的支撑，有着举足轻重的地位。改革开放以来，我国公路建设事业迅猛发展，尤其是高速公路建设从无到有，作为公路建设重要组成部分的桥梁建设也得到快速发展，跨越大江、海峡的大桥梁建设也相继开展，一般公路和高等级公路上的中、小桥、立交桥，形式多样，工程质量不断提高，为公路运输提供了安全、舒适的服务。根据《交通运输行业发展统计学报》，2017 年末我国国道里程 35.84 万 km，省道里程 33.38 万 km。农村公路里程 400.93 万 km，其中县道 55.07 万 km，乡道 115.77 万 km，村道 230.08 万 km。2017 年末全国通公路的乡（镇）占全国乡（镇）总数 99.99%，其中通硬化路面的乡（镇）占全国乡（镇）总数 99.39%、比 2016 年提高 0.38 个百分点；通公路的建制村占全国建制村总数 99.98%，其中通硬化路面的建制村占全国建制村总数 98.35%、提高 1.66 个百分点。而 2017 年末全国公路桥梁 83.25 万座、5225.62 万 m，比 2016 年增加 2.72 万座、308.66 万 m，其中特大桥梁 4646 座、826.72 万 m，大桥 91777 座、2424.37 万 m。全国公路隧道 16229 处、1528.51 万 m，增加 1048 处、124.54 万 m，其中特长隧道 902 处、401.32 万 m，长隧道 3841 处、659.93 万 m。根据相关资料显示，在 1979 年第一次公路普查时，全国公路总里程 87.6 万 km。随着时间的增长，公路里程逐渐增长，截至 2017 年已达到了 477.35 万 km，是第一次公路普查的 6 倍。我国公路里程分年度统计信息见表 1.2.1-1。

公路里程统计表　　　　　　　　　　　　表 1.2.1-1

年份	1979	2000	2008	2009	2010	2011	2012	2013	2014	2015	2016	2017
总里程/万 km	87.6	167.98	358	370	400	410.6	423.6	435.6	446.4	457.73	469.63	477.35

路桥工程设计行业属于集智力与技术的密集型行业，市场较为分散：国内特大型、全国性的建筑企业一般都设有专门从事工程设计的分、子公司，各省、市也都有各种规模的交通设计院从事路桥工程设计。

水运建设方面，我国 2017 年完成水运建设投资 1238.88 亿元，比 2016 年下降 12.6%。其中，内河建设完成投资 569.39 亿元，增长 3.1%，内河港口新建及改（扩）建码头泊位 180 个，新增通过能力 6597 万 t，其中万吨级及以上泊位新增通过能力 820 万 t，全年改善内河航道里程 590.38km；沿海建设完成投资 669.49 亿元，下降 22.6%，沿海港口新建及改（扩）建码头泊位 107 个，新增通过能力 19581 万 t，其中万吨级及以上泊位新增通过能力 18153 万 t。全年完成公路水路支持系统及其他建设投资 648.96 亿元，比 2016 年增长 31.2%。

1.2.2　行业分析

1. 路桥行业发展的机遇

改革开放至今,"要想富、先修路"已成为共识,加快交通基础设施建设已变成了人们的自觉行动。国家投资重点倾斜以及集资渠道的多元化,为我国公路桥梁发展提供了资金保障。总体而言,目前我国的政策、法规、经济环境以及技术环境对路桥行业的发展十分有利。路桥工程设计行业属于智力、技术密集型行业。随着国内市场的逐渐开放,越来越多的国外企业、私营企业也将进入我国的路桥工程设计市场,市场竞争愈发激烈。国内的路桥工程设计企业主要分为两种类型:单一业务的工程设计企业以及综合型工程服务企业。单一业务的工程设计企业一般规模较小,仅能为客户提供工程项目的前期设计服务;而综合型工程服务企业一般下设专门从事工程设计业务的分、子公司,同时还能提供工程总承包、施工专业分包、试验检测、融资、采购等服务,为业主提供"一揽子"工程解决方案。交通运输的发展是区域经济发展的基础条件,而在各种交通运输方式中,公路运输相对于铁路、水路及航空运输来说所占比重更大,尤其是在内陆地区,由于铁路运输的非直达性、内河航道的缺乏、空运的高成本以及高速公路建设的快速发展等诸多原因,公路运输已经成为地区间最直接、最有效的运输方式。

公路是联系各种运输方式(如水运、航空、铁路等)的重要手段,这些运输方式的正常运转也在很大程度上依赖公路运输来实现。近年来,高等级公路特别是高速公路日益增加,其设计时速高、通行能力大、安全性能高、运输成本低等优势,又大大增强了公路运输在综合运输体系以及区域经济发展中的重要作用。同时,国民经济的快速增长又将增加公路固定资产投资,从而刺激公路运输的发展,双方之间相互促进、相互影响。

2. 目前路桥行业发展面临的危机

我国路桥行业在蓬勃发展的同时,也面临着行业性质、市场竞争、买方及其他利益集团等诸多方面的威胁。国家正处于公路建设需求的高峰期,所以目前来看路桥行业是比较景气的,但我们不能保证 10 年、20 年后路桥建设不会走向低谷,这是行业性质所造成的威胁。在激烈的市场竞争中企业会面临许多竞争的挑战,对路桥行业的企业来说,竞争最主要是来自同行,包括来自国内同行以及国际化日趋深入后国外路桥行业带来的外来威胁。

此外,路桥行业的买方就是业主,随着市场竞争的激烈化,业主的选择面越来越广,业主为了节省投资、提高建设质量、加快建设周期而提出的各种要求可以说是越来越苛刻,因此来自业主的威胁也是不容忽视的。如果企业被业主限制,少参加一次投标,就多失一次机会,这将为企业的发展带来一定的阻力。

3. 路桥行业内部条件分析

对企业内部战略条件进行分析的目的及任务主要是了解企业自身各种条件及其组织的状态,确认企业在行业中的竞争地位、优势与劣势。

1)路桥行业在当今市场经济大潮下,发展趋势看好,目前全国公路通车总里程达 477 万 km,其中高速公路还只有 13 万 km 左右,这些远不能满足国民经济发展的需要,所以路桥行业的整体发展前景是乐观的。中国的"一带一路"等国家倡议为我国经济向前稳定发展创造了有利条件。同时市场经济体制的建立为公路建设投资日趋多元化提供了条件，"政府投资、地方筹资、社会集资、利用外资"，"贷款修路、收费还贷、滚动发展"和利用政府财政债券、发行股票、上市等多渠道投融资体制，有效地解决了公路建设资金紧张的问题。上述大的背景都为我国路桥行业的快速发展提供了坚强的后盾和带来了便利。

2）我们也应清楚看到，路桥行业不能只看眼前的良好势头，要居安思危，看到自己的短处。比如建筑市场能力过剩，供大于需，"僧多粥少"，市场竞争日趋激烈。而在路桥行业则出现低价中标，本来路桥施工就是微利行业，尤其是近年来，通过对私营企业的开放，更加剧了投标企业的竞争激烈程度。

1.2.3 行业存在问题

路桥行业发展过程中在实际施工方面主要存在如下几个方面的问题：

1. 工程管理体系不完善

一些路桥工程单位尚未建立起完善的工程管理体系，缺乏对路桥工程施工质量的管理，无法保证路桥工程质量，也会给交通运行安全埋下隐患。例如，路桥工程企业没有建立完善的合同管理制度、没有建立完善的组织机构以及没有建立严格施工人员管理制度等，这些缺陷对于确保路桥工程的施工质量是非常不利的。

2. 路桥工程单位组织机构不合理

受到实际工程实施因素的影响，部分路桥单位的组织机构可能会是临时性组织机构，机构工作人员也是临时拼凑而成的。因此，这种临时性的组织机构自身就会存在很大的问题与局限，机构工作人员在工作过程中只注重表面形式，没有形成施工质量管理和工程合同管理意识，思想观念落后，难以客观保证路桥工程的施工质量。

3. 施工现场管理混乱

路桥施工现场是企业人流、物流、信息流的汇集地，也是工程产品最终形成的场所，所以抓好施工现场管理显得越来越重要。2009年以来，在引入国外先进管理理念的同时，我国路桥项目管理水平得到了不断的提高。但是，施工现场管理混乱的现象还是比较严重，距离创建文明施工现场还比较远。尽管国家有关部门对施工现场文明施工要求多年，然而，施工现场管理的"脏、乱、差"现象依然存在。简单地说，脏是指施工现场不整洁，设备仪容不美观，施工垃圾堆积较多；乱是指材料乱堆乱放，机械不按规定停放，占用施工场地；差是指施工现场组织管理混乱。

4. 安全方面重视低

在目前企业自主经营、自负盈亏的管理模式下，施工主体大多追求的是直接经济利益，不注重施工安全管理，普遍存在安全管理"说起来重要，做起来次要，忙起来不要"的现象。对安全资金投入也不足。如：安全防护极其简陋，特别是连高空、水上、深基坑和高边坡下以及隧道开挖道坑内等高危施工作业区域的安全措施也得不到有效保障。同样现场施工人员安全方面素质偏低。绝大部分施工人员都是来自于农村的劳务工，施工安全知识相当缺乏。即使采取了三级安全教育，施工人员的安全素质还是达不到预期的目标。而项目部编制的安全施工方案、安全保证体系、突发事件应急预案，往往是为了应付检查，东拼西凑而成的，安全管理方案没有针对具体工程项目的实际情况，非常空洞，也无法落实。项目部不设专职安全员，没有人来做安全管理方面的工作，有的安全岗位由其他管理人员兼任，有的安全管理人员素质偏低，起不到安全监督和管理的作用。所以对安全方面的重视比较低。

5. 不健全的路桥工程监理机制

在路桥工程施工过程中，缺乏完善的路桥工程监理机制，对于保证路桥工程的施工质量起到严重的阻碍作用。路桥工程的工程监理机制不够健全。首先，路桥工程监理机构缺乏独立性，无法充分发挥监理机构对施工工程的监督和管理职能；其次，监理机构良莠不齐，很多监理机构并不具备工程监理的资质；最后，路桥工程监理工作人员素质较差，并且身兼数职，很难有效地开展监理工作。

1.2.4　行业发展

改革开放以来，我国公路建设事业迅猛发展，尤其是高速公路建设。作为公路建设重要组成部分的桥梁也得到相应发展，跨越大江（河）、海峡（湾）的长大桥梁也相继修建，一般公路和高等级公路上的中、小桥、立交桥，形式多样，工程质量不断提高，为公路运输提供了安全、舒适的服务。改革开放初期，我国经济持续快速发展，群众出行需求日益旺盛，国内外贸易规模不断扩大，但公路基础设施发展严重滞后。为破解公路基础设施严重落后对经济社会发展的瓶颈制约，1984 年 12 月，国务院第 54 次常务会议做出"贷款修路，收费还贷"的重大决定，打破了公路建设单纯依靠财政投资的体制束缚，逐步形成了"国家投资、地方筹资、社会融资、利用外资"的多元化投融资机制，对我国公路交通的快速发展起到了至关重要的作用。

在 2017 年末，全国公路总里程达到 477.35 万 km，是 1984 年末的 5.2 倍。其中，高速公路达到 13.65 万 km，里程规模居世界第一。公路基础设施的快速发展，大幅提高了公路通行能力和运输效率，加快了物流业发展，促进了我国经济社会持续健康发展。2017年，全国公路旅客周转量为 9765.18 亿人/km，是 1984 年的 7.3 倍；公路货物周转量为 66771.52 亿吨/km，是 1984 年的 126.6 倍。

随着经济的发展、综合国力增强，我国的建筑材料、设备、建筑技术都有了较快发展。特别是电子计算技术的广泛应用，为广大工程技术人员提供了方便、快捷的计算分析手段。更重要的是我国的经济政策为公路事业发展提供多元化的筹资渠道，保证了建设资金来源。同时，我国经济发展，材料、机械、设备工业相应发展，也为我国修建大跨径斜拉桥和悬索桥提供了有力保障。再加上广大桥梁建设者的精心设计和施工，使我国建桥水平已跃身世界先进行列。

1.3　路桥工程 BIM 技术概述

1.3.1　路桥工程 BIM 发展历程与现状

BIM 技术的提出始于 20 世纪末的美国，近年来 BIM 的应用和发展已经趋于成熟，新加坡、日本以及欧美等发达国家均开始广泛使用 BIM 软件。其应用领域贯穿于项目的整个设计阶段、施工阶段以及建成后的维护和管理阶段。大企业已经具备 BIM 技术能力，BIM 专业咨询公司也已经出现，这些都为中小企业应用 BIM 技术提供了有力支持。

在国内，BIM 也已受到广泛重视。一些项目率先应用上了 BIM，比如 2008 北京奥运会奥运村空间规划及物资管理信息系统、南水北调工程以及香港地铁项目等。BIM 技术应用的最大价值在于打通路桥建设的全生命周期。虽然，国内一些具有前隐性与战略眼光的施工企业开始思考如何应用 BIM 技术来提升项目管理水平与企业核心竞争力。但从西方国家发展起来的 BIM 系统至今仍未在我国得到广泛推广，主要原因有以下几点：一是国内普及的设计软件没有 BIM 概念，与国际上的软件不接轨；二是国外形成的 BIM 标准在国内并不使用。这就需要我们形成一套自己的 BIM 系统。我国已经开始将 BIM 建筑信息模型系统列为国家科技部 "十二五" 的重点研究项目《路桥行业信息化关键技术研究与应用》。同时 BIM 也被住房城乡建设部认可，称其为 "建筑信息化的最优解决方案"。由此可见，BIM 建筑信息模型系统对中国工程建设行业有着举足轻重的作用。路桥建设行业也可以对其进行引入设计，在这样的背景下，我们看到了路桥工程和 BIM 结缘的必然性。巨大的建设量带来大量沟通和实施环节的信息流失，BIM 所带来的信息整合，重新定义了设计值桿，能够很大程度上改善这一状况。此外，建筑生命周期管理和节能分析，也在很大程度上满足了可持续发展和国家资金规划管理信息化的需求。

BIM 在路桥工程中应用如下：

1. 高效建模

BIM 可以帮助我们更高效地设计道路和高速公路工程模型。同时可以利用内置的部件，根据常用设计规范更迅速地设计交通标识、桩基结构等，或者根据设计标准创建自己的部件。通过直观的交互或变更定义道路横断面的输入参数即可轻松地修改整个道路模型。由于施工图和标注将始终处于最新状态，可以使设计者集中精力优化设计。

2. 计算工程量

利用复合体积算法或平均断面算法，更快速地计算现有曲面之间的土方量，使用生成土方调配图表，用以分析适合的挖填距离，取移动的土方数量及移动方向，确定取土坑和弃土堆的可能位置。从道路模型中可以提取工程材料数量，进行项目成本及时分析。

3. 快捷生成图纸

使用外部参考和数据快捷键可生成多个图纸的草图，如标注完整的横断面图、纵断面图和土方施工图等。这样，在工作流程中可利用与模型中相同的图例生成施工图纸。一旦模型变更，可以更快地更新所有的施工图，按照路线走向自动完成图纸和图幅线的布局，并根据布局生成平面和纵断面图纸。地图册功能会对整个项目的图纸进行安排，同时生成针对整个图纸集的重要地围和图例。

4. 响应设计变更

经过不断的变革与改进，如今的工程设计流程比以往更为完善和复杂，设计评审通常涉及非 CAD 使用者，但同时又是对项目非常重要的团队成员。因为数据直接来自模型，所以报告可以轻松地进行更新，从而更迅速地响应设计变更，并且可以利用数字方式让整个团队的人员参与设计评审。

5. 多领城协作

路桥结构工程师可以直接从路桥设计工程师处获取纵断面、路线和曲面等信息，使得结构工程师便于在软件中设计桥梁、箱形涵洞和其他交通构筑物。

1.3.2　路桥工程各业态的 BIM 应用内容

BIM 技术是贯穿于建设生命全周期的技术模式。在工程建设的施工阶段，是将建设项目规划设计变成现实的关键环节，施工企业建立以 BIM 应用为载体的项目管理信息化体系，能够提升施工建设水平，保证施工质量，得到更多的经济效益。BIM 技术在路桥行业施工阶段具体应用价值体现在以下几个方面：

1）三维渲染，宣传展示，给人以真实感和直接的视觉冲击。依据施工计划，形象地展示场地和大型设备的布置情况，复杂节点的施工方案，施工顺序的选择。进行 4D 的模拟，对不同的施工方案进行对比选择等。建好的 BIM 模型可以作为二次渲染开发的模型基础，显著提高了三维渲染效果的精度与效率，给业主更为直观的宣传介绍，提升中标可能性。

2）快速算量，大幅提升精度。BIM 数据库的创建，通过建立 6D 关联数据库，可以准确快速计算工程量，提升施工预算的精度与效率。由于 BIM 数据库的数据精细度达到构件级，可以快速提供支撑项目各条线管理所需的数据信息，有效提升施工管理效率。通过 BIM 模型提取材料用料、设备统计、管控造价，预测成本造价，从而为施工单位项目投标及施工过程中的造价控制提供合理的依据。

3）精确计划，减少浪费。施工企业精细化管理很难实现的根本原因在于海量的工程数据无法快速准确获取以支持资源计划，致使经验主义盛行。而 BIM 的出现可以让相关管理人员快速准确地获取工程基础数据，大大减少了资源、物流和仓储环节的浪费，可为施工企业实现限额领料、消耗控制等精确人才计划提供有效技术支撑。

4）虚拟施工，有效协同。三维可视化功能再加上时间维度，可以进行虚拟施工。随时随地直观快速地将施工计划与实际进展进行对比，同时进行有效协同，施工方、监理方、甚至非工程行业出身的业主领导都能够对工程项目的各种问题和情况了如指掌。这样通过 BIM 技术结合施工方案、施工模拟和现场视频监测，大大减少建筑质量问题、安全问题，减少返工和整改的次数。

5）碰撞检查，减少返工。BIM 最直观的特点在于三维可视化，利用 BIM 的三维技术在前期可以进行碰撞检查，优化工程设计，减少在建筑施工阶段可能存在的错误损失和返工的可能性，而且提供优化净空、优化管线的排布方案。施工人员可以利用碰撞优化后的三维管线方案，进行施工交底、施工模拟，提高施工质量，同时也提高了与业主之间沟通的能力。

1.3.3　路桥工程 BIM 应用各阶段及其流程

近年来，基于 BIM 的三维设计技术和手段逐渐增多，BIM 技术在各阶段的应用更加广泛。

1. 设计阶段

在设计阶段应用，BIM 技术下的建模设计过程是以三维状态为基础，不同于 CAD 基于二维状态下的设计。在常规 CAD 状态下的设计，绘制墙体、柱等构件没有构件属性，只是由点、线、面构成的封闭图形。而在 BIM 技术下绘制的构件本身具有各自的属性，每一个构件在空间中都通过 X、Y、Z 坐标标记各自的独立属性。设计过程中设计师构想能够通过电脑屏幕上虚拟出来三维立体图形，达到三维可视化下的设计。同时构建的模型具有各自的属性，如柱子，点击属性可知柱子的位置、尺寸、高度、混凝土强度等，这些属性可以通过软件将数据保存为信息模型，也可以由其他专业导入数据。

1) 创建了全新三维状态下可视化的设计方法

BIM 软件打破了传统 CAD 状态下设计的二维状态，以三维状态为基础，绘制的墙体、柱等构件除了是点、线、面构成的封闭图形之外，本身存储各自的属性，这是常规 CAD 所没有的属性。

2) 提供不同专业之间协同设计的数据共享平台

首先，在传统条件下各个专业间的建筑模型设计数据不能相互导出和导入，使各个专业间缺乏相互的协作沟通，即使设计院内部通过大量的技术把关，也只能解决建筑和结构间的构件尺寸统一问题，对于水电、暖通和建筑、结构间的构件冲突都只能在施工过程中再进行修改。因此各专业图纸间的矛盾众多，导致施工过程中变更加大，施工单位在施工过程中协调的难度可想而知；设计单位不断调整设计变更增加工作量，造成工程成本增加，达不到业主要求。

其次，在 BIM 技术下的设计，各个专业通过相关的三维设计软件协同工作，能够最大限度地提高设计速度。并且建立各个专业间互享的数据平台，实现各个专业的有机合作，提高图纸质量。例如欧特克通过开发的 AutoCAD Architecture、AutoCAD Revit、Revit Architecture、Autodesk Robot structural analysis 系列软件，使路桥工程师在完成路桥建筑选型、路桥建筑平面、立面图形布置完成后，即可将数据保存为 BIM 信息，导入结构工程师、设备水电工程师专业数据，由结构工程师进行承重构件的设计和结构计算，设备及水电专业工程师同时进行各自专业设计。在路桥和结构专业都完成后，将包含路桥和结构专业数据的 BIM 信息导入水电、暖通、电梯、智能专业进行优化。将水电、暖通、设备等专业的 BIM 信息导入路桥、建筑、结构专业，即可实现各个专业间数据的共享和互通，从而实现真正意义上在共享平台下的协同设计，进而可实现各个专业间的有效协调，避免专业与专业间的构件矛盾。

2. 施工阶段

在施工阶段的应用，运用建筑信息模型（BIM）技术，建立用于进行虚拟施工和施工过程控制、成本控制的模型。该模型能够将工艺参数与影响施工的属性联系起来，以反映施工模型与设计模型间的交互作用。通过 BIM，实现 3D+2D（三维+时间+费用）条件下的施工模型，保持了模型的一致性及模型的可持续性，实现虚拟施工过程各阶段和各方面的有效集成。

3. 运维阶段

在运维阶段应用，提供空间管理、设施管理、隐蔽工程管理、应急管理、节能减排管理等。

1) 提供设计阶段进行方案优化的基础

（1）在设计阶段方便、迅速地进行方案经济技术优化：

在 BIM 技术下进行设计，专业设计完成后则建立起工程各个构件的基本数据；导入专门的工程量计算软件，则可分析出拟建建筑的工程预算和经济指标，能够立即对建筑的技术、经济性进行优化设计，提高方案选择的合理性。

（2）实现了可视化条件下的设计。

第一、方便了路桥建筑结构概念设计和方案设计。传统条件下，路桥建筑结构概念设计基本上是依靠建筑师的设想构建出建筑平面和立面体型，但是直观表述建筑师的设想较为困难，通常借助制作幻灯片向业主表述自己的设计概念，而业主不能直接理解设计概念的内涵。

在三维可视化条件下进行设计，三维状态的建筑能够借助计算机呈现，并且能够从各个角度全方位观察，虚拟阳光、灯光照射下建筑各个部位的光线视觉均可模拟，为路桥建筑结构概念设计和方案设计提供了方便；同时，设计过程中，通过虚拟人员在路桥内的活动，直观地再现人在真正建筑中的视觉感受；使建筑师和业主的交流变得直观和容易。

第二、为路桥空间设计提供了有力工具。在传统的二维状态下进行设计，对于高、大、新、奇的路桥建筑物，路桥建筑师、结构师都很难理解到各个构件在空间上的位置和变化，设备工程师、电气工程师更难在空间建筑内进行设备、管线的准确定位和布置。使得路桥建筑、结构与设备、管线位置关系容易出现矛盾，影响了设计图纸的质量。

各个构件的空间位置在三维可视化条件下进行设计，都能够准确定位和再现，在共享平台上实现上了各个专业之间的协同设计。设备、电气工程师等能够在建筑空间内合理布置设备和管线位置，并通过专门的碰撞检查，消除了各种构件相互间的矛盾。通过软件的虚拟功能，设计人员可以在虚拟路桥建筑物内对各位置进行细部尺寸的观察，方便进行图纸检查和修改，从而提高图纸的质量。

2）实现设计阶段项目参与各方的协同工作

传统的二维设计条件下，图纸中图元本身没有构件属性，都是一些点、线、面。项目业主、造价咨询单位要从各自角度对设计方案进行经济上的测算和优化，需要造价咨询单位将二维图纸重新建模，建立算量模型，花费大量的时间和人力。同时设计方案修改后，造价单位需要重新按照二维图纸进行模型修改，导致不能及时准确地测算项目成本。

在 BIM 条件下，设计软件导出 BIM 数据，造价单位用 BIM 条件下的三维算量软件平台，按照不同专业导入需要的 BIM 数据；迅速地实现了建筑模型在算量软件中的建立，及时准确地核算出工程量，并测算出项目成本；设计方案修改后，重新导入 BIM 数据，直接快捷地得出修改后的测算成本。

1.3.4　路桥工程 BIM 创新工作模式

1. 施工责任创新管理

道路与桥梁施工整体庞大，需要推行"大项目，小管理"的管理模式来实现管理过程中的责任分工。道路与桥梁从施工现场实地考察勘测开始已经出现责任分工现象，现场勘测不只是由总工程师、项目经理负责，道路与桥梁实行"分工不分家"责任制，各自分工协调汇总才能实现整体一致，为后期施工做好前期准备工作。路桥施工可采取分层管理模式，从大到小层层分工，即施工负责人亲身实践，从整体上把握施工进度、质量以及数量等，并定期向上汇报施工动态，以便更好地管理项目施工情况。由此，技术科技等相关的施工员、测量员、材料员、造价员也可以实行这样的管理模式，以科技管理为指导实行小组管理责任制。

2. 施工技术创新管理

传统的技术交底仅是对施工员进行施工交底、对造价员进行造价交底、对测量员进行测量交底。创新技术交底制度是对所有参与人员进行全方位的技术交底，尤其是对施工员和测量员进行造价结算交底，对安全员和造价员进行施工交底，全面讲解施工过程以及各协调点。这样在工作中，各个专业工种、各个岗位人员都能清楚明白自己的任务和责任，由此协调起来更为方便，减少项目出现差错的可能。

3. 施工人员创新管理

对施工人员的创新管理主要指完善的福利制度和人性化管理。高薪是留住人才的最好方法，良好的待遇有利于增强施工人员的工作满意度，降低离职率从而减少可能招募新员工带来的培训、时间等成本的增长。长期在野外路桥施工工作的施工人员需要足够的休息、度假，提供良好的食宿管理、定期放假等人性化管理措施可以增强员工的归属感，从而增强员工的责任心。

4. 施工材料创新管理

施工材料多、需求量大是路桥工程的固有特点，例如施工所用钢筋、水泥、钢纹线、管材以及各类预制品等。因此材料多、性能各异等特点决定了不同的材料必须分类存放在指定的安全库内。对于需要消耗体力搬运的材料应当在入库前考虑就近原则，减少施工中的劳动成本，所以进行平面布置规划、统筹安排存放场地是材料管理人员必须考虑的因素之一。传统的材料管理方式通常是以库房存货充足为标准，即在存货不足时安排材料进场。创新性的材料管理首先要按照施工组织设计并考虑各种可变因素，列出各时段详细的材料使用计划。

现代施工材料需求大，要求选择可靠适用的材料供应商，确保施工材料正常供应，制定材料合同，约定时间、数量、批次等，降低保管责任及费用。传统的材料供送、保管体系实行单次的结构管理，往往具有理论上的成本。这样的材料管理方式仅管材料，不管工程。对于施工实际消耗水平缺乏估计和原因查询。创新性的材料核算方式要求对材料使用位置、使用消耗每日核算，通过对材料进场出场全方位记录提高材料使用效益，及时纠正不足，减少浪费，由此可见，创新材料管理方式以效益最大化为目标将管理提高到新的水平。

1.3.5 路桥工程 BIM 应用的优势

1. 实现了虚拟建筑中的设计

在 CAD 中，BIM 技术及其软件的应用可以实现对虚拟市政路桥建筑的设计。BIM 技术中的应用软件有模型软件和分析软件，其中模型软件主要用于根据建筑的设计理念和要求进行虚拟市政路桥建筑的设计，然后通过模型来对设计进行表达。在路桥建筑的设计过程和虚拟模型的构造中，设计者可以结合实际的设计模拟效果来进行实时地查看，并且可以在全方位的角度查看模型的旋转效果和空间效果，然后根据个人的感受和不同的评价标准进行细化和调整。在这个设计的过程中，遇到不满意的地方可以随时调整和修改，并且它的调整速度较快，例如对颜色进行改变，可以实行一键化操作，因此，这个设计可以是"随心所欲"的，显著地提高了路桥结构设计者们提高设计的效率和效果。

2. 能够自动生成和修改图纸文档

利用 BIM 技术和相关的应用软件对路桥建筑的模型进行建立之后，可以在设计的环节中对相关的设计图表、图纸、文档等进行及时的自动生成。在生成的文档当中，囊括了路桥建筑的结构、材料、面积和成本造价等重要的数据信息，为选择市政路桥建筑的设计方案和设计施工管理提供了参考的依据，实现了路桥建筑过程和管理过程的智能化进行，使得整体的工作效率得到较大提高，并且确保了图形、图纸的准确无误。由于路桥建筑设计的图形、图纸都是在模型中直接生成的，因此要进行修改的时候，相关的数据、图纸和模型也会进行实时更新，避免了传统人工查找和修改的繁琐、易漏、易错等弊端，让路桥建筑的设计工作可以更好更高效地进行。

3. 能够实现学科专业的协同工作

随着路桥建筑技术和水平的不断提升，在人们对路桥建筑需求和理念越来越复杂的情况下，路桥工程的复杂程度和施工难度都在不断地增加，从而使得各个学科专业在其中的交叉和合作成为必然的发展趋势。在这样的情况下，需要对设计工作进行协同，促进各个学科的专业知识的融会贯通。在设计和建造过程中，涉及了交通工程、建筑设计、结构学、电气学、给水排水工程等各个学科的知识，因此，BIM 技术对于这些学科和专业进行了良好的融合，使它们的学科作用和知识得到充分的发挥和合作。此外，BIM 技术还可以实现不同地区、不同设计人员的协同工作进行，可以有效地利用网络资源化解空间上的矛盾。路桥工程在施工组织应用方面，借助于 BIM 数据库中数据可计量的特点，大量相关的工程信息数据可为工程提供数据后台，将成为施工管理巨大支撑。具体来说，运用 BIM 技术，能使工程结构信息、成本数据、进度数据、合同信息、产品数据、报告信息等紧密地联系在一起。施工各个步骤变得具体、清晰，施工步骤间的关系变得直观、明了。达到科学合理安排人力、资金、材料、机械和施工方法这五要素的目的，使工程活动得以实现有组织、有计划、有秩序地施工，使得工程项目质量好、进度快、成本低。具体的，BIM 施工组织中的应用优势体现在以下几个方面：

1）现场布置优化

随着路桥行业的发展，对项目的组织协调要求越来越高。这体现在施工现场作业面大，各个分区施工存在高低差；现场复杂多变，容易造成现场平面布置不断变化；项目周边环境的复杂往往会产生场地狭小、基坑深度大、周边建筑物距离近、绿色施工和安全文明施工要求高等问题。BIM 技术为平面布置工作提供一个优秀的平台，在创建好工程场地模型与建筑模型后，通过创建相应的设备、资源模型进行现场布置模拟。同时还可以将工程周边及现场的实际环境以数据信息的方式嵌入模型中，建立三维的现场场地平面布置，并通过参照工程进度计划，可以形象直观地模拟各个阶段的现场情况，灵活地进行现场平面布置，实现现场平面布置合理、高效。

2）进度优化

路桥工程项目进度管理在项目管理的重要组成部分，而进度优化是进度控制的关键。BIM 对工程模型的建立可达到构建级别，所以 BIM 技术可实现进度计划与工程构件的动态链接。这样可通过甘特图、施工模拟等多种形式直观表达进度计划和施工过程，形象直观、动态模拟施工阶段过程和重要环节施工工艺，将多种施工及工艺方案的可实施性进行比较，为最终方案优选决策提供有力支持。为工程项目的施工方、监理方与业主等不同参与方直观了解工程项目情况提供便捷的工具。

基于 BIM 技术对施工进度可实现精确计划、跟踪和控制，动态地分配各种施工资源和场地，实时跟踪工程项目的实际进度，并通过计划进度与实际进度进行比较，及时分析偏差对工期的影响程度以及产生的原因，采取有效措施，实现对项目进度的控制，保证项目能按时竣工。

3）工作面管理

在施工现场，不同专业在同一区域、同一楼层交叉施工的情况是正常现象，对于一些大型工程和超高层建筑项目，由于分包单位众多、专业间频繁交叉施工，不同专业之间的协同、资源合理分配、工作过程的衔接显得尤为重要。

1.4 路桥工程师 BIM 职业发展

1.4.1 路桥 BIM 工程师

1. 路桥 BIM 工程师的职业定义

建筑信息模型（BIM）系列专业技能岗位是指工程建模、BIM 管理咨询和战略分析方面的相关岗位。而从事路桥 BIM 相关工程技术及其管理的人员，称为路桥 BIM 工程师。

2. 职业目标定义

路桥 BIM 工程师通过参数模型来整合路桥类型项目的相关信息，在项目策划、运行和维护的全生命周期过程中进行共享和传递，使工程技术人员对各种路桥信息做出正确理解和高效应对，为设计团队以及包括路桥建筑运营单位在内的各方建设主体提供协同工作的基础，使 BIM 技术在提高生产效率、节约成本和缩短工期方面发挥重要作用。

3. 路桥 BIM 工程师岗位分类

1）根据应用领域分类

根据应用领域不同可将路桥 BIM 工程师主要分为 BIM 标准管理类、BIM 工具研发类、BIM 工程应用类及 BIM 教育类等（图 1.4.1-1）。

（1）路桥 BIM 标准管理类：即主要负责 BIM 标准研究管理的相关工作人员，可分为 BIM 基础理论研究人员及 BIM 标准研究人员等。

（2）路桥 BIM 工具研发类：即主要负责 BIM 工具的设计开发工作人员，可分为 BIM 产品设计人员及 BIM 软件开发人员等。

（3）路桥 BIM 工程应用类：即应用路桥 BIM 支持和完成工程项目生命周期过程中各种专业任务的专业人员，包括业主和开发商里面的设计、施工、成本、采购、营销管理人员。路桥 BIM 工程师应用类又可分为 BIM 模型生产工程师、BIM 专业分析工程师、BIM 信息应用工程师、BIM 系统管理工程师、BIM 数据维护工程师等。

（4）路桥 BIM 教育类：即在高校或培训机构从事 BIM 教育及培训工作的相关人员，主要可分为高校教师及培训机构讲师等。

2）根据应用程度分类

根据路桥 BIM 应用程度可将路桥 BIM 工程师主要分为 BIM 操作人员、BIM 技术主

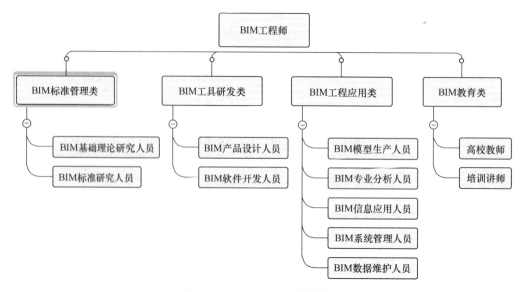

图 1.4.1-1　BIM 工程师分类图

管、BIM 项目经理、BIM 战略总监等。

（1）路桥 BIM 操作人员：即进行实际 BIM 建模及分析人员，属于 BIM 工程师职业发展的初级阶段。

（2）路桥 BIM 技术主管：即在 BIM 项目实施过程中负责技术指导及监督人员，属于BIM 工程师职业发展的中级阶段。

（3）路桥 BIM 项目经理：即负责 BIM 项目实施管理人员，属于项目级的职位，是BIM 工程师职业发展的高级阶段。

（4）路桥 BIM 战略总监：即负责 BIM 发展及应用战略制定人员，属于企业级的职位，可以是部门或专业级的 BIM 专业应用人才或企业各类技术主管等，是 BIM 工程师职业发展的高级阶段。

1.4.2　路桥 BIM 工程师基本职业素质要求

路桥 BIM 工程师基本素质是职业发展的基本要求，同时也是路桥 BIM 工程师专业素质的基础。专业素质构成了工程师的主要竞争实力，而基本素质奠定了工程师的发展潜力与空间。路桥 BIM 工程师基本素质主要体现在职业道德、健康素质、团队协作及沟通协调等方面（图 1.4.2-1）。

1. 职业道德

职业道德是指人们在职业生活中应遵循的基本道德，即一般社会道德在职业生活中的具体体现。它是职业品德、职业纪律、专业胜任能力及职业责任等的总称，属于自律范围，通过公约、守则等对职业生活中的某些方面加以规范。职业道德素质对其职业行为产生重大的影响，是职业素质的基础。

2. 健康素质

健康素质主要体现在心理健康及身体健康两方面。BIM 工程师在心理健康方面应具有一定的情绪的稳定性与协调性、较好的社会适应性、和谐的人际关系、心理自控能力、

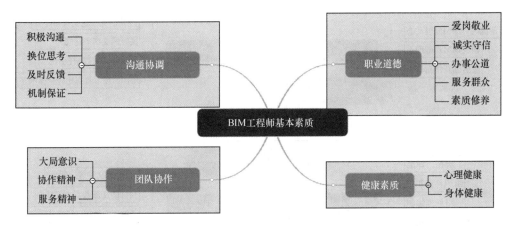

图 1.4.2-1 BIM 工程师基本素质要求图

心理耐受力以及具有健全的个性特征等。在身体健康方面路桥 BIM 工程师应满足个人各主要系统、器官功能正常的要求，体质及体力水平良好等。

3. 团队协作

团队协作能力是指建立在团队的基础之上，发挥团队精神、互补互助以达到团队最大工作效率的能力。对于团队的成员来说，不仅要有个人能力，更需要有在不同的位置上各尽所能、与其他成员协调合作的能力。

4. 沟通协调

沟通协调能力是指管理者在日常工作中妥善处理好上级、同级、下级等各种关系，使其减少摩擦，能够调动各方面的工作积极性的能力。

上述基本素质对路桥 BIM 工程师职业发展具有重要意义：有利于工程师更好地融入职业环境及团队工作中；有利于工程师更加高效、高标准地完成工作任务；有利于工程师在工作中学习、成长及进一步发展，同时为 BIM 工程师的更高层次的发展奠定基础。

1.4.3 不同应用方向路桥 BIM 工程师职业素质要求

1. 路桥 BIM 标准管理类

路桥 BIM 标准管理类的岗位职责及能力素质要求如图 1.4.3-1 所示。

1）路桥 BIM 基础理论研究人员

岗位职责：负责了解国内外 BIM 发展动态（包括发展方向、发展程度、新技术应用等）；负责研究 BIM 基础理论；负责提出具有创新性的新理论等。

能力素质要求：具有相应的理论研究及论文撰写经验；具有良好的文字表达功底；具有良好的文献数据查阅能力；对 BIM 技术具有比较全面的了解等。

2）路桥 BIM 标准研究人员

岗位职责：负责收集、贯彻国际、国家及行业的相关标准；负责编制企业 BIM 应用标准化工作计划及长远规划；负责组织制定 BIM 应用标准与规范；负责宣传及检查 BIM 应用标准与规范的执行；负责根据实际应用情况组织 BIM 应用标准与规范的修订等。

能力素质要求：具有良好的文字表达功底；具有良好的文献数据查阅能力；对 BIM 技术发展方向及国家政策具有一定了解；对 BIM 技术具有比较全面的了解等。

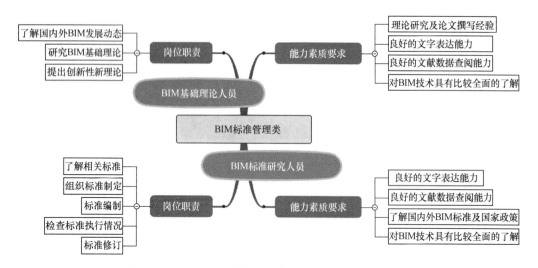

图 1.4.3-1 BIM 标准管理类岗位职责及能力素质要求图

2. 路桥 BIM 工具研发类

1）路桥 BIM 产品设计人员

岗位职责：负责了解国内外路桥 BIM 产品概况，包括产品设计、应用及发展等；负责路桥 BIM 产品概念设计；负责路桥 BIM 产品设计；负责路桥 BIM 产品投入市场的后期优化等。

能力素质要求：熟悉路桥 BIM 技术的应用价值；具有设计创新性；具有产品设计经验等。

2）路桥 BIM 软件开发人员

岗位职责：负责路桥 BIM 软件设计；负责路桥 BIM 软件开发及测试；负责路桥 BIM 软件维护工作等。

能力素质要求：了解路桥 BIM 技术应用；掌握相关编程语言；掌握软件开发工具；熟悉数据库的运用等。

3. 路桥 BIM 工程应用类

1）路桥 BIM 模型生产工程师

岗位职责：负责根据项目需求建立相关的 BIM 模型，如场地模型、土建模型、桥梁模型、钢结构模型、道路模型、绿色模型及安全模型等。

能力素质要求：具备工程路桥建筑设计相关专业背景；具有良好的识图能力，能够准确读懂项目相关图纸；具备相关的建模知识及能力；熟悉各种 BIM 相关建模软件；对 BIM 模型后期应用有一定了解等（图 1.4.3-2）。

2）路桥 BIM 专业分析工程师

岗位职责：负责利用 BIM 模型对工程项目的整体质量、效率、成本、安全等关键指标进行分析、模拟、优化，从而对该项目承载体的 BIM 模型进行调整，以实现高效、优质、低价的项目总体实现和交付。如根据相关要求利用模型对项目工程进行性能分析及对项目进行虚拟建造模拟等。

能力素质要求：具备建筑相关专业知识；对路桥建筑场地、空间、日照、通风、耗

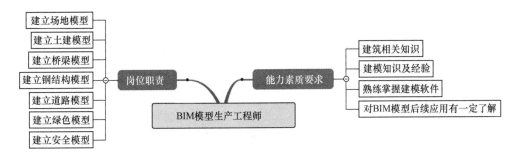

图 1.4.3-2　BIM 模型生产工程师岗位职责及能力素质要求图

能、噪声及景观能见度等相关知识要求较了解；对项目施工过程及管理较了解；具有一定 BIM 应用实践经验；熟悉相关 BIM 分析软件及协调软件等（图 1.4.3-3）。

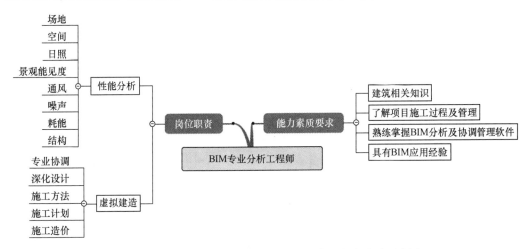

图 1.4.3-3　BIM 专业分析工程师岗位职责及能力素质要求图

3）路桥 BIM 信息应用工程师

岗位职责：负责根据项目 BIM 模型完成各阶段的信息管理及应用的工作，如施工图出具、工程量估算、施工现场模拟管理、运维阶段的人员物业管理、设备管理及空间管理等。

能力素质要求：对 BIM 项目各阶段实施有一定了解，且能够运用 BIM 技术解决工程实际问题等（图 1.4.3-4）。

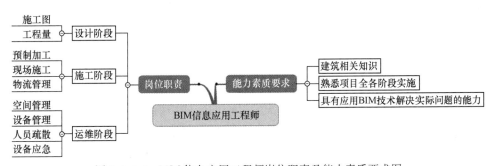

图 1.4.3-4　BIM 信息应用工程师岗位职责及能力素质要求图

　　4）路桥 BIM 系统管理工程师

　　岗位职责：负责 BIM 应用系统、数据协同及存储系统、构件库管理系统的日常维护、备份等工作；负责各系统的人员及权限的设置与维护；负责各项目环境资源的准备及维护等。

　　能力素质要求：具备计算机应用、软件工程等专业背景；具备一定的系统维护经验等。

　　5）路桥 BIM 数据维护工程师

　　岗位职责：负责收集、整理各部门、各项目的构件资源数据及模型、图纸、文档等项目交付数据；负责对构件资源数据及项目交付数据进行标准化审核，并提交审核情况报告；负责对构件资源数据进行结构化整理并导入构件库，并保证数据的良好检索能力；负责对构件库中构件资源的一致性、时效性进行维护，保证构件库资源的可用性；负责对数据信息的汇总、提取，供其他系统的应用和使用等。

　　能力素质要求：具备路桥建筑、结构、暖通、给水排水、电气等相关专业背景；熟悉 BIM 软件应用；具有良好的计算机应用能力等。

　　4. 路桥 BIM 教育类

　　BIM 教育类岗位职责及能力素质要求如图 1.4.3-5 所示。

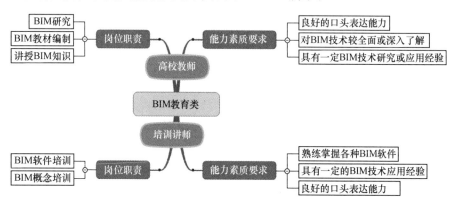

图 1.4.3-5　BIM 教育类岗位职责及能力素质要求图

　　1）高校教师

　　岗位职责：负责路桥 BIM 工程研究（可分为交通工程、桥梁工程、道路工程等不同领域）；负责路桥 BIM 相关教材的编制，以便课程教学的实施；负责面向高校学生讲解路桥 BIM 工程师的技术知识，培养学生运用路桥 BIM 的技术能力；负责为社会系统地培养路桥 BIM 的技术专业人才等。

　　能力素质要求：具有一定的路桥 BIM 的技术研究或应用经验；对路桥 BIM 的技术有较全面或深入的了解；具有良好的口头表达能力等。

　　2）培训讲师

　　岗位职责：负责面向学员进行相关路桥 BIM 的软件培训，培养及提高学员路桥 BIM 的软件应用技能；负责面向企业高层进行路桥 BIM 的概念培训，用以帮助企业更好地运用路桥 BIM 技术提高公司效益等。

　　能力素质要求：具有一定的路桥 BIM 技术应用经验；能够熟练掌握及应用各种路桥

BIM 的软件；有良好的口头表达能力等。

1.4.4 不同应用等级路桥 BIM 工程师职业素质要求

对不同应用程度路桥 BIM 工程师的岗位职责及能力素质要求如图 1.4.4-1 所示。

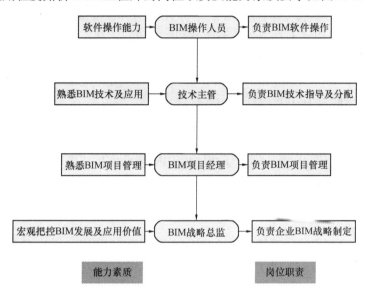

图 1.4.4-1 不同应用程度 BIM 工程师的岗位职责及能力素质要求图

1. 路桥 BIM 操作人员

岗位职责：负责创建路桥 BIM 模型、基于 BIM 模型创建三维视图以及添加指定的 BIM 信息；配合项目需求，负责路桥 BIM 可持续设计，如绿色建筑设计、节能分析、室内外渲染、虚拟漫游、建筑动画、虚拟施工周期、工程量统计等。

能力素质要求：具备路桥、土建、水电、暖通等相关专业背景；熟练掌握 BIM 各类软件，如建模软件、分析软件、二维可视化软件等。

2. 路桥 BIM 技术主管

岗位职责：负责对路桥 BIM 项目在各阶段实施过程中进行技术指导及监督；负责将路桥 BIM 项目经理的项目任务安排落实给 BIM 操作人员去实施；负责协同各路桥 BIM 操作人员工作内容等。

能力素质要求：具备路桥、土建、水电、暖通等相关专业背景；具有丰富的 BIM 技术应用经验，能够独立指导 BIM 项目实施技术问题；具有良好的沟通协调能力等。

3. 路桥 BIM 项目经理

岗位职责：负责对路桥 BIM 项目进行规划、管理和执行，保质保量实现路桥 BIM 应用的效益，能够自行或通过调动资源解决工程项目路桥 BIM 应用中的技术和管理问题；负责参与路桥 BIM 项目决策，制定路桥 BIM 工作计划；负责设计环节的保障监督，监督并协调 IT 服务人员完成项目 BIM 软硬件及网络环境的建立，确定项目中的各类路桥 BIM 标准及规范，如大项目切分原则、构件使用规范、建模原则、专业内协同设计模式、专业间协同设计模式等，同时还需负责对路桥 BIM 工作进度的管理与监控等。

能力素质要求：具备路桥、水电、暖通等相关专业背景；具有丰富的路桥建筑行业实际项目的设计与管理经验、独立管理大型 BIM 路桥工程项目的经验；熟悉 BIM 建模及专业软件；具有良好的组织能力及沟通能力等。

4. 路桥 BIM 战略总监

岗位职责：负责企业、部门或专业的路桥 BIM 总体发展战略，包括组建团队、确定技术路线、研究路桥 BIM 对企业的质量效益和经济效益、制定路桥 BIM 实施计划等；负责企业路桥 BIM 战略与顶层设计、路桥 BIM 理念与企业文化的融合、路桥 BIM 组织实施机构的构建、路桥 BIM 实施方案比选、路桥 BIM 实施流程优化、企业路桥 BIM 信息构想平台搭建以及路桥 BIM 服务模式与管理模式创新等。

能力素质要求：对路桥 BIM 的应用价值有系统了解和深入认识；了解路桥 BIM 基本原理和国内外应用现状；了解路桥 BIM 将给路桥行业带来的价值和影响；掌握路桥 BIM 在施工行业的应用价值和实施方法，掌握路桥 BIM 实施应用环境，如软件、硬件、网络、团队、合同等。

1.4.5 路桥企业 BIM 应用相关岗位

路桥 BIM 技术可应用于路桥工程项目全生命周期各阶段中，包括项目各参与方，因此 BIM 技术应用领域较多，应用内容较丰富。路桥 BIM 工程师可根据自身兴趣及需求选择相应的职业发展方向。路桥 BIM 工程师个人职业规划可参考图 1.4.5-1。

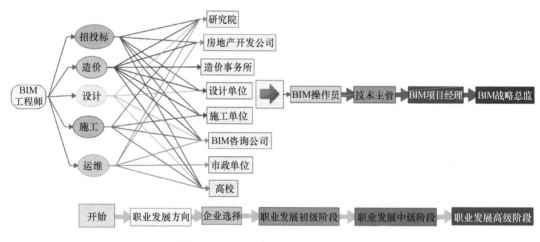

图 1.4.5-1 BIM 工程师职业规划图

1.4.5.1 招投标工作 BIM 工程师职责

1）数据共享。BIM 模型的可视化能够让投标方深入了解招标方所提出的条件，避免信息孤岛的产生，保证数据的共通共享及可追溯性；

2）经济指标的控制。控制经济指标的精确性与准确性，避免建筑面积与限高的造假；

3）无纸化招投标。实现无纸化招投标，从而节约大量纸张和装订费用，真正做到绿色低碳环保；

4）削减招投标成本。可实现招投标的跨区域、低成本、高效率、更透明、现代化，大幅度削减招标、投标的人力成本；

5）整合招投标文件。整合所有招标文件，量化各项指标，对比论证各投标人的总价、综合单价及单价构成的合理性；

6）评标管理。基于 BIM 技术能够记录评标过程并生成数据库，对操作员的操作进行实时的监督，评标过程可事后查询，最大限度地减少暗箱操作、虚假招标、权钱交易，有利于规范市场秩序、防止权力寻租与腐败，有效推动招标投标工作的公开化、法制化，使得招标投标工作更加公正、透明。

1.4.5.2 设计阶段路桥 BIM 工程师职责

1）通过创建模型，更好地表达设计意图，突出设计效果，满足业主需求；

2）利用模型进行专业协同设计，可减少设计错误，通过碰撞检查，把类似空间障碍等问题消灭在出图之前；

3）可视化的设计会审和专业协同，基于三维模型的设计信息传递和交换将更加直观、有效，有利于各方沟通和理解。

1.4.5.3 施工阶段路桥 BIM 工程师职责

1）利用模型进行直观的"预施工"，预知施工难点，更大程度地消除施工的不确定性和不可预见性，降低施工风险，保证施工技术措施的可行、安全、合理和优化；

2）在设计方提供的模型基础上进行施工深化设计，解决设计信息中没有体现的细节问题和施工细部做法，更直观、更切合实际地对现场施工工人进行技术交底。

1.4.5.4 造价工作路桥 BIM 工程师职责

1）项目计划阶段，对工程造价进行预估，应用 BIM 技术提供各设计阶段准确的工程量、设计参数和工程参数，将工程量和参数与技术经济指标结合，以计算出准确的估算、概算，再运用价值工程和限额设计等手段对设计成果进行优化。

2）在合同管理阶段，通过对细部工程造价信息的抽取、分析和控制，从而控制整个项目的总造价。

1.4.5.5 运维阶段路桥 BIM 工程师职责

1）数据集成与共享化运维管理，把成堆的图纸、报价单、采购单、工期图等统筹在一起，呈现出直观、实用的数据信息，基于这些信息进行运维管理。

2）可视化运维管理，基于路桥 BIM 三维模型对路桥建筑运维阶段进行直观的、可视化的管理。

3）应急管理决策与模拟，提供实时的数据访问，在没有获取足够信息的情况下，做出应急响应决策。

可见，路桥 BIM 在工程的各个阶段都能发挥重要的作用，项目各方都能加以利用，项目各阶段各单位的参与情况见表 1.4.5-1。

项目各阶段各参与方的 BIM 使用情况表   表 1.4.5-1

	参与方	BIM 使用情况
BIM 与招投标	房地产开发公司	负责招标、开标及评定标等
	施工单位	负责投标，利用 BIM 等相关软件提高中标率和投标质量
	设计单位	负责投标，基于 BIM 技术给招标方提供技术标书以及标书演示视频等

参与方		BIM 使用情况
BIM 与设计	设计院	负责建筑方案前期构思、三维设计与可视化展示、设计分析、协调设计及碰撞检查、出具相关施工图
	研究院	负责对基于 BIM 技术的设计方法进行研究及创新，以提高项目设计阶段的效益
BIM 与施工	路桥施工单位	负责虚拟施工管理、施工进度管理、施工成本管理、施工过程安全管理、物料管理、绿色施工管理、工程变更管理、负责施工协同工作等
	研究院	负责对基于 BIM 技术的施工方法进行研究及创新，以提高项目施工阶段的效益
BIM 与造价	房地产开发公司	负责项目投资控制；负责进度款拨付、结算等
	设计院	主要负责配合设计各阶段计算投资
	施工单位	主要负责招投标报价；负责施工过程中进度款申请、变更洽商、造价编制、工程结算等
	造价咨询事务所	主要负责项目及工程造价的编制、审核
BIM 与运维	房地产开发公司	负责空间管理；负责资产管理；负责维护管理；负责公共安全管理；负责耗能管理等
	市政单位	负责应用 BIM 技术对路桥建筑及城市进行规划管理

1.4.6　路桥 BIM 工程师现状

1.4.6.1　当前的路桥 BIM 市场主要特征

1. 路桥 BIM 技术应用覆盖面较窄

路桥 BIM 在当前市场中的运用还仅限于培训和咨询，而且参与路桥 BIM 培训的以施工单位居多，覆盖面较小，没有达到推广和普及的层面。

2. 涉及项目的实践较少

当前建设工程中只有部分项目采用了路桥 BIM 技术，且只在项目中某阶段选择性地应用，缺少项目全生命周期运用 BIM 技术的案例及经验。

3. 缺少专业的路桥 BIM 工程师

当前路桥 BIM 技术培训对象多为新入职应届毕业生，很多大型设计院以人才定向培养或直接到培训机构聘请学员的形式来进行设计院内部的路桥 BIM 人才架构建设，对于一些有多年实际工程经验的设计师，他们对于 BIM 以及其软件多存质疑。

4. 前期投入高

运用路桥 BIM 技术需要大量资金投入配备相应的软硬件设备，以及培训能够熟练掌握该项技术的人员，后期的维护也是价格高昂，虽然从已运用路桥 BIM 技术的项目来看，路桥 BIM 项目取得了收益，但路桥 BIM 项目的投资回报率却低于基准收益率。

5. 软件数据的传递问题

目前国内使用的 BIM 软件大部分都由国外引进，缺少自主研发，而国外的软件引入我国后与我国软件存在交互性差、兼容性差等问题。信息数据传递效率低下，直接导致了路桥 BIM 模型价值的降低、设计人员工作重复率的上升以及成本的增加。在软件之间数据转换的过程中，问题主要表现为两个方面：一是 BIM 软件之间转换后信息数据的丢失；二是 BIM 软件与分析软件的数据接口不完善，直接增加了许多工作的重复性，降低了模型、数据的利用率，影响了路桥建筑信息在整个生命周期的流畅度。

6. 缺少统一 BIM 标准

BIM 技术由国外研发，相应标准也是依照国外情形而定，与国外相比，我国现有的路桥建筑行业体制不统一，缺乏较完善的 BIM 应用标准，加之业界对于 BIM 的法律责任界限不明，导致路桥建筑行业推广 BIM 应用的环境不够成熟。现有的标准、行业体制及规范存在差异，所以制定出符合我国国情的统一的 BIM 标准是目前急需解决的问题。

1.4.6.2 未来路桥 BIM 市场模式预测

结合行业管理体制及当前路桥 BIM 现状，可对路桥 BIM 未来发展模式作出如下预测：

1. 全方位应用

项目各参与方可能将会在各自的领域应用路桥 BIM 技术进行相应的工作，包括政府、业主、设计单位、施工单位、造价咨询单位及监理单位等；路桥 BIM 技术可能将会在项目全生命周期中发挥重要作用，包括项目前期方案阶段、招投标阶段、设计阶段、施工阶段、竣工阶段及运维阶段；路桥 BIM 技术可能将会应用到各种建设工程项目，包括民用建筑、工业建筑、公共建筑等。

2. 市场细分

路桥 BIM 未来市场可能会根据不同的技术需求及功能进行专业化的细分，可想而知路桥 BIM 市场将会更加专业化和秩序化，用户可根据自身具体需求方便准确地选择相应市场模块进行应用。

3. 个性化开发

基于建设工程项目的具体需求，可能会逐渐出现针对具体问题的各种个性化且具有创新性的新 BIM 软件、BIM 产品及 BIM 应用平台等。

4. 多软件协调

未来 BIM 技术的应用过程中各软件之间能够轻松实现信息传递与互用，项目在全生命周期过程中将会多软件协调工作。

BIM 技术在我国建设工程市场还存在较大的发展空间，未来 BIM 技术的应用将会呈现出普及化、多元化及个性化等特点，相关市场对 BIM 工程师的需求将更加广泛，BIM 工程师的职业发展还有很大空间。

1.5 路桥工程 BIM 应用展望

BIM（Building Information Modeling）技术核心是利用软件进行路桥工程三维模型的虚拟建立，并通过一系列的数字化技术为该虚拟模型提供完整的、与路桥建筑实际要求相一致的路桥工程信息库。从设计、施工到运营、维护，甚至是改造、重建等，所有数据集中存储在 BIM 模型中，精确组合、准确表达，并能通过对数据挖掘进行精细全面分析，实现路桥全生命周期的 BIM 能力。

BIM 技术是处理基础数据的强大技术平台，具有"及时性、准确性、对应性、可追溯性"。主要优势有以下几点：一是三维设计及全程可视化设计，便于各方决策，减少返工量；二是协同设计，多个专业在同一平台上设计，实现高效的综合协调；三是修改便捷，一处修改，处处同步更新，参数化设计实现计算与模型的融合；四是管道检测，通过碰撞检测，解决管道间相互交叉问题；五是自动统计，可以自动统计工程量及自动生成材料表；六是节能设计，通过软件分析，支持整个项目可持续和绿色节能环保设计。

1. 建立三维模型

在 BIM 技术中，面向市政路桥工程开发了建模系统。主要利用 Autodesk Revit 软件（BIM 模型构建软件）对项目的各个构件进行建立并组合。在 Autodesk Revit 中，参数化构件即为族，族作为一种载体，承载着多种参数信息。技术人员结合设计需求自由建立不同的构件族。在市政路桥设计中，新建族可利用已有参数化样板族，只需对样板族参数进行对应调整，此种做法可以尽量缩减建模时间，同时把建立好的构件族保存在族库中，在今后的工程中若需要类似构件族，则只需对类似构件族的相应参数进行更改，在一定程度上避免了重复性工作，减少了工作量。以市政桥梁族库建设为例，首先建立基础族，其次建立墩台族，最后建立主梁族。

2. 建立信息化整体模型

对于 BIM 模型的建立，首先，在 Autodesk Revit 中建立好各构件族，然后形成族库。其次，在 Autodesk Revit 中建立项目文件，然后从族库中选择所需的构件族并载入项目文件中，并对项目文件中各构件位置进行调整，最后形成信息化整体模型。对于市政路桥 BIM 模型的建立，首先，以地形和地质条件为依据，其次，在建立好的基础族库、墩台族库、主梁族库等族库中选择所需的构件族并载入项目文件中，然后调整文件中各构件位置，最后，形成信息化整体模型。建立信息化整体模型应按照《企业级 BIM 实施标准》进行深化，保证施工图出图的标准性和效率性，同时保证模型的向下传递性。

3. 三维场地分析

市政路桥设计应结合建设场地实际情况进行分析。设计需采用建设手段将想法打造成实物，而该实物又是建立在相应的场地条件上。利用 BIM 技术对建设场地进行三维分析，快速计算土方量。通过生成土方调配图表，选择需移动的土方数量及移动方向。同时，模型会自动提取工程量，以此实现土方平衡控制，从而进行项目成本分析，节约造价，便于后期有效地指导施工管理，创造价值。因此，三维场地分析是市政路桥设计中的一项基础性、关键性工作。该技术可与 GIS（地理信息系统）、GPS（全球定位系统）技术进行有效结合，通过市政路桥构筑物和建设场地的相关数据信息进行建模，以此确保在工程设计的过程中，可对建设场地自动生成与之相对应的平面图、立面图、剖面图及细部图等的特点和条件进行全面、有效、合理的评估，保证场地建设的合理性和科学性，使其更加符合实际情况和需求，从而消除市政路桥实施过程中可能遇到的阻碍和困难。

4. 设计方案论证

市政路桥设计方案实施前，需对方案的可行性、合理性进行论证，确保实施后可以达到预期的设计目的和效果。BIM 技术在市政路桥设计中的应用可以为专业设计人员提供三维可视化（即"所见所得"）的设计环境，所看到的效果就是实际建设所得到的实体效果。例如：对路桥土建和钢筋结构等结合周围环境进行 BIM 建模，可以直观表现设计效果，通过赋予构件参数信息，还能便于工程量统计；利用 BIM 模型进行交通仿真、视距分析，可以排除交叉路口处及匝道处行车视觉盲点，查错补漏、验证设计，使道路设计更加安全舒适。因此，该项技术可以有效地帮助设计人员尽快地完成设计工作，并且有效地减少和各方之间的矛盾，提高各方的满意度。同时，该项技术可以进一步深化设计，促进规划、设计、施工和运维等各个方面的工作资源均参与路桥建设中。另外，将 BIM 技术与 GIS、GPS 技术进行有效结合，可以快速提供多个设计方案及对各方案的征地拆迁情况、道路桥梁平曲线、竖曲线进行比选，使得设计耗时大大缩短，简化设计工作流程。

全专业施工图输出，全专业搭建三维模型，三维模型直接输出二维施工图。利用软件的自动生成出图功能，通过剖切三维模型的任意位置，最终输出工程需要的二维图纸，具有易读性、关联性、易修改的特点。应用 BIM 技术建立的三维模型，使空间需求得到满足的同时还可以自动生成与之相对应的平面图、立面图、剖面图、细部图等二维施工图，可以将细部构造图更加细致、准确地呈现出来，同时还可以将无法用二维图纸显示或显示之后难以理解的构件均以立体的形式展现出来，便于对构件的理解。

5. 工程量统计及控价设计

BIM 技术核心软件应用所建立的数据信息模型集合多种数据，不仅包括多种构件图元，还包括模型以及视图的相关图元、不同图元之间的相互联系。现阶段，可以通过对 BIM 技术核心软件建立的文件进行访问，也可以通过软件提供的数据库连接口，来获取实体信息。BIM 技术的应用可实现对工程量进行自动核算，以便更加准确地计算成本，对多个工程方案进行比选，从中选出最优方案。另外，BIM 模型自动计算工程量不仅可以用于控制预算，还可以用于竣工结算，保证了工程量和成本计算准确无误。

1.5.1 路桥工程 BIM 应用的问题

市政路桥的设计工作，应结合路桥建筑场地实际状况进行设计和分析，设计需通过路桥建筑将想法打造成实物，而该实物又是建立在相应的场地条件上，故将 BIM 技术应用于建筑场地分析中，实则属于一项基础性的工作。实践过程中，该技术还可与地理信息系统进行有效结合，通过路桥建筑物和场地的相关数据信息进行建模，以此确保在工程项目的规划阶段中，可对建筑场地的特点和条件进行全面、有效、合理的评估，保证建筑物场地后期规划的合理性和科学性，使其更加符合实际情况和需求，清除施工道路上的阻碍和困难。

市政路桥工程路桥建筑规划设计中，对复杂法规和空间标准进行分析和理解，是重点也是难点问题。将 BIM 技术应用其中，设计人员可在规划阶段，通过几何空间分析的方式进行思考和设计，以此保证方案的合理性和科学性，并大幅度缩短设计时间，提升工作价值和效率，为市政路桥建筑社会效益、经济效益的提高提供保障。

1. 设计方案论证

路桥建筑方案正式实施之前，需对其合理性和可行性进行论证，目的在于保证工程建设可达到预期的效果和目的。BIM 技术的应用和推广，使工程建设方案的评估工作更加有效、快速和精准，并可在第一时间向路桥建筑的使用者或业主反映工程相关信息。通过 BIM 平台的建立，可保证工程建设过程中相关的问题和内容得以及时呈现，并可通过该平台使建设双方达成共识，有利于问题矛盾的解决，缩短决策时间，提升工作效率，保证方案的可行性，避免出现资源浪费等一系列问题。

2. 三维图形处理

传统的市政设计方案呈现方式一般以平面图纸为主，无论是对于设计者还是对后期的使用者来说，均造成了不便。且不利于施工人员对整体的施工情况进行了解，在此情况下，常需对施工方案进行二次调整，故浪费了大量的成本和时间。BIM 技术的应用可为设计、施工人员了解到施工后的实际效果，为后期的方案调整提供参考和依据，降低了与用户之间发生矛盾的概率，提升各方满意度。

通过该技术的应用，可轻松绘制出三维地形图、道路纵向断面设计图、道路中心线绘制图等等。道路建模过程中，可选择道路下拉菜单中的"创建道路"，根据题目设置好相应的参数，并选择道路的纵断面、标准横断面和规划线路。相对于传统的二维技术，该技术的应用使图纸修改工作变得更加简单，提高了工作效率。

3. 多领域协作便捷

市政路桥设计涉及的专业内容就多。运用传统二维方式设计时，各专业均需建立不同图层，并加载本专业的依附图层。在此基础上进行设计，若依附层发生改变，而未进行及时更新便会对原有图层造成损坏，进而导致设计出错。且在此过程中，极易出现遗漏问题，对于设计人员专业水平要求较高。

通过 BIM 技术进行三维建模，可同时开展多种作业，若出现修改以及不同专业之间的涉及问题，可在第一时间进行调整，避免问题扩大化。市政路桥的设计和规划常需经过相关部门的审批，在此过程中，难免会提出各种各样的意见，故常涉及方案的修改问题，基于 BIM 技术强大的三维展示功能，可为相关部分的随时审核提供便利条件，从而在第一时间发现问题并修改，保证了工程施工的顺利进行。

将 BIM 技术应用于市政路桥设计中可充分展其强大优势，为后续的实践应用和推广提供保障。但该技术目前在实践中仍存在如下问题：

1. 未健全行业相关标准

目前，应用于各设计部门的 B1M 软件类型较多，且相关人员还开发了不同的插件和接口，故增加了彼此之间的交流难度，缺乏完善的设计结果评定标准。为此，可在众多软件挑选几种较为先进的软件，并统一插件和接口的输出形式和相关标准。

2. 未与相关行业兼容

针对当前设计中一些较为突出的问题，需加强该技术在其他部门如规划、市政设计等部门的应用，从而为相关数据的对接提供便利。另外，设计中对于地形、地貌等数据信息的精准性要求较高，故可提升该技术的兼容性，如有需要可与 GPS 技术进行结合应用。

3. 需加快人才培训

由于该技术在路桥设计领域的应用时间较短，故比较缺乏该方向的专业型人才。为此，可加大培养力度，通过各种渠道和方式提升人员的技术水平。另外，还可通过职称评定的方式激发人员对于该技术的重视程度，让 BIM 技术在行业内得到有效的实践和推广，并针对其在应用中存在的问题进行改进，使之更好地服务于市政路桥工程设计。

综上所述，BIM 技术在市政路桥设计中的应用，目前还存在一定问题，需不断进行优化和完善，充分发挥其强大的功能优势，以此为设计工作增添生机与活力，促使设计人员从传统的二维设计转向三维设计，及时发现存在的问题，提升工作效率和质量，为市政路桥工程的科学性和安全性提供保障。而 Revit 是主要为建筑行业服务的 BIM 软件，针对桥梁方面应用灵活性较差，族库内容匮乏，需要大量的人力及时间进行族构件建模。同时 Revit 与 Civil 3D 所建立的道路模型无法便捷模型互导，需要通过特定的第三方软件或者插件进行转换，易出现模型丢失信息且操作繁琐。

BIM 技术在路桥建筑行业的应用也有不少经验可供交通运输行业借鉴。但一项新技术在一个国家和一个新的行业推广时，总会遇到水土不服的情况，如果不能克服期间出现的问题，再成功的经验也不能被有效应用。为了配合国家交通主管部门宣传推广 BIM 技术在交通行业，尤其是公路建设领域的应用，中国公路学会给出了四条建议：

1）积极拓展 BIM 技术在公路建设领域的应用。进一步探索将 BIM 技术应用于公路建设项目的规划、设计、施工和运营维护等全生命周期内过程，拓展 BIM 技术在高精度虚拟项目空间场景、模拟设计选线和结构物选型、实施精细化质量管理、远程实时监控、模拟重点工程的施工组织设计、可视化分析控制工程进度以及管理信息公开透明等方面的应用，加速推动公路工程建设全方位的技术创新与管理创新，实现工程无痕化、智能化建设。

2）研究编制 BIM 技术在交通领域的标准规范体系。结合目前国内 BIM 技术的发展现状、行业对 BIM 应用的接受程度以及交通行业的特点，对 BIM 在交通领域的典型应用进行归纳和分类，并在国家相关技术标准的基础上，研究编制交通领域的 BIM 技术应用、数据交换、模型交付、验收归档等相关技术标准和应用指南。

3）开展 BIM 技术应用示范项目的推广。建议选择一批工程项目进行试点，以试点示范工程为引导，建立 BIM 技术应用示范经验交流平台和机制，实现工程项目投资策划、勘察、设计、施工、运营维护等的信息传递和信息共享，推行项目全生命周期 BIM 技术应用。

4）搭建 DIM 技术服务平台。重视咨询交流，搭建培训平台，组织 BIM 技术应用企业、科研院所、软件研发企业等成立相应技术联盟，升展 BIM 应用技术的交流和研究，大力宣传 DIM 技术的意义、价值，及时总结和推广运用 BIM 技术示范项目的成功经验，推动交通行业 BIM 应用的发展。

1.5.2 路桥工程 BIM 应用趋势

1. 对路桥建筑的场地进行分析

市政路桥建筑的设计工作需要结合市政路桥建筑场地的状况来进行分析和设计，因为建设的设计最终需要通过市政路桥建筑手段将其打造成实物，而这个实物是建设在一定的场地条件之上的，因此，对市政路桥建筑的场地进行分析是 BIM 技术在计算机辅助市政路桥建筑设计应用中的一个基础环节和内容。在市政路桥建筑场地的分析当中，BIM 技术需要结合 GIS 地理信息系统使用，从而实现对市政路桥建筑场地和拟建市政路桥建筑物的空间数据进行建模，确保在市政路桥建筑项目进行规划的阶段，可以有效地对市政路桥建筑场地的使用条件和特点进行合理、有效、到位的评估，从而在接下来的工作中更好地对市政路桥建筑的场地进行规划和布局，使其更加符合实际情况和需求，降低市政路桥建筑施工过程的难度和阻力。

2. 对路桥建筑的规划进行设计

在市政路桥建筑的规划设计上，如何对复杂的空间标准和法规进行理解和分析，是市政路桥建筑设计过程中的一个难题和重要的环节。通过 BIM 技术，市政路桥建筑项目的设计人员可以在市政路桥建筑规划的阶段就几何空间的分析来设计和思考，使其设计的合理性得到充分考虑和优化调整，让设计环节的时间得到有效地缩短，工作的效率和价值相应地提升，提高整体市政路桥路桥工程的经济效益。

3. 对路桥建筑的方案进行论证

为确保市政路桥建筑方案在实施前可以通过市政路桥建筑过程实施和完成，并且达到预期的设计目的和效果，需要对方案的可行性、合理性进行论证。BIM 技术的推广使得市政路桥建筑设计空间的评估工作变得更加快速、精准和有效，同时可以及时地向业主和市政路桥建筑的使用者反映实时的相关信息。通过 BIM 工作平台的应用，使得一些和市政路桥建筑各方面信息相关的内容和问题可以得到及时的呈现，并且可以通过平台实现达成共识和合理地解决，有效地缩短决策时间，使得工作的效率得到显著地提高，并且确保方案实施的合理性，避免资源浪费。

4. 实现三维的可视化设计

传统的市政路桥建筑设计依靠平面的图纸来进行呈现，无论是对于设计者还是施工者或者是使用者来说，都不便于在设计的阶段对市政路桥建筑的整体情况进行了解，从而开展相应的设计调整工作，等到发现问题的时候，一般都已经建造完成，很难再进行修改。基于 BIM 技术的计算机辅助市政路桥建筑设计技术在市政路桥建筑设计中的投入使用可以为市政路桥建筑的设计人员、施工人员和用户提供一个三维可视化的设计工具，他们所看到的效果就是实际施工建造之后得到最终的实体效果。这种功能可以帮助市政路桥建筑的设计人员尽快地完成设计工作，并且减少和用户间产生矛盾的概率，促进各方满意度的提高。此外，这个技术使市政路桥建筑的用户和业务可以通过市政路桥建筑内容的直观展现，对自己的投资与收获情况及时了解，从而降低投资的风险性。

5. 实现协同设计

在传统的市政路桥建筑设计中，它的协同工作范畴只限于设计阶段，容易在后续出现各种矛盾和纠纷。BIM 技术在 CAD 中进行应用之后，使得协同设计的范畴扩展至市政路桥建筑的整个生命周期当中，促进市政路桥建筑规划、设计、施工和运营等各个方面的工作资源都参与建筑的整个完成过程，因此，BIM 技术在协同设计方面的应用意义与传统方式相比就显得更为突出，显著提升整个路桥建筑行业的综合效益，大大促进行业和社会的良好发展。

BIM 技术的应用日益广泛，受到越来越多的设计人员及业主单位的认可与支持。路桥工程结合 BIM 技术为斜拱桥配筋并生成施工图纸，利用 Autodesk 公司的系列 BIM 软件进行桥梁外形建模、配筋建模、地形建模以及道路建模，发现一些设计中的错漏并与设计人员及时沟通后妥善解决，减少后期设计变更的可能性。但是目前 BIM 技术在市政路桥方面的应用尚不够成熟，能够熟练运用 BIM 软件的设计人员更是凤毛麟角。虽然完善和推广此项技术还需投入大量时间和精力，但从长远角度来看还是十分值得坚持与推行的，尤其当设计单位和施工单位都能够积极、熟练应用 BIM 技术后，其产生的价值将十分可观。

综上所述，BIM 在路桥工程中最强大的应用功能就是它的可视化功能，利用已完成的三维模型，结合渲染软件和视频编辑软件，出效果图和宣传视频易如反掌。另外还可以依据施工工艺及施工组织设计做模拟施工，得到施工动画。

课 后 习 题

一、单选题

1. BIM 技术应该贯穿于建筑物的(   )过程。

A. 全生命周期　　　　　　　　B. 设计阶段

C. 施工阶段　　　　　　　　　D. 运营阶段

2. 在(   )阶段，BIM 工程师将依据需求方的要求，对设计部门提交的设计文件和图纸资料进行深入细致的分析，给出各个专业具体化的指标化的设计策略。

A. 初步设计　　　　　　　　　B. 深化设计

C. 结构设计　　　　　　　　　D. 施工图设计阶段

3. BIM 工程师的就业方向有(   )。

A. 建筑勘测设计院　　　　　　B. 建筑施工企业

C. 高校授课讲师　　　　　　　D. 以上都是

4. BIM 工程师的能力要求有(   )。

A. 具备工程建筑设计相关专业背景

B. 具有一定 BIM 应用实践经验

C. 能熟练掌握企业 BIM 软件的使用

D. 以上都是

5. BIM 工程师的职业素质要求(   )。

A. 品德素质　　　　　　　　　B. 团队协作

C. 沟通协调能力要求　　　　　D. 以上都是

6. 应用 BIM 支持和完成工程项目生命周期过程中各种专业任务的专业人员指的是(   )。

A. BIM 标准研究类人员　　　　B. BIM 工具开发类人员

C. BIM 工程应用类人员　　　　D. BIM 教育类人员

7. 下列选项主要负责根据项目需求建立相关的 BIM 模型，如场地模型、土建模型、桥梁模型、钢结构模型、道路模型、绿色模型及安全模型的是(   )。

A. BIM 模型生产工程师　　　　B. BIM 专业分析工程师

C. BIM 信息应用工程师　　　　D. BIM 系统管理工程师

8. 下列选项进行实际 BIM 建模及分析人员，属于 BIM 工程师职业发展的初级阶段的是(   )。

A. BIM 操作人员　　　　　　　B. BIM 技术主管

C. BIM 标准研究类人员　　　　D. BIM 工程应用类人员

9. 下列选项体现了 BIM 在施工中的应用的是(   )。

A. 通过创建模型，更好地表达设计图，突出设计效果，满足业主需求

B. 可视化运维管理，基于 BIM 三维模型对建筑运维阶段进行直观、可视化地管理

47

C. 应急管理决策与模拟，提供实时的数据访问，在没有获取足够信息的情况下，做出应急响应的决策

D. 利用模型进行直观的"预施工"，预知施工难点，最大限度地消除施工的不确定性和不可预见性，降低施工风险

10. 房地产开发公司在 BIM 与招标投标方面的应用主要体现在（　　）。

A. 负责投标工作，基于 BIM 技术对项目工程量进行估算，做出初步报价

B. 负责投标工作利用 BIM 数据库，结合相关软件完成数据整理工作，通过核算人、材料、机械的用量，分析施工环境和难点

C. 负责招标、开标及评定标等工作

D. 负责对基于 BIM 技术的设计方法进行研究及创新，以提高项目设计阶段的效益

二、多选题

1. BIM 工程师职业岗位中教育类可分为（　　）。

A. 高校教师　　　　　　　　　B. 培训讲师

C. 标准制定人员　　　　　　　D. 理论基础研究人员

E. BIM 专业分析人员

2. 根据 BIM 应用程度可将 BIM 工程师职业岗位分为（　　）。

A. BIM 战略总监　　　　　　　B. BIM 项目经理

C. BIM 技术主管　　　　　　　D. BIM 操作人员

E. BIM 系统管理人员

3. BIM 工程师职业发展方向包括（　　）。

A. BIM 与招标投标　　　　　　B. BIM 与设计

C. BIM 与施工　　　　　　　　D. BIM 与造价

E. BIM 与运维

4. 下列选项不属于当前 BIM 市场的主要特征的是（　　）。

A. BIM 技术应用覆盖面较窄　　B. 涉及项目的实战较少

C. BIM 普及程度较高　　　　　D. 缺少专业的 BIM 工程师

5. 下列选项可能是 BIM 未来发展模式特点的是（　　）。

A. 个性化开发　　　　　　　　B. 全方位应用

C. 单方位应用　　　　　　　　D. 市场细分

E. BIM 与造价多软件协调

参考答案

一、单选题

1. A　2. B　3. D　4. D　5. D　6. C　7. A　8. A　9. D　10. C

二、多选题

1. AB　2. ABCD　3. ABCDE　4. ABD　5. ABDE

第 2 章　路桥工程师软件及硬件设备

本章导读

　　进入 21 世纪后，我国的建筑行业进行了全面的重大升级，主要体现在向工业化和信息一体化的转型。BIM 在其中扮演了最为重要的角色，它在技术的层面实现相互检查、将施工过程通过模拟变得可以看到，从而很好地实现 BIM "设计—合约—施工"一体化的工作流程。现在我国很多工程公司都在研究 BIM，对 BIM 已经有所了解。但是从这一新科学技术引入我国路桥行业至今，我们对其的分析也多是概念层面，缺乏深入地研究。本章介绍了国内外 BIM 的发展现状，然后以 Revit 软件为研究平台（详细介绍了 Revit 软件）、BIM 为研究对象，对新的技术展开研究与分析，对其在国内的发展提出一些想法。

2.1　路桥工程 BIM 软件简介

1. BIM 应用软件的发展与形成

路桥 BIM 软件的发展与计算机辅助建筑设计（Computer-Aided Architectural Design，CAAD）软件的发展紧密相关。1958 年，美国的埃勒贝建筑师联合事务所（Ellerbe Associates）装置了一台 Bendix G15 的电子计算机，首次尝试了将电子计算机运用于建筑设计的试验。1963 年，美国麻省理工学院的博士研究生伊凡·萨瑟兰（Ivan Sutherland）发表了他的博士学位论文《Sketchpad：一个人机通信的图形系统》，并在计算机的图形终端上实现了用光笔绘制、修改和缩放图形。这项工作被公认为计算机图形学方面的开创性工作，也为以后计算机辅助设计技术的发展奠定了坚实的理论基础。

20 世纪 60 年代是信息技术应用在建筑设计领域的起步阶段。当时比较有名的 CAAD 系统首推 Souder 和 Clark 研制的 Coplanner 系统，该系统可用于估算医院的交通问题，以改进医院的平面布局。

随着 DEC 公司的 PDP 系列 16 位计算机问世，计算机的性价比大幅度提高，这显著推动了计算机辅助建筑设计的发展。此时出现的 CAAD 系统以专用型的系统为多，也有一些通用性的 CAAD 系统，例如 COMPUTERVISION、CADAM 等，用以计算机制图。这一时期 CAAD 的图形技术还是以二维为主，用传统的平面图、立面图、剖面图来表达建筑设计，以图纸为媒介进行技术交流。20 世纪 80 年代对信息技术发展影响最大的是微型计算机的出现，由于微型计算机的价格已经降到人们可以接收的水平，建筑师们将设计工作由大型机转移到微机上。基于 16 位微机开发的一系列设计软件系统就是在这样的环境下出现的，AutoCAD、MicroStation、ArchiCAD 等软件都是应用于 16 位微机上具有代表性的软件。

20 世纪 90 年代以来随着计算机技术的快速发展，计算机技术在路桥行业得到了前所未有的发展和广泛的应用，涌现出一批建筑类软件。伴随路桥行业的发展趋势以及项目各参与方对工程项目提出的新的更高的需求日益增加，BIM 技术应用已然成为建筑行业发展的新趋势，各种 BIM 应用软件应运而生。

2. 路桥 BIM 应用软件的分类

BIM 应用软件是指基于路桥 BIM 技术的应用软件，即支持 BIM 技术应用的软件。一般来讲，它应该具备以下 4 个特征：面向对象、基于三维几何模型、包含其他信息和支持开放式标准。

伊士曼（Eastman）等将 BIM 应用软件按其功能分为三大类：BIM 环境软件、BIM 平台软件和 BIM 工具软件。在本书中，我们习惯将其分为 BIM 基础软件、BIM 工具软件和 BIM 平台软件。

1）BIM 基础软件

BIM 基础软件是指可用于建立为多个 BIM 应用软件所使用的 BIM 数据的软件。例如，基于 BIM 技术的建筑设计软件可用于建立建筑设计的 BIM 数据，且该数据能被用在基于 BIM 技术的能耗分析软件、日照分析软件等 BIM 应用软件中。除此以外，基于 BIM 技术的结构设计软件及设备设计（MEP）软件也包含在这一大类中。目前实际应用中使用这类软件的案例包括：美国 Autodesk 公司的 Revit 软件，包含了建筑设计软件、结构设计软件及 MEP 设计软件；匈牙利 Graphisoft 公司的 ArchiCAD 软件等。

2）BIM 工具软件

BIM 工具软件是指利用 BIM 基础软件提供的 BIM 数据，开展各种工作的应用软件。例如，利用建筑设计 BIM 数据，进行能耗分析的软件、日照分析的软件、生成二维图纸的软件等。目前实际应用过程中使用这类的软件的案例有我国的软件厂商开发的基于 BIM 技术的成本预算软件等。有的 BIM 基础软件除了提供用于建模的功能外，还具备了其他一些功能，所以本身也是 BIM 工具软件。例如，上述 Revit 软件还提供了生成二维图纸等功能，所以它既是 BIM 基础软件，也是 BIM 工具软件。

3）BIM 平台软件

BIM 平台软件是指能对各类 BIM 基础软件及 BIM 工具软件产生的 BIM 数据进行有效管理，以便支持建筑全生命期 BIM 数据共享应用的应用软件。该类软件一般为基于 Web 的应用软件，能够支持工程项目各参与方及各专业工作人员之间通过网络高效地共享信息。目前实际过程中使用这类软件的例子，如美国 Autodesk 公司 2012 年推出的 BIM 360 软件。该软件作为 BIM 平台软件，包含一系列基于云的服务，支持基于 BIM 的模型协调和智能对象数据交换。又如匈牙利 Graphisoft 公司的 Delta Server 软件，也提供了类似功能。

当然，各大类 BIM 应用软件还可以再细分。例如，BIM 工具软件可以再细分为基于 BIM 技术的结构分析软件、基于 BIM 技术的能耗分析软件、基于 BIM 技术的日照分析软件、基于 BIM 的工程量计算软件等。

3. 现行 BIM 应用软件分类框架

针对路桥建筑全生命期中 BIM 技术的应用，以软件公司提出的现行 BIM 应用软件分类框架为例做具体说明，其中绝大多数是传统的非 BIM 应用软件。这些类别的应用软件与传统的非 BIM 应用软件所不同的是，它们均是基于 BIM 技术的。另外，有的应用软件类别的名称与传统的非 BIM 应用软件根本不同，包括 4D 进度管理软件、5D BIM 施工管理软件和 BIM 模型服务器软件。

其中，4D 进度管理软件是在三维几何模型上，附加施工时间信息（例如，某结构构件的施工时间为某时间段）形成 4D 模型，以此进行施工进度管理。这样可以直观地展示随着施工时间的三维模型的变化，用于更直观地展示施工进程，从而更好地辅助施工进度的高效管理。5D BIM 施工管理软件则是在 4D 模型的基础上，进一步增加成本信息（例如，某结构构建的建造成本），进行更全面、细致的施工管理。这样一来，施工管理者就可以方便快捷地获得随着施工过程，项目对包括资金在内各种施工资源的动态需求，从而可以更好地进行资金计划、分包管理等工作，以确保施工过程的顺利进行。BIM 模型服务器软件即是上述提到的 BIM 平台软件，用于进行 BIM 数据的管理。

2.1.1 路桥工程 BIM 软件概述

路桥 BIM 基础软件主要是建筑建模工具软件，其主要目的是进行三维设计，所生成的模型是后续 BIM 应用的基础。

在传统二维设计中，建筑物的平面、立面、剖面图是分开进行设计的，通常存在信息不一致的情况。同时，其设计结果表现为 CAD 中的线条，计算机无法进行进一步的深化处理。三维设计软件改变了这种情况，确保只存在一份模型，使得平面、立面、剖面图都是三维模型的视图，解决了平面、立面、剖面图之间存在的信息不一致问题。同时，其三维构件也可以通过三维数据交换标准被后续 BIM 应用软件所应用。路桥 BIM 基础软件具有以下特征：

1）基于三维图形技术。支持对三维实体进行创建和编辑。

2）支持常见建筑构件库。BIM 基础软件包含梁、墙、板、柱、楼梯等建筑构件，用户可以应用这些内置构件库进行快速建模。

3）支持三维数据交换标准。BIM 基础软件建立的三维模型，可以通过 IFC 等标准输出，为其他 BIM 应用软件使用。

2.1.2 路桥工程设计阶段软件

路桥结构深化设计是在路桥工程施工过程中，在设计院提供的施工图设计基础上进行详细设计以满足施工各项要求的设计活动。BIM 技术因为其直观形象的空间表达能力，能够很好地满足深化设计中要求关注细部设计、精度要求高的特点，基于 BIM 技术的深化设计软件逐渐得到了更多的应用，也是路桥 BIM 技术应用最成功的领域之一。

1. 路桥结构深化设计的目的

1）材料优化。通过深化设计计算杆件的实际应力比，对原设计截面进行改进，以降低结构的整体用钢量。

2）确保安全。通过深化设计对结构的整体安全性和重要节点的受力进行详细验算，确保所有的杆件和节点能够满足设计要求，确保结构使用安全。

3）构造优化。通过深化设计对节点进行构造的施工优化，使得节点在实际加工制作和安装过程中变得更加合理，提高加工效率和加工安装精度。

4）通过深化设计，对栓接接缝处连接板进行优化、归类、统一，减少品种、规格，使杆件和节点进行归类编号，形成流水加工，显著加快提高加工进度。

2. 基于 BIM 技术的路桥结构深化设计软件的主要特征

1）基于三维图形技术。因为路桥 BIM 的构件具有显著的空间布置特点，钢结构深化设计软件需要基于三维图形进行建模、计算。并且，与其他基于平面视图建模的基于 BIM 技术的设计软件不同，多数路桥 BIM 都可以基于空间进行建模。

2）支持参数化建模，可以用参数化方式建立路桥 BIM 的杆件、节点、螺栓。如杆件截面形态包括工字形、L 形、口字形等多种形状，用户只需要选择截面形态，并且事先设置截面长、宽等参数信息就可以确定构件的几何形状，而不需要繁琐地处理杆件的每个零件。

3）支持节点库。节点的设计是路桥 BIM 设计中比较繁琐的过程。优秀的钢结构设计软件，如 Tekla 内置支持常见的节点连接方式，用户只需要选择需要连接的杆件，并设置节点连接的方式及参数，系统就可以自动建立节点板、螺栓，大量节省用户的建模时间，提高了便捷性。

4）支持三维数据交换标准。路桥深化设计软件可以与建筑设计一同导入其他专业模型以辅助建模；同时，还需要将深化设计结果导出到模型浏览、碰撞检测等其他 BIM 应用软件中。

5）绘制出图。国内目前设计依据还以二维图纸为主，路桥深化设计的结果必须表达为二维图纸，现场施工工人也习惯于参考图纸进行施工。因此，深化设计软件需要提供绘制二维图纸功能。

目前常用路桥 BIM 深化设计软件多为国外软件，国内软件较为少见（表 2.1.2-1）。

常用的路桥 BIM 深化设计软件表 表 2.1.2-1

软件名称	主要功能
CIVIL3D	AutoCAD Civil 3D 是一款制图软件，提供了独一无二的样式机制，使各企业组织可以自行定义 CAD 和设计标准，旨在面向土木工程设计与文档编制的建筑信息模型（BIM）解决方案
Bentley	Bentley 通过帮助基础设施行业充分利用信息技术、学习、最佳实践和全球协作以及推动专注于这项重要工作的职业人的发展，为基础设施行业提供长久支持
infraworks	InfraWorks 360 是欧特克公司推出的一款适用于与基础设施项目的规划和方案阶段的设计软件
Revit	三维构件建模，进行详图布置等。复杂空间结构建模困难，复杂节点、特殊构件难以实现
Dynamo	Dynamo 是 Autodesk 公司推出的，一款功能十分强大并且十分便捷的可视化编程软件。它可以和多款 Autodesk 公司的其他软件交互，适应各类使用人员的专业需求

2.1.3 路桥工程施工阶段软件

1. 路桥工程施工阶段用于技术的 BIM 工具软件应用

路桥工程施工阶段的 BIM 工具软件是新兴的领域，主要包括施工场地、模板及脚手架建模软件、钢筋翻样、变更计量、5D 管理等软件。

1）施工场地布置软件

施工场地布置是施工组织设计中的一项重要内容，在工程红线内，通过合理划分施工区域，达到减少各项施工的相互干扰的目的，使得场地布置紧凑合理，运输更加方便，能够满足安全防火、防盗的要求。

BIM 技术的施工场地布置是基于 BIM 技术提供内置的构件库进行管理，用户可以通过这些构件高效、快速地建模，做好分析及用料统计。基于 BIM 技术的施工场地布置软件具有以下特征：

（1）基于三维建模技术。

（2）提供内置的、可扩展的构件库。基于 BIM 技术的施工场地布置软件提供施工现场的场地、道路、料场、施工机械等内置的构件库，用户可以和工程实体设计软件一样，使用这些构件库在场地上布置、设置参数，快速建立模型。

（3）支持三维数据交换标准。场地布置可以通过三维数据交换导入拟建工程实体中，将场地布置模型导出到后续的 BIM 工具软件中。

目前国内已经发布的三维场地布置软件包括广联达三维场地布置软件、斯维尔平面图制作系统、PKPM 场地布置软件等，如表 2.1.3-1 所示。

常用的基于 BIM 技术的主要三维场地布置软件表　　　　　表 2.1.3-1

序号	软件名称	说　明
1	广联达三维场地布置软件 3D-GCP	支持二维图纸识别建模，内置施工现场的常用构件，如板房、料场、塔吊、施工电梯、道路、大门、围栏、标语牌、旗杆等，建模效率高
2	斯维尔平面图制作系统	基于 CAD 平台开发，属于二维平面图绘制工具，不是严格意义上的 BIM 工具软件
3	PKPM 三维现场平面图软件	PKPM 三维现场平面图软件支持二维图纸识别建模，内置施工现场的常用构件和图库，可以通过拉伸、翻样支持较复杂的现场形状，如复杂基坑的建模。包括贴图、视频制作功能

下面以一个三维场地布置软件为例，施工现场的布置软件主要操作流程如下：

① 导入二维场地布置图。本步骤为可选步骤，导入场地布置图可以帮助快速、精准地定位构件，大幅提高工作效率。

② 利用内置构件库快速生成三维现场布置模型。内置的场地布置模型包括场地、道路、施工机械布置、临水临电布置等。

③ 进行合理性检查，包括塔吊冲突分析、违规提醒等。

④ 输出临时设施工程量统计。通过软件可以快速计算出施工场地中临时设施工程量，并输出完成。

2）模板脚手架设计软件

模板脚手架的设计是施工项目重要的周转性施工措施。因为模板脚手架设计的细节繁琐多样，一般施工单位无法精细设计。基于 BIM 技术的模板脚手架软件在三维图形技术基础上，做模板脚手架高效设计及相关验算，提供准确用量统计，与传统方式相比可以大幅度提高工作效率。

基于 BIM 技术的模板脚手架软件具有以下特征：

（1）基于三维建模技术。

（2）支持三维数据交换标准。工程实体模型需要通过三维数据交换标准从其他设计软件导入。

（3）支持模板、脚手架自动排布。

（4）支持模板、脚手架的自动验算及自动材料统计。

目前常见的模板脚手架软件包括广联达模板脚手架软件、PKPM 模板脚手架软件、筑业脚手架、模板施工安全设施计算软件、恒智天成安全设施软件等，如表 2.1.3-2 所示。

3）5D 施工管理软件

基于 BIM 技术的 5D 施工管理软件需要支持场地、施工措施、施工机械的建模及布置。主要特征如下：

（1）支持施工流水段及工作面的划分。工程项目一般较为复杂，为了保证有效利用劳动力，施工现场往往划分了多个流水段或施工段，以确保有充足的施工工作面，使得施工劳动力得到充分有效地展开。支持流水段划分是基于 BIM 技术的 5D 施工管理软件的关键能力。

（2）支持进度与模型的关联。基于 BIM 技术的 5D 施工管理软件需要将工程项目实体模型与施工计划进行关联，综合考虑不同时间节点施工模型的布置情况。

常用的基于 BIM 技术的主要模板脚手架软件表　　　　表 2.1.3-2

序号	软件名称	说　明
1	广联达模板脚手架设计软件	支持二维图纸识别建模，也可以导入广联达算量产生的实体模型辅助建模。具有自动生成模架、设计验算及生成计算书功能
2	PKPM 模板脚手架设计软件	脚手架设计软件可建立多种形状及组合形式的脚手架三维模型，生成脚手架立面图、脚手架施工图和节点详图；可生成用量统计表；可进行多种脚手架形式的规范计算；提供多种脚手架施工方案模板。模板设计软件适用于大模板、组合模板、胶合板和木模板的墙、梁、柱、楼板的设计、布置及计算。能够完成各种模板的配板设计、支撑系统计算、配板详图、统计用表及提供丰富的节点构造详图
3	建筑业脚手架、模板施工安全设施计算软件	汇集了常用的施工现场安全设施的类型，能进行常用的计算，并提供常用数据参考。脚手架工程包含落地式、悬挑式、满堂式等多种搭设形式和钢管扣件式、碗扣式、承插盘式等多种材料脚手架，并提供相应模板支架计算。模板工程包含梁、板、墙、柱模板及多种支撑架计算，包含大型桥梁模板支架计算
4	恒智天成安全设施软件	能计算设计多种常用形式的脚手架，如落地式、悬挑式、附着式等；能计算设计常用类型的模板，如大模板、梁墙柱模板等；能编制安全设施计算书；编制安全专项方案书；同步生成安全方案报审表、安全技术交底；编制施工安全应急预案；进行建筑施工技术领域的计算

（3）可以进行施工模拟。基于 BIM 技术的 5D 施工管理软件可以对施工过程进行模拟，帮助用户在施工之前及时发现问题，并精准优化施工方案。施工模拟包括：随着时间增长对实体工程进展情况的模拟，对不同时间节点（工况）大型施工措施及场地布置情况的模拟，不同时间段流水段及工作面安排的模拟，以及对各个时间阶段，如每月、每周的施工内容、施工计划、资金、劳动力及物资需求的分析。

（4）支持施工过程结果跟踪和记录，如施工进度、施工日报、质量、安全情况记录。

目前基于 BIM 技术的 5D 施工管理主流软件主要包括：德国 RIB 公司的 iTWO 软件、美国 Vico 软件公司的 Vico 软件、英国 Sychro 软件、广联达 BIM 5D 软件等，如表 2.1.3-3所示。

常用的基于 BIM 技术的 5D 施工管理软件表　　　　表 2.1.3-3

序号	软件名称	说　明
1	广联达 BIM 5D 软件	具有流水段划分、浏览任意时间点施工工况，提供各个施工期间的施工模型、进度计划、资源消耗量等功能；支持建造过程模拟，包括资金及主要资源模拟；可以跟踪过程进度、质量、安全问题记录。支持 Revit 等软件
2	RIBiTWO	旨在建立 BIM 工具软件与管理软件 ERP 之间的桥梁，融合基于 BIM 技术的算量、计价、施工过程成本管理于一体。支持 Revit 等建模工具

序号	软件名称	说　　明
3	Vico 办公室套装	具有流水段划分、流线图进度管理等特色功能；支持 Revit、ArchiCAD、Magi-CAD、Tekla 等软件
4	易达 5D-BIM 软件	可以按照进度浏览构件的基础属性、工程量等信息。支持 IFC 标准

利用 5D 施工管理软件进行工程管理的一般流程：

① 设置工程基本信息，包括楼层标高、机电系统设置等。

② 导入所建立的三维工程实体模型。

③ 将实体模型与进度计划进行关联。

④ 按照工程进度计划设置各个阶段施工场地、大型施工机械的布置、大型设施的布置。

⑤ 为现场施工输出每月、每周的施工计划、施工内容、所需的人工、材料、机械需求，指导每个阶段的施工准备工作。

⑥ 记录实际施工进度记录、质量、安全问题。

⑦ 在项目周例会上进行进度偏差分析，并确定调整措施。

⑧ 持续执行直到项目结束。

基于 BIM 技术的变更计量软件包括以下特征：

① 支持三维模型数据交换标准。变更计量软件可以导入其他 BIM 应用软件模型，特别是基于 BIM 技术的算量软件建立的算量模型。理论上，BIM 模型可以使用不同的软件建立，但多数情况下由同一软件公司的算量软件建立。

② 支持变更工程量自动统计。变更工程量计算可以细化到单构件，由用户根据施工进展情况判断变更工程量如何进行统计，包括对已经施工部分、已经下料部分、未施工部分的变更分别进行处理。

③ 支持变更清单汇总统计。变更计量软件需要支持按照清单的口径进行变更清单的汇总输出，也可以直接输出工程量到计价软件中进行处理，形成变更清单。

2. 路桥工程施工阶段用于管理的 BIM 工具软件应用

1）BIM 平台软件

BIM 平台软件是近年来出现的一个概念，其实质是基于网络及数据库技术，将不同的 BIM 工具软件有效连接到一起，以满足用户对于协同工作的需求。从技术角度上讲，BIM 平台软件是一个将模型数据存储于统一的数据库中，并且为不同的应用软件提供访问接口，最终实现不同的软件之间协同工作。从某种意义上讲，BIM 平台软件是在后台进行服务的软件，与一般终端用户并不一定存在直接交互。

（1）BIM 平台软件的特性：

① 支持工程项目模型文件管理。包括模型文件上传、下载、用户及权限管理；有的 BIM 平台软件支持将一个项目分解为多个子项目，整个项目的每个专业或部分都属于其中的子项目，子项目包含相应的用户和授权；另一方面，BIM 平台软件可以将所有的子项目无缝集成到主项目中。

② 支持模型数据的签入签出及版本管理。不同专业模型数据在每次更新后，能立即

合并到主项目中。软件能检测到模型数据的更新，并进行版本管理。"签出"功能可以跟踪哪个用户正在进行模型的哪部分工作。如果此时其他用户上传了更新的数据，系统会自动发出警告。所以软件支持协同工作。

③ 支持模型文件的在线浏览功能。这并不是一个必备的特性，但多数模型服务器软件均会提供该功能。

④ 支持模型数据的远程网络访问。BIM 工具软件可以通过数据接口来访问 BIM 平台软件中的数据，进行查询、修改、增加等操作。BIM 平台软件为数据的在线访问提供权限控制。

（2）BIM 平台软件支持的文件格式

① 内部私有格式。如各家厂商均支持通过内部私有格式，将文件存储到 BIM 平台软件，如 Autodesk 公司的 Revit 软件等存储到 BIM360 以及 Vualt 软件中。

② 公开格式，包括 IFC、IFCXML、CityGML、Collada 等。

常见的 BIM 平台软件包括 Autodesk BIM360、Vualt、Buzzsaw；Bentley 公司的 Projectwise；GrahpicSoft 公司的 BIMServer 等，这些软件一般用于本公司内部软件之间的数据交互及协同工作使用。另外，一些开源组织也开发了开放的基于 IFC 标准进行数据交换的 BIMServer。

2）BIM 应用软件的数据交换

BIM 技术应用涉及专业软件工具，不同软件工具之间的数据交换减少了客户重复建模的工作量，能够减少错误，对提高效率有重大意义，也是 BIM 技术应用成功的最关键要求之一。

（1）按照数据交换格式的公开与否，BIM 应用软件数据交换方式的分类：

① 基于公开的国际标准的数据交换方式。这种方式适用于所有的支持公开标准的软件之间，包括不同专业、不同阶段的不同软件，适用性最广，也是目前最推荐的方式。由于公开数据标准自身的完善程度、不同厂商对于标准的支持力度不同，基于国际标准的数据交换往往取决于采用的标准及厂商的支持程度，支持及响应时间往往比较长。公有的 BIM 数据交换格式包括 IFC、COBIE 等多种格式。

② 基于私有文件格式的数据交换方式。这种方式只能支持同一公司内部 BIM 应用软件之间的数据交换。在目前 BIM 应用软件专业性强、无法做到一家软件公司提供完整解决方案的背景下，基于私有文件格式的数据交换往往只能在个别软件之间进行。私有文件格式的数据交换式是公有文件格式数据交换的补充，发生在公有文件格式不能满足要求而又需要快速推进业务的情况下。私有公司的文件格式例子包括 Autodesk 公司的 DWG、NWC，广联达公司的 GFC、IGMS 等。

（2）常见的公有 BIM 数据交换格式

① IFC（Industry Foundation Classes）标准是 IAI（International Alliance of Interoperability，国际协作联盟）组织制定的面向路桥工程领域，公开和开放的数据交换标准。可以很好地用于异质系统交换和共享数据。IFC 标准也是当前路桥行业公认的国际标准，在全球得到了广泛应用和支持。目前，多数 BIM 应用软件支持 IFC 格式。IFC 标准的变种包括 IFCXML 等格式。

② COBIE 标准。COBIE（Construction Operations Building Information Exchange）

是一个施工交付到运维的文件格式。在 2011 年 12 月，成为美国建筑科学院的标准（NBIMS-US）。COBIE 格式包括设备列表、软件数据列表、软件保证单、维修计划等在内的资产运营和维护所需的关键信息，它采用几种具体文件格式，包括 Excel、IFC、IFCXML 作为具体承载数据的标准。在 2013 年，Building SMART 组织也发布了一个轻量级的 XML 格式来支持 COBIE，即 COBieLite 标准。

3）BIM 应用软件与管理系统的集成

BIM 应用软件为项目管理系统提供有效的数据支撑，解决了项目管理系统数据来源不准确、不及时的问题。BIM 技术应用与项目管理系统框架分基础层、服务层、应用层和表现层。应用层包括进度管理、合同管理、成本管理、图纸管理、变更管理等应用。

（1）基于 BIM 技术的进度管理

传统的项目计划管理一般是计划人员编制工序级计划后，生产部门根据计划执行，而其他各部门（技术、商务、工程、物资、质量、安全等）则根据计划自行展开相关配套工作。各工作表现为相对孤立，步调不一致，导致前后关系不直观，信息传递效率极低，协调工作量大。

基于 BIM 技术的进度管理软件，为进度管理提供人材机消耗量的估算，为物料准备以及劳动力估算提供了充足的基础依据；同时可以提前查看各任务项所对应的模型，便于项目人员准确、形象地了解施工的相关内容，便于施工交底。另外，利用 BIM 技术应用的配套工作与工序级计划任务的关联，可以实现项目各个部门各项进度相关配套工作的全面推进，整体上提高进度执行的效率，加大进度执行的力度，及时发现并提醒滞后环节，及时制定有效地对应措施，实时调整。

（2）基于 BIM 技术的图纸管理

传统的项目图纸管理采用简单的管理模式，由技术人员对项目进行定期的图纸交底。由于当下大型项目建筑设计日趋复杂多样，同时设计工期要求紧、业主方对进度要求，客观上采用了边施工边变更的方式。当传统的项目图纸管理模式遇到了海量变更时，立即暴露出低效率、高出错率的弊病。

BIM 应用软件图纸管理能够实现对多专业海量图纸的清晰管理，实现了相关人员任意时间均可获得所需的全部图纸信息的目标。基于 BIM 技术的图纸管理具有如下特点：

① 图纸信息与模型信息一一对应。这表现在任意一次图纸修改都对应模型修改，任意一种模型状态都能找到定义该状态的全部图纸信息。

② 软件内的图纸信息更新可及时更新。根据工作流程，施工单位收到设计图纸后，由模型维护组成员先录入图纸信息，并完成对模型的修改调整，再推送至其他部门，包括现场施工部门及分包队伍，用于指导施工，避免出现使用错图、旧版图施工的情况。

③ 系统中记录了全部图纸的更新替代关系明确。不同于简单的图纸版本替换，全部的图纸发放时间、录入时间都备份在系统内，供必要时进行调用（如办理签证索赔等）。

④ 图纸管理是面向全专业的。各专业图纸分布一般在不同的职能部门（技术部、机电部、钢结构部），查阅图纸十分费力。该软件要求各专业都按统一的要求录入图纸，并修改模型。在模型中可直观地显示各专业设计信息。

BIM 应用软件中的深化图报审追踪功能实现了对深化图报审的实时追踪。一份报审的深化图录入软件后，系统即开始对其进行实时追踪，确定其当期所在审批单位。当审批单位逾期未完成审批时，系统随即管理人员进行推送提醒。另外，深化图报审计划与软件的进度计划管理模块进行联动，根据总体进度计划的调整而进行相应调整，当系统统计发现深化图报审及审批速度严重滞后于现场工程进度需求时，会向管理人员报警，提醒并要求管理人员采取措施，避免现场施工进度受此影响。

（3）基于 BIM 技术的变更管理

传统情况下，当发生设计变更时，设计变更指令会同时分别下发到各部门，各部门根据各自职责分工独立展开相关工作，从而容易造成对变更内容的理解产生偏差，对内容的阅读产生疏漏，影响现场施工、商务索赔等工作的进行。而且各部门的工作主要通过会议协调和沟通，信息传递的效率较低。

利用 BIM 技术软件，将变更录入模型，直观地形成变更前后的模型对比，快速生成工程量变化信息。通过模型，变更内容准确快速地传达至各个领导和部门，实现了变更内容的快速同步传递，避免了内容理解的偏差。根据模型中的变更提醒，现场生产部、技术部、商务部等各部门迅速回应，展开方案编制、材料申请、商务索赔等一系列的工作，并且通过系统实现实时地信息共享，极大地提高变更相关工作的实施效率地信息传递的效率。

（4）基于 BIM 技术的合同管理

以往合同查询复杂，需从头逐条查询，防止疏漏，要求每位工作人员都熟读合同。合同查询的困难也导致非商务类工作人员在工作中干脆放弃使用合同，甚至违反合同条款，导致总承包方的利益受损。

现在基于 BIM 技术的合同管理，通过将合同条款、招标文件、回标答疑及澄清、工料规范、图纸设计说明等相关内容进行拆分、归集，便于从线到面的全面查询及风险管控（便于施工部门、技术部门、商务部门、安全部门、质量部门、管理部门清晰掌握合同约定范围、约定标准、工作界面及责任划分等）。可将业主对应合同条款、分包合同条款、总承包合同三方合同条款、供货商合同条款，在竖向到底的关联查询、责任追踪（付款及结算、工期要求、验收要求、安全要求、供货要求、设计要求、变更要求、签证要求）。

上述内容对目前路桥工程领域的常用软件进行了较为全面的总结，但需要指出的是 BIM 的灵魂不是若干个 BIM 软件，而是操纵 BIM 软件的专家团队。其中包括项目总控、规划、概算、设计、预算、建造、结算、审计、物业等全过程的专业团队。只有在专业团队的科学规划设计思路指导下，才能充分发挥 BIM 技术的最大优势，能让项目发挥更大的经济效益和社会效益。

2.2 BIM 建模软件及应用解决方案

我国 BIM 技术的研究发展最早的推广活动是 2003 年美国 Bentley 公司在中国的 Bentley 用户大会。在此之后，BIM 技术逐渐进入人们的视野，成为工程建设行业炙手可热的新型技术，并得到了迅猛发展。自 2004 年起，美国 Autodesk 公司与国内很多高校合作组建 BIM 实验室，撰写了系列的 BIM 技术理论与应用丛书。并在一些软件商的赞助下通过 BIM 比赛的形式推广 BIM 技术的应用。也因此，Autodesk 公司的 Revit 软件成为目前 BIM 技术最流行、应用最普遍的核心建模软件。

2.2.1　Autodesk 的 Revit 及 BIM 应用解决方案

1. Autodesk revit 软件在项目过程中的作用

1）对图纸进行纠错

实现 BIM 技术桥梁设计是通过桥梁施工图的基础实现的，所以在进行模型创建的过程中就会找出原来图纸绘制过程中存在的错误，设计人员因为传统绘制的限制需要在 3D和 2D 之间相互进行转换，从而就会出现遗漏。Autodesk Revit 软件设计的过程中，实际上就是使用电脑代替人脑实现 3D 图形绘制，免去了图形之间的转换，还能够便捷地修改图纸的错误，有效提高工作效率。

2）指导复杂配筋

配筋的设计属于桥梁构件过程中的主要内容，并且非常复杂，其中包括布置的形式、钢筋的形状及类别等要素。在进行 2D 配筋的过程中，设计人员需要花费很大的精力对进行图纸绘制，使用 Autodesk Revit 软件在实现桥梁设计的工程中，能够将钢筋的相关信息实现参数化，并且加载到 3D 模型中，有效提高可视性，使钢筋的状态清晰呈现且避免出现冲突，有效提高修改的简易性，对钢筋的参数进行编辑和实时的修改，还可统计钢筋量，降低设计人员在进行设计过程中的工作量。

2. BIM 技术在工程设计中的应用

路桥工程项目情况较为复杂，涉及多种工程的施工，因此工程项目的设计人员往往要在充分了解项目的施工特点和实际需求的基础上，对工程项目进行 BIM 技术的三维模型构建。BIM 技术可以将路桥工程建设的各种要求与参数进行交叉融合分析，构建出直观的设计方案模型，而利用 BIM 技术中的节点碰撞校核功能，对设计模型进行碰撞检测，所生成的碰撞报告具有极高的科学性。再将报告中不符合设计标准及要求的部分进行索引就可以在 BIM 技术所构建的三维模型上找到目标，高效改进，这样就可以尽可能地避免设计环节和施工环节出现问题。

同时 Autodesk Navisworks、Autodesk Infrastructure Modeler 等软件可将 BIM 模型与项目进度表动态链接，较为直观地展示施工流程。在 BIM 技术的统一设计平台帮助下，在各阶段都可以与各专项设计团队紧密同步并且共享设计成果。这一模式避免了不同团队之间由于沟通上的问题而产生失误与返工，从而显著提高了设计效率。在基于 BIM 的地道结构计算应用研究中，通过 BIM 建模软件 Autodesk Revit 与 BIM 分析软件 Autodesk Robot 堵塞无缝的链接，将 BIM 计算结果与通用有限元分析软件对比研究，进而得出结论，即 RSA 的计算结果是可靠、有效的，能够满足工程设计要求。其计算结果的准确性，不仅使得从 BIM 建模到 BIM 设计一步到位，节省了单独建模计算的时间和精力，而且使得三维复杂结构的计算分析效率大大提高。

3. BIM 技术在工程施工中的应用

在桥梁工程项目的施工阶段中，将三维激光扫描技术与 BIM 技术结合应用，在 Autodesk Revit 中建立的模型可以直接导入测量手簿，有效、方便地实现现场直接放样，完成了工作现场的勘察、信息建模、信息管理等大量工作，避免了复杂的计算，可以达到效率与精度同时提高 2~3 倍的效果。这样不仅在勘察前期作用巨大，而且还为设计和施工阶段提供了可靠的数据信息。

4. BIM 技术在路桥工程中的应用前景

首先，大量的关于 BIM 技术在工程领域的应用结果显示，BIM 技术在工程设计和施工阶段应用得较多，但是在项目运营阶段的应用却很少。如何实现建设工程项目全生命周期的信息管理是未来一段时间必要的研究重点。

其次，虽然我国各行业都在积极运用 BIM 技术，但是目前我国 BIM 技术系统的相关科研工作和实际应用都明显落后于西方发达国家。BIM 技术在路桥行业的应用情况统计结果显示，有 31.6％的被调查建筑企业对 BIM 技术缺乏了解，有 23.7％的被调查建筑企业对 BIM 技术的关注时间较短。也就是说，BIM 技术在建筑行业的融合程度并不是很高，因此对于 BIM 技术的掌握仍是路桥工程从业人员亟待提升的一个方面。工程项目的设计、施工及管理者要摒弃传统思想，强化企业内部技术人员的 BIM 技术培训工作，加大宣传力度，将 BIM 技术真正变成路桥工程项目各环节沟通的纽带。

它的优势在于：

1）Autodesk revit 软件在 3D 建模过程中较为直观并且简单，能够将路桥的整体造型及局部的细节充分地展现出来，能够有效解决 2D 图纸设计时候设计人员所遇到的各类复杂节点问题，对 2D 图纸中出现的问题进行精准的定位，降低后期的设计修改。

2）Autodesk revit 软件能够实现参数化的设计，使得一次建模的同类型尺寸在不同的构件中可以多次使用，有效降低了工程中无效的重复工作量和出现错误的概率，实现设计过程中的灵活性，对整体的 BIM 模型不影响，就能够深入设计其中的构建。

3）利用 Autodesk revit 软件实现桥梁模型的创建，能够实现不同构件属性及材质定义的设计，在创建模型之后，Autodesk revit 软件都能够实现不同构建及材质使用量的有效准确统计，从而能够为后期的施工成本提供基础。

它也具有一定的缺点，Autodesk revit 软件属于使用在建筑行业的 BIM 软件，所以在路桥行业使用方面的灵活性还较差，缺少相应的族库内容，所以在部分族构建模型创建过程中需要耗费大量的时间、人力。另一方面 Autodesk Revit 和 3D 所创建的道路模型不能够实现便捷模型的相互导出及导入，所以不得不利用指定第三方软件及相应的插件实现转换，过程中还容易出现模型信息的丢失，操作的过程也比较复杂。

2.2.2　Bentley 的 ABD 及 BIM 应用解决方案

目前，Bentley 在国内应用较少，其主要应用在基础设施建设、海洋石油建设、厂房建设等方面。其中包括 Architecture、Structual、Building、Mechanical Systems、Building Electrical Systems 等。

它的特点：可以支持 DNG 和 DWG 两种文件格式，这两种格式是全球 95％的基础设施文件格式，可直接进行编辑，使得工作非常便利。可以将模型发布到 Google Earch，可以将 Sketchup 模型导入其中，支持任何形体较为复杂的曲面，记录编修流程。可以比较图形编修前后的差异，具有管理权限以及数位签章的功能。

Bentley 公司继开发出 MicroStation TriForma 这一专业的 3D 建筑模型制作软件后，于 2004 年推出了其革命性的继承者——Bentley Architecture（建筑）、Bentley Structural（结构）、Bentley Interference Manager（碰撞检查）等系列软件。除此，Bentley 公司还提供了支持多用户、多项目的管理平台 Bentley Project Wise，其管理的文件内容涉及：

工程图纸文件（DUN/DWU/光栅影像）、工程管理文件（设计标准/项目规范/进度信息/各类报表和日志）、工程资源文件（各种模板/专业的单元库/字体库/计算书）。

　　功能强大的 BIM 模型工具，涉及工业设计、建筑、基础设施设计的方方面面。包括建筑设计、机电设计、设备设计、场地规划、地理信息系统管理（GIS）、污水处理模拟与分析等。基于 MicroStation 这一优秀图形平台涵盖了实体、B-Spline 曲线曲面、网格面、拓扑、特征参数化、建筑关系和程序式建模等多种 3D 建模方式，完全可以替代市面上各种软件的建模功能，满足用户在方案设计阶段对各种建模方式的多样需求。

　　该软件也有着部分缺点。它存在多种不同的用户操作界面，上手存在难度；各分析软件间需要配合工作，其各式各样的功能模型包含了不同的特征习惯，很难在较短时间快速学习掌握；相比 Revit 软件，其对象库的数量有限；其互用性差的缺点使其各不同功能的系统只能单独被应用。

2.3　BIM 数据集成与管理平台简介

　　BIM 技术的出现，使得集成化设计的理念可以变成现实并产生一定的效益，BIM 技术本身对集成化设计也有着内在体现，因为 BIM 并不代表某个特定的软件，它是多个软件在同种模式下共同工作的成果，所以需要构建一个统一框架，将各个需要运用的软件纳入这个框架共同工作。

　　所谓集成化就是运用多个专业的知识相互进行协调工作，在进行设计时，将各个方面的设计要点进行组合，将分散的功效和数据进行整合，并将其纳入一个互相联系、各个要素相协调的系统。使得资源能够得到百分之百的共享，最终实现高性价比的建筑。

　　与之前的设计理念比较，集成化设计理念存在许多明显的不同：首先，在设计的整个过程中，它将建筑本身与其附近的环境视作一个统一的整体，考虑了项目的全寿命周期。另一方面，它要求不同专业的从业者互相密切协作，采用可持续的建筑设计理念，以低廉的成本换取高效的收益，最后使得建筑的可持续发展成为现实。这一方法与之前的建筑设计方法相比具有革新性，它以信息为基础，作为巨量的信息载体，不是关注其中某一个建筑模型，而是跟踪项目的全生命周期。因此，这就必须要有相应功能的软件和硬件对其进行技术支撑，如此搭建一个将建筑全部信息包含在内的综合数据库，在建筑设计的全生命周期内这些数据都能够被多方进行利用。

　　BIM 数据集成是包括建筑全生命期各个阶段多个领域的数据，其管理方式是数据有效共享与利用的关键。分阶段分布式的数据管理会产生"信息孤岛"，导致数据之间失去有效链接。"信息孤岛"将产生海量的数据冗余，同时无法保证数据的一致性，严重阻碍各方信息的有效共享。因此，BIM 数据集成管理成为研究的重点。数据集成就是将若干个分散的数据源中的数据，有逻辑地或物理地集成到一个统一的数据集合中。

　　这和 BIM 的理念是完全契合的，并且在道路工程中也是完全适用的。在完成一个路桥工程时，包括立项、勘察、设计、施工、工程验收等各个阶段，在这些阶段中的许多数据与信息都需要多方共享以顺利实施路桥工程，尤其在设计阶段，工程信息的交互尤为显著。数据库管理的松懈与工程人员互相分离的工作状态很可能会造成数据利用率较低、信息交流遇阻等问题，导致生产效率的低下、对工程质量的不利影响。

　　为了使建筑领域的应用数据能够得到充分的共享，增加设计的效率和价值，集成（Integratio）与协同（Collaboration）的理念越来越被人们认同。目前计算机技术逐渐普及，在工程建设中无纸化作业逐步得到认可，在这样的环境下，建筑设计团队可以通过网络来达到数据信息的共享、转换和互相协调，最终使得建筑设计的任务实现。

　　BIM 数据集成管理平台系统可以优化项目信息和数据传输的方式，消除冗余信息的传输过程，高效、全面地记录工程项目中的过程文件。在此过程中，各参与方可随时进行资料及流程进度查询，有力减少了工程项目中的信息孤岛、信息失真及信息传输不及时的问题。无论是 BIM 技术还是数据集成系统平台，都是提升项目管理效率的工具，基于BIM 的数据集成管理平台的创建，可以将两者相结合使其发挥各自的优势，显得意义深远。

　　BIM 数据管理平台中关键技术有信息数据与管理。BIM 技术支持工程项目全生命周期中的信息与数据管理，使模型信息与数据能够得到有效的延伸，保证信息与数据从上一个阶段有效准确地传递到下一个阶段且过程中不会发生"信息流失"与"数据不完整"问题，有效减少歧义和不一致。要最大化地实现 BIM 技术在工程项目中的优势，发挥其信息管理优势，需要创建一个面向工程项目全生命周期的 BIM 数据管理平台及 BIM 数据的存储、交互机制。其中 BIM 数据管理平台的建立需要解决几方面的关键技术：

　　1）BIM 技术的基础是三维数字技术

　　工程项目 BIM 模型的创建采用可视化的设计方式，建立起包含有工程信息的 3D 模型。三维数字技术作为 BIM 技术的基础技术，可以通过开发一个基于 3D 图形平台的BIM 模型创建系统，在此系统上直接创建 BIM 模型；也可以给予 BIM 技术的数据接口插件，通过解析上游软件的相关数据生成 BIM 模型。

　　2）BIM 技术的数据支撑是工程数据库

　　工程项目生命周期中的数据庞大、数据类型复杂、数据相互关联，因此有必要研究模型对象与数据库之间的相互映射关系。建立基于多维数据结构的工程数据库，实现项目生命周期中信息的海量存储、管理、高效查询和数据传输。

　　3）BIM 技术的体系支撑是数据存储与交互

　　众所周知，IFC 标准是目前工程建设行业主导不同软件之间 BIM 模型交互的技术标准。IFC 标准的数据描述、访问及转换技术是 BIM 模型创建的基础。通过创建基于 IFC标准的 BIM 体系架构、模型对象定义以及对象间的关联机制，解决项目各阶段数据之间的一致性和全局共享问题。数据存储机制是数据交互的基础条件，因此 BIM 技术的体系支撑主要是数据的存储与交互。

　　4）BIM 技术的管理支撑是数据集成平台

　　随着工程项目的不断扩展，各阶段、各参与方在取其所需的同时，也会不断完善本阶段或者自身需要对模型进行完善优化的信息，形成一个最终的工程信息模型。因此，在工程项目的全生命周期需要一个 BIM 数据集成平台系统。该数据集成系统上应建立起 BIM数据的存储、传输、跟踪和扩展机制，以实现模型数据的读取、分析、提取、集成、传输和 3D 显示等功能。该系统平台需支持基于 BIM 技术的各专业软件的开发和应用，实现工程项目全生命周期各个阶段的信息与数据的应用与共享。

　　目前已有许多国家制定并实施了 BIM 标准，而存储标准是其中的重要组成部分。我国存储 BIM 标准的研究正在持续进行中，国外的标准编制与应用经验值得我们参考。BIM 数据的集成管理是 BIM 应用的发展模式，但实际工程的应用价值仍需不断深入持续研究，需要国内更多试点项目来验证其适用性。BIM 集成系统对 BIM 数据的存储应是有机地整合，为多个用户提供共享的资源仓库。数据交换也是 BIM 集成系统必须要面对的问题。在目前看来，IFC 已是数据交换过程中最应采用的数据描述标准。由于 IFC 标准的复杂性，为促使信息交换有效进行，基于 BIM 集成系统的数据交换应建立基于特定流程标准化接口。MVD（Model View Definition）是定义交换信息的 IFC 标准的子集 fuel，将其融入 BIM 数据集成系统中以增强系统的数据交换与应用能力将是 BIM 集成系统未来的发展趋势。

课 后 习 题

一、单项选择题

1. 在以下 Revit 用户界面中可以关闭的界面为（　　）。

A. 绘图区域　　　　　　　　　　　　　　　B. 项目浏览器

C. 功能区　　　　　　　　　　　　　　　　D. 视图控制栏

2. 定义平面视图主要范围的平面不包括以下哪个面（　　）？

A. 顶部平面　　　　　　　　　　　　　　　B. 底部平面

C. 剖切面　　　　　　　　　　　　　　　　D. 标高平面

3. 支持 Revit 导入导出快捷键的文件格式是（　　）。

A. txt　　　　　　　　　　　　　　　　　　B. xml

C. ifc　　　　　　　　　　　　　　　　　　D. csv

4. 视图详细程度不包括（　　）。

A. 精细　　　　　　　　　　　　　　　　　B. 粗略

C. 中等　　　　　　　　　　　　　　　　　D. 一般

5. 在 Revit 中，应用于尺寸标注参照的相等限制条件的符号是（　　）。

A. EO　　　　　　　　　　　　　　　　　　B. OE

C. EQ　　　　　　　　　　　　　　　　　　D. QE

6. 在［视图］选项卡［窗口］面板中没有提出以下哪个窗口操作命令（　　）？

A. 平铺　　　　　　　　　　　　　　　　　B. 复制

C. 层叠　　　　　　　　　　　　　　　　　D. 隐藏

7. Revit 高低版本和保存项目文件之间的关系是（　　）。

A. 高版本 Revit 可以打开低版本项目文件，并只能保存为高版本项目文件

B. 高版本 Revit 可以打开低版本项目文件，可以保存为低版本项目文件

C. 低版本 Revit 可以打开高版本项目文件，并只能保存为高版本项目文件

D. 低版本 Revit 可以打开高版本项目文件，可以保存为高版本项目文件

二、多项选择题

1. 以下哪几种格式可以通过 Revit 直接打开（　　）？

A. rvt　　　　　　　　　　　　　　　　　　B. rte

C. rta　　　　　　　　　　　　　　　　　　D. nwc

E. ifc

2. Revit 中族分类为以下几种（   ）？

A. 可载入族

B. 系统族

C. 嵌套族

D. 体量族

E. 内建族

3. 单击 Revit 左上角"应用程序菜单"中的选项，在弹出的选项对话框中可以进行设置的是（   ）。

A. 常规

B. 渲染

C. 管理

D. 图形

E. 检查拼写

4. Revit 中进行图元选择的方式有哪几种（   ）？

A. 按鼠标滚轮选择

B. 按过滤器选择

C. 按 Tab 键选择

D. 单击选择

E. 框选

参考答案

一、单项选择题：1. B 2. D 3. B 4. D 5. C 6. D 7. A

二、多项选择题：1. ABE 2. ABE 3. ABDE 4. BDE

第3章 路桥项目 BIM 应用策划

本章导读

策划是一种策略、筹划、谋划或计划，遵循一定的方法或规则，对未来即将发生的事情进行系统、周密、科学的预测并制定科学合理的可行性方案。路桥工程项目 BIM 应用策划旨在将 BIM 技术应用于路桥工程项目管理过程中，综合考虑项目属性，制定实施有效的路桥项目实施方案，提高路桥工程项目整体效益。本章首先对 BIM 实施策划进行概述，明确了 BIM 策划的作用、影响路桥项目 BIM 策划的主要因素以及 BIM 策划内容，然后从制定 BIM 应用目标、建立 BIM 实施组织架构、制定 BIM 应用流程、明确 BIM 信息交换内容和格式、BIM 资源配置、BIM 实施保障措施、BIM 实施价值与效益等几个方面分别展开说明，对路桥工程项目 BIM 应用策划进行了详细介绍。

3.1　BIM 实施策划概述

3.1.1　BIM 实施策划的作用

路桥项目实施策划，即项目管理和目标控制策划，旨在把体现建设意图的项目构思，变为有实现可能性和可操作性的行动方案，提出带有谋略性和指导性的设想。BIM 实施策划即将 BIM 技术应用于工程项目管理过程中，将 BIM 实施策划看作建设项目整体策划的一部分，分析 BIM 应用对项目目标、组织、流程的相关影响，并将 BIM 实施所需的相关支持落实到建设项目的整体策划中。

1. BIM 实施策划对建设项目的作用

BIM 实施策划对路桥建设项目的主要作用体现为：通过实施策划环节，BIM 团队可更加清晰地理解在建设项目中应用 BIM 的战略目标，明确每个成员在项目中的角色和责任；通过对项目成员在项目中业务实践的深入分析，设计出合理的 BIM 实施流程；规划 BIM 实施所需的所有附加资源、培训等因素，作为成功实施 BIM 的保障；提供一个用于后续参与者参考的 BIM 行为基准；为测度项目过程和目标提供基准线；总体而言，将减少整个项目团队在项目推进过程中的不可靠因素，进而减少因项目全过程周期风险造成的损失。

2. BIM 实施策划对提高企业 BIM 应用能力的作用

企业 BIM 应用能力的提升需经历项目实践的历练，路桥相关企业可将 BIM 实施策划作为企业人才培养的平台和提升企业竞争能力的抓手。BIM 实施策划对企业的作用主要体现在以下三个方面。

1）通过建设项目 BIM 实施策划、实施与后评价的参与，培养与锻炼企业的 BIM 人才，提高企业人才的团队合作意识和对新技术的掌握能力。

2）基于 BIM 应用在不同建设项目中存在的相似性，借鉴已有项目来策划新项目，可以有效压缩重复性工作，达到有事半功倍的效果，通过对比新老建设项目的差异之处，有助于改进新项目中的 BIM 实施策划效果。

3）试点性的项目级 BIM 实施策划，是制订企业级 BIM 应用及发展策划的基础资料，可以成为企业改革发展的驱动力。

3.1.2　影响路桥项目 BIM 策划的因素

在路桥工程领域 BIM 策划已经被广泛重视起来，路桥工程项目管理人士逐渐开始认为开展 BIM 策划对项目的实施是很有必要的。然而在影响路桥工程项目 BIM 策划中存在较多的影响因素，归纳起来，主要有以下几个方面。

1. 路桥项目 BIM 策划的主体

目前，国内路桥施工企业的规模逐渐增大，管理层级也不断增多，对于路桥项目 BIM 策划的主体定位也各有不同，BIM 策划的主体主要表现在项目层面或企业管理层面。

项目层面的路桥 BIM 策划方式是由新组建的项目部来组织编制 BIM 策划书，经过企业管理层的审批，然后下发实施。这种模式与路桥工程项目实际情况贴合度较高，对于项目的实施能够起到实际有效的指导作用。但这种模式往往也存在几个明显的弊病：（1）路桥 BIM 策划水平方面，由于 BIM 策划书在项目部基层编制，基层人员的素质和水平直接影响到了 BIM 策划书编制的水平，由于缺少专家指导，BIM 策划水平难以保证；（2）与企业目标对接难保证。BIM 策划书是对路桥工程项目的未来实施规划，仅由项目部人员凭借个人经验或项目部经验编制出的 BIM 策划书，其目标可能仅仅是此项目的目标，缺少企业层面的综合考量，很难与企业总体目标保持一致，因此其作用也仅局限于某一具体项目层面，即使企业对该 BIM 策划书进行最后审批，上述问题也很难扭转；（3）策划时间方面，由于项目部人员到位是个持续的过程，而 BIM 策划书的编制是个庞大的工程，受此两方面因素影响，路桥 BIM 策划书的编制在时间上很难保证，甚至可能开工后很长一段时间才能提交出 BIM 策划书，其实际内容及指导意义将会大受影响。

企业层面的路桥 BIM 策划则是由企业管理层面编制路桥工程项目 BIM 策划书，再由项目部具体进行执行。这种模式可以有效解决项目层面管理策划的弊病，集企业管理的全部力量来编制项目 BIM 策划，其权威性和策划水平毋庸置疑。但这种模式同样存在其他一些问题，如企业专家的工作能否保证高效规范、项目部是否能够严格执行路桥 BIM 策划内容、BIM 策划是否能够真正结合项目实际、BIM 策划内容与项目实际实施如何实现有效对接等，这些都是需要在企业专家编制 BIM 策划书过程中重点考虑的环节。

2. 路桥项目 BIM 策划的内容

1）项目相关方。很多路桥工程项目在进行 BIM 策划时会忽略这个环节，但一个项目能否成功的最重要标志就是能够满足各相关方的各项需求，所以识别项目的相关方是路桥工程项目 BIM 策划的第一个环节。项目的相关方既包括合同内规定的一些相关方，如建设单位、施工单位、监理单位、设计单位等，还应该包括当地的政府主管部门、项目的主管单位等。

2）项目目标。项目相关方确定后，需要综合确定该项目目标，即企业对某个项目确定的具体目标。项目目标不仅包括合同目标中的质量、安全、进度等目标，还应包括成本目标、效益目标、社会目标等。

3）项目管控模式。在项目目标确定后，需要结合企业的组织分工和项目的特点，以及项目的范围分解等，综合确定项目的管控模式。其中最重要的是明确项目经营班子、项目组织架构及人员编制等。

4）主要施工工艺。项目管控模式确定后，就需要明确项目的主要施工工艺。工艺的选择，一方面要满足合同需要，另一方面需要考虑企业的技术水平、人员素质、资源储存以及未来的成本控制方式、企业可利用的社会资源等方面。需要强调的是，施工工艺的选择并不一定是最先进的，而是在满足合同目标、项目目标的前提下，以保证有效节约项目成本为重点。

5）项目范围分解。项目范围分解与该路桥工程项目要采用的项目管控模式、施工工艺、成本控制方式有关。路桥工程项目通常规模较大，管理也要求比较细致，需要结合项目的单位工程、分部分项工程、项目的阶段来综合考虑，分解后的工作包会更加详细。项目范围分解是对路桥工程项目目标的细化，其细化程度直接关乎项目未来管理的精细程度。

6）责任分解。项目范围分解完成后，应进行相应的责任分解，将确定的工作内容落实到个人层面，以便任务更好地执行。责任分解中最重要的就是对项目负责人所承担责任的确定，以及项目管理团队、项目团队外人员的分工和权利。

7）成本规划。结合范围分解，需要对范围的各部分内容进行成本测算。测算完成后，要结合上述的责任分解，确定相关的责任制。很多企业的项目责任制仅约定了成本的总体目标，缺少对成本的分解，有些项目虽然进行了成本分解，也没有把分解后的成本与相应的责任人进行绑定。

8）资源配置及采购规划。项目资源主要指项目的作业人员、物料、设备、资金等。项目资源规划，一方面需要考虑企业资源的储备，另外一方面需要考虑可结合的社会资源程度及企业对这些资源的管理水平等，综合测算资源的总体数量及采购方案。项目资源规划应综合利用企业资源管理的优势，做到资源利用的最大化。

9）进度规划。项目的进度规划一方面应满足合同中进度的要求，同时还应综合考虑采用的主要施工工艺、资源配置等因素。既要满足合同节点要求，又要满足成本、质量要求。为实现总体的进度目标，在进度规划时可设定一些节点目标，项目部还应该编制出网络图进度计划，确定该项目的关键路径。

10）风险规划。在项目执行过程中，风险与效益往往是并存的，为了取得较好的效益，需对项目的风险进行全面规划。风险规划中应针对不同的风险制定相应的风险防控方案。在风险方案的制定中，应重点考虑风险的报警机制、决策机制和危机处理机制。

11）质量和安全规划。在质量和安全目标确定的情况下，需要明确质量和安全的规划，该规划需同时考虑要结合项目的风险规划，特别是要结合项目的分工和成本综合考虑。

12）文档/信息规划。在路桥工程项目实施过程中，文档管理不规范、编号不统一、责任不明确、文档丢失等问题突出，导致项目竣工结算资料不完整，严重时项目不能及时竣工，使企业利益受损。因此在项目开工之初，需要对本项目将来需要归档的内容、文档的编号及网络的铺设等有全面的设想与规划，便于将来这方面工作的开展。

3. 路桥项目 BIM 策划对项目实施的监督和指导

1）制度保障。路桥 BIM 策划书归根结底是项目计划，在企业层面应有相关的制度保证，并需完善对相关责任人落实考核和奖惩机制。

2）组织保障。计划书的执行是个动态过程，应有相关机构来监督落实。路桥 BIM 策划书的内容不仅针对项目中 BIM 的实施，而且涵盖项目管理的各个方面，其管理组织职能应由企业的项目综合管理部门来落实。在发达国家或先进企业，通常综合管理由项目管理部负责，牵头企业的职能部门，汇集企业的专家对项目的执行过程进行监督。

3）管理工具保障。目前路桥工程项目越来越复杂，单从项目成本管理来说，分解的目标和责任就达到百余项或者更多，通过搭建企业信息化管理平台，把路桥项目 BIM 策划和执行放到该平台来进行管理，以此保证策划的实时监督和指导。

4）策划调整机制。在路桥工程项目实施过程中，受各种因素影响，之前规划建立的一些前提条件可能出现一些调整，因此 BIM 策划也需要根据情况及时进行变动，对项目实施进行动态指导。策划调整需要注意的是，如果所有小的变化都要调整，将会导致BIM 策划变动频繁，成本过高；策划调整并不是对所有指标都要调整，该项目确定的基准目标，一般不应做大的调整。

4. 项目策划后评价

路桥工程项目 BIM 策划是结合企业及专业的知识对项目进行策划管理，如果专业的知识不能持续跟进，那么项目 BIM 策划只能停留在一般水平，无法实现与时俱进和发展。而且，仅仅依靠专业的知识是不够的，由于企业人员流动影响，企业更需具备自身的知识库。通过定期经验总结等制度，将知识积累沉淀下来，以此确保项目策划水平始终保持高标准。

对于路桥工程企业来说，需要对已完成的路桥工程项目进行总结评价，认真总结过去的成绩与教训，将众多的项目 BIM 策划进行归纳和总结，以形成企业的项目 BIM 策划库，这样不但可以加快以后项目 BIM 策划的标准化程度，还可以不断完善项目 BIM 策划机制，对项目管理团队也是很好的培训和提高。

3.1.3　BIM 实施策划的主要内容

1. BIM 实施目标与 BIM 应用选择

一般情况下，路桥 BIM 实施的目标包括以下两大类。

1）与建设项目相关的目标。如：路桥工程 BIM 实施目标包括缩短项目施工周期、提高施工生产率和质量、降低因各种变更而造成的成本损失、获得重要的设施运行数据等。在实际路桥工程的设计阶段可以基于 BIM 模型强化设计阶段的限额设计控制力度、提升设计阶段的造价控制能力就是一个具体的项目目标。

2）与企业发展相关的目标。在最早实施 BIM 的项目上以这类目标为主是可以接受的。如业主也许希望将当前的 BIM 项目作为一个实验项目，试验在设计、施工和运行之间信息交换的效果，或者某设计团队希望探索并积累数字化设计的经验。

对实施目标进行定义、选择合适的应用，是 BIM 实施策划制订过程中最重要的工作。基于对清晰的目标描述，下一步的工作是对 BIM 应用进行评估与筛选，以确定每个潜在应用是否付诸实施。路桥 BIM 实施策划应用选择主要包括以下四个方面：

1）路桥 BIM 实施策划应用设定责任方与参与方；

2）评估每个路桥 BIM 应用参与方的实施能力，包括其资源配置、团队成员的知识水平、工程经验等；

3）评估每个路桥 BIM 应用对项目各主要参与方的价值和风险水平；

4）综合上述因素，通过讨论，对潜在路桥 BIM 应用逐一确定，路桥 BIM 应用筛选如表 3.1.3-1 所示。

BIM 应用筛选

表 3.1.3-1

BIM 应用	对项目价值（三级）	责任方	对责任方（三级）	能力			需增加的资源	备注	实施
				资源	资格	经验			
模型跟踪	高	承包方	中	中	中	中	培训及软件		是
		设施管理	高	低	中	低			
		设计方	中	高	高	高	培训及软件		
成本预算	高	承包方	高	高	中	中	培训及软件		是

续表

BIM应用	对项目价值（三级）	责任方	对责任方（三级）	能力			需增加的资源	备注	实施
				资源	资格	经验			
5D建模	高	承包方	高	中	中	低	培训及软件	可选软件不足	否
		分包	高	中	低	低	培训及软件		
4D建模	高	承包方	高	中	中	中	培训、软件及其他设施	复杂阶段的应用价值高	是
3D协调（施工）	高	承包方	高	高	高	高			是
		分包方	高	低	高	高	数字制造转换		
		设计方	中	中	高	高			
3D协调（设计）	高	设计方	高	高	高	高	需协调软件	由BIM协调人促进该任务	是
设计检查	中	设计方	低	中	中	中		在设计建模时检查，无更高要求	否
工程分析	中	设计方	高	中	中	中			

2. 路桥BIM实施策划的流程

路桥BIM实施策划的流程设计是为了确定每个流程之间信息的合理交换模块，并为后续策划工作提供理论依据。路桥BIM实施流程包括总体流程和详细流程。总体流程描述整个项目中所有BIM应用之间的承接顺序以及相应的信息输出情况，首先制定项目BIM实施目标，然后确定项目BIM应用内容，最后选择BIM技术实施路线；详细流程则进一步安排每个BIM应用中的具体活动顺序，定义输入与输出的信息模块。

路桥BIM实施流程用流程图来表达，如图3.1.3-1所示，在编制BIM流程图时应考虑以下三项内容：

1）根据建设项目的发展阶段安排BIM应用的顺序；

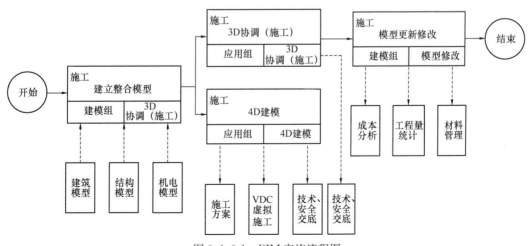

图3.1.3-1 BIM实施流程图

2）定义每个 BIM 应用的责任方；

3）确定每个 BIM 应用的信息交换模块。

3. 定义路桥 BIM 信息交换

在上文所定义的 BIM 应用顺序中，如果后一项 BIM 应用的输入与前一项 BIM 的输出完全吻合，本工作就无须再做。然而，信息完全吻合的假设并不经常满足，其原因不仅和软件的发展水平相关，还与每个 BIM 应用所处的项目进展阶段、应用目的相关。例如，我们不能要求一位建筑师所创建的 BIM 模型包含混凝土等级的信息，也不能要求初步设计阶段的模型中所有构件尺寸都是精确的。在这种情况下，定义 BIM 信息交换就成为保障 BIM 应用能获得所期望效果的必要工作，一般应考虑以下因素。

1）信息接收方：确定需要接收信息并执行后续 BIM 应用的项目团队或成员。

2）模型文件类型：列出在 BIM 应用中使用的软件名称及版本号，它对于确定 BIM 应用之间的数据互用是必要的。

3）建筑元素分类标准：用于组织模型元素，目前，国内项目可以借用美国普遍采用的分类标准 UniFormat，或已被纳入美国国家 BIM 应用标准的最新分类标准 OmniClass。

4）信息详细程度：信息详细程度可以选用某些规则，如美国建筑师协会（AIA）定义的模型开发级别（Level of Development，简称 LOO）规则等。

5）注释：用于解释未被描述清楚的内容。

4. 路桥 BIM 实施所需的基础设施规划

1）组织职责和人员安排。系统性地定义每个项目参与方的职责，对于每一个要实施的路桥 BIM 应用都需要指定参与方，并安排人员负责执行。

2）项目交易方式与合同。尽管在任何一种项目交易方式下都可以策划并应用 BIM，但具有较高集成化程度的项目交易方式更有助于实现 BIM 应用的目标。策划团队应明确项目交易方式对 BIM 实施的影响效果，为项目提供界定各方职责的参照规则或标准。

3）沟通程序。应制定信息沟通程序和会议沟通程序，包括模型访问程序、模型版本管理程序、会议议程等。

4）技术基础设施。需要确定实施 BIM 所需的硬件、软件、空间和网络等基础设施。

5）模型结构和质量控制。制定与模型结构和质量控制相关的工作方法、规则、措施，以保证 BIM 模型对于任何一项 BIM 应用都是有作用的。

6）重要的项目参考信息。应审核和记录对 BIM 应用有价值的重要项目信息，包括项目总体信息、BIM 特定的合同要求和主要联系人等。

3.2　制定 BIM 应用目标

3.2.1　BIM 应用目标内容

1. BIM 实施总体目标

企业在应用 BIM 技术进行项目管理时，需明确自身在管理过程中有哪些需求，并结合 BIM 本身特点确定 BIM 辅助项目管理的服务目标，如图 3.2.1-1 所示。

BIM 技术在项目中的应用点众多，各个公司不可能做到样样兼顾与精通，若没有服务目标而盲目发展，可能会出现在弱势技术领域过度投入的现象，从而造成非必需的资源浪费。只有结合自身建立具有切实意义的服务目标，才能有效提升技术实力，从而在 BIM 技术快速发展的趋势下占有一席之地。同时为完成 BIM 实施总体目标，各企业应紧随建筑行业技术发展步伐，结合自身在建筑领域全产业链的资源优势，树立 BIM 技术应用的战略思想。

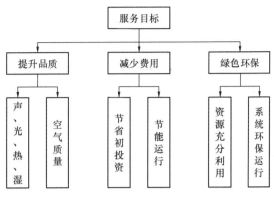

图 3.2.1-1　BIM 服务目标

2. BIM 实施目标

BIM 实施目标可以分为两种类型：第一类比较宏观，包括缩短项目工期、降低工程造价、提升项目质量等与项目的整体表现相关的内容，例如关于提升质量的目标包括通过能量模型的快速模拟得到一个能源效率更高的设计、通过系统的 3D 协调得到一个安装质量更高的设计、开发一个精确的记录模型以改善运营模型建立的质量等；第二类比较微观，则是与具体任务的效率相关的内容，包括利用 BIM 模型更高效地绘制施工图、通过自动工程量统计更快做出工程预算、减少在物业运营系统中输入信息的时间等。

3.2.2　BIM 应用点筛选

BIM 在路桥工程项目中的应用点众多且贯穿于整个路桥工程的全生命周期。然而不同项目参与方对 BIM 的需要与应用也不尽相同，但各参与方应用 BIM 技术均要服务于工程项目的整体利益，为保障工程项目的顺利进行，项目各参与方对于 BIM 的应用主要体现在以下几个方面。

1. 基于 BIM 的绿色路桥建筑物设计

绿色建筑是路桥行业发展的必然趋势和必由之路。BIM 是对建筑空间几何信息、建筑空间功能信息、建筑材料以及设备等专业的相关数据信息进行数据集成与一体化管理，为绿色建筑设计相关计算与评估提供必要的分析依据。

BIM 技术实现了以《绿色建筑评价标准》为基础的绿色建筑设计评价功能，使设计师在设计初期阶段能够方便、直接和精确地了解建筑物的能源性能反馈信息，参照绿色评估的标准进行对比与信息的反馈，进一步完善建筑的绿色性能并能支持绿色建筑的评估决策。此外，基于云的 BIM 模型克服了传统的独立 BIM 和其运算方式造成的容量不足和沟通障碍等问题，实现 LED 项目的自动化交付和认证过程，大大简化绿色建筑认证过程，给企业带来显著的成本效益。

2. 基于 BIM 的进度管理

传统的进度控制方法是基于二维 CAD 实施的，这种方法存在着设计项目形象性差、网络计划抽象、施工进度计划编制不合理、参与者沟通和衔接不畅等众多问题，往往导致工程项目的实际管理过程与进度计划出现很大偏差，严重影响项目的正常施工进度。而基于 BIM 3D 虚拟可视化技术的进度管理对建设项目的施工进度与工期有了很大的保障，在施工过程中可以应用 BIM 技术进行仿真建模，建立 4D 信息模型的施工冲突分析与管理系统，实时管控施工人员、材料、机械等各项资源的进场时间，避免出现返工、拖延进度现象。BIM 4D 模型使管理者对变更方案带来的工程量及进度影响一目了然，是进度调整的有力工具。通过 BIM 建筑模型的搭建，可以直观展现建设项目的进度计划并与实际完成情况对比分析，了解实际施工与进度计划的偏差，合理纠偏并调整进度计划。

3. 基于 BIM 的路桥建设成本管理

传统的工程造价管理方式是造价员基于二维图纸手工对工程量进行计算核算，该方法不仅费时费力，其过程还存在诸多其他问题，如无法与其他岗位进行协同办公，工程量计算复杂费时，设计变更、签证索赔、材料价格波动等等造价数据时刻变化难以控制，多次性计价很难做到，造价控制环节脱节，设计专业之间冲突，项目各方之间缺乏行之有效的沟通协调等很多问题。这些问题导致采购和施工阶段工程变更大量增加，从而引起高成本返工、工期的延误和索赔等，直接造成了工程造价大幅上升。相比较而言，基于 BIM 技术的项目成本管理，可大大提高工程量计算工作的效率和准确性，利用 BIM 5D 模型结合施工进度可以实现成本管理的精细化和规范化。还可以合理安排资金、人员、材料和机械台班等各项资源使用计划，做好实施过程成本控制，并可有效控制设计变更，将变更导致的造价变化结果直接呈现在设计师面前，有利于设计师确定最佳设计方案。总而言之在建设项目成本管理信息化方面有着传统技术不可比拟的优势。

4. 基于 BIM 的质量管理

在产品质量管理方面，由于 BIM 包含建筑构件和设备的大量信息，项目管理人员、材料设备采购部门和施工人员可以通过模型快速查询所需的建筑构件的信息（规格、尺寸、材质、价格），方便地检查施工材料是否符合设计要求，实现施工材料的质量控制。在技术质量管理方面，基于 BIM 的虚拟施工可动态模拟施工技术流程，演练各专业之间的配合以保证专项施工技术在实施过程中的可行性和可靠性，有效减少各工程冲突造成的质量损害。

BIM 技术还可与 RTS（Robotic Total Station，智能型全站仪）有效结合来提高建筑施工现场的质量控制，与 RFID 技术结合加强混凝土等材料的质量检查和管理。

5. 基于 BIM 的变更和索赔管理

工程变更对合同价格和合同工期具有很大破坏性，成功的工程变更管理有助于项目工期和投资目标的实现。BIM 技术通过模型碰撞检查工具尽可能完善设计施工，从源头上减少变更的产生。将设计变更内容导入建筑信息模型中，模型支持构建几何运算和空间拓扑关系，快速汇总工程变更所引起的相关信息，自动反映出工程量变化、造价变化及进度影响。项目管理人员以这些信息为依据及时调整人员、材料、机械设备的分配，有效控制变更所导致的进度、成本变化。最后，BIM 技术可以完善索赔管理，相应的费用补偿或者工期拖延可以一目了然。

6. 基于 BIM 的安全管理

许多安全问题早早存在于项目的早期设计阶段，最有效的处理方法是从设计源头预防并消除。基于该理念，Kamardeen 提出一个通过设计防止安全事件的方法——PtD（Prevention through Design），该方法通过 BIM 模型构件元素的危害分析，给出安全设计的建议，对于那些不能通过设计修改的危险源进行施工现场的安全控制。

应用 BIM 技术对施工现场布局和安全规划进行可视化模拟，可以有效地规避运动中的机具设备与人员的工作空间冲突。应用 BIM 技术还可以自动对施工过程进行自动安全检查，评估各施工区域出现坠落的风险，在开工前就可以制定安全施工计划，何时、何地、采取何种措施来防止建筑安全事故，还可以对建筑物的消防安全疏散进行真实模拟。当建筑发生火灾等紧急情况时，将 BIM 与 RFID、无限局域网络、超宽带实时定位系统等技术结合构建室内紧急导航系统，为救援人员提供复杂建筑中最迅速的救援路线。

7. 基于 BIM 的供应链管理

基于 BIM 的路桥建设供应链信息流模型具有在信息共享方面的优势，有效解决建筑供应链参与各方的不同数据接口间的信息交换问题，电子商务与 BIM 的结合有利于建筑产业化的实现。BIM 模型中包含路桥工程建设中需要的所有材料、设备的详细信息，以及项目参与各方在信息共享方面的内在优势，在设计阶段就可以提前开展采购工作，结合 GIS、RFID 等技术有效地实现采购过程的良好供应链管理。

8. 基于 BIM 的运营维护管理

BIM 技术在建筑物使用生命期间可以有效地进行运营维护管理。BIM 技术具有空间定位和记录数据的能力，将其应用于运营维护管理系统，可快速准确地定位建筑设备组件。对材料进行可接入性分析，选择可持续性材料，进行预防性维护，制定行之有效的维护计划。同时 BIM 与 RFID 技术结合，将建筑信息导入资产管理系统，有效地进行建筑物的资产管理。BIM 还可进行空间管理，合理高效地使用建筑物空间。

3.2.3 BIM 目标实施优先级

制定 BIM 应用目标，是 BIM 实施策划制订过程中最重要的工作内容。有些 BIM 目标只对应于某一个 BIM 应用，也有一些 BIM 目标可能需要若干个 BIM 应用来帮助完成。在定义 BIM 目标的过程中可以用优先级表示某个 BIM 目标对该建设项目设计、施工、运营成功的重要性。BIM 目标实施优先级的设定将使得后面的策划工作具有很大的灵活性。根据清晰的目标描述，进一步的工作是对 BIM 应用进行评估与筛选，以确定每个潜在 BIM 应用是否付诸实施。表 3.2.3-1 为一个建设项目定义 BIM 目标的案例。

某建设项目 BIM 应用目标
表 3.2.3-1

优先级（1-最重要）	目标描述	潜在的 BIM 应用
2	提升现场生产效率	设计审查，3D 协调
3	提升设计效率	设计建模，设计审查，3D 协调
1	为物业运营准备精确的 3D 记录模型	记录模型，3D 协调
1	提升可持续目标的效率	工程分析，LEED 评估
2	施工进度跟踪	4D 模型
3	审查设计进度	设计审查

续表

优先级（1-最重要）	目标描述	潜在的 BIM 应用
1	快速评估设计变更引起的成本变化	成本预算
1	快速评估设计变更引起的成本变化	5D 模型、成本预算
2	消除现场冲突	3D 协调

3.3　建立 BIM 实施组织架构

3.3.1　建立 BIM 管理团队

在项目建设过程中需要将各种专业人才、技术以及经验进行有效整合，使得各自的优势和经验得到充分的发挥，以满足项目管理的需要，从而提高管理工作的成效。因此组建能够应用 BIM 技术为项目提高工作质量和效率的项目级 BIM 团队，建立企业级 BIM 技术中心已成为项目建设过程中最重要的环节，以此来负责 BIM 知识管理标准与模板、构件库的开发与维护、技术支持、数据存档整理、项目协调、质量控制等。

1. 项目级 BIM 团队的组建

一般来讲，项目级 BIM 团队中应包含各专业 BIM 工程师、软件开发工程师、管理咨询师、培训讲师等。项目级 BIM 团队的组建应遵循以下原则：

1）BIM 团队成员有明确的分工与职责，并设定相应奖惩措施。

2）BIM 系统总监应具有建筑施工类专业本科以上学历，并具备丰富的施工经验、BIM 管理经验。

3）团队中包含进度管理组管理人员若干名，要求具备相关专业本科以上学历，具有类似工程施工经验。

4）团队中除配备建筑、结构、机电系统专业人员外，还需配备相关协调人员、系统维护管理员。

5）在项目实施过程中，可以根据项目情况，考虑增加团队角色，如增设项目副总监、BIM 技术负责人等。

2. 相关技能培训

在正式组建 BIM 团队前，施工单位应挑选出符合上面"1."中所述的相关人员进行 BIM 技术的专业培训，了解 BIM 的相关概念、特点和技术。然后与软件公司或培训机构合作提前做好软件技能的提升，使团队人员具备熟练操作软件的能力。

3. 项目初次尝试

BIM 团队人员在相关技能培训合格后，可以挑选一个本单位已完工的项目进行尝试，这样不仅可以提高个人的 BIM 软件操作能力和团队人员间的配合程度，还能够预知应用过程中的重难点，以便及时提出解决措施，避免实际施工与 BIM 应用不匹配的现象。

4. 项目经验总结

项目初次尝试完成后，BIM 主管领导和专业负责人应该对团队初次尝试的结果进行经验总结，形成一个适用于本单位和本团队的 BIM 实施方案，为本单位的施工项目正式使用 BIM 技术提供基础保障。

5. BIM 技术实施。

BIM 团队完成上述工作后，施工单位可以根据项目的特点选取一个中等施工难度的项目进行 BIM 技术的应用，然后逐步向高难度项目进行迈进。

6. 企业级 BIM 中心组建。

当 BIM 团队的成员自我提升满足要求后，待 BIM 技术应用成熟后就可以组建企业级的 BIM 中心，用来负责整个施工单位的 BIM 技术开发与应用，构建施工单位的信息共享和协同管理平台，以提高企业的核心竞争力。

3.3.2 BIM 工作岗位划分

BIM 中心或 BIM 工作室成立后，应根据实际项目需求选择 BIM 工作模式，在项目部组建自己的 BIM 团队，在团队成立前期进行项目管理人员和技术人员的 BIM 基础知识培训工作。团队由项目经理牵头，团队成员由项目部各专业技术、生产、质量、预算和安全等项目部门组成，共同落实 BIM 应用与管理相关工作。

BIM 中心或 BIM 工作室中包括 BIM 项目经理、BIM 工程师、BIM 制图员、BIM 技术研究人员、BIM 应用开发人员、BIM 技术支持人员、BIM 系统管理员、BIM 数据维护员、BIM 标准管理员等岗位。

1. BIM 战略总监

BIM 项目总监是企业 BIM 应用的策划者和决策者，能正确理解 BIM 及其价值，了解 BIM 技术核心内容及国内外典型项目 BIM 应用现状，掌握企业 BIM 规划与实施方法，洞悉企业现状及当前发展重点与难点，从而确立企业 BIM 战略规划和实施方案。BIM 项目总监主要负责组建 BIM 团队、研究 BIM 对企业的质量效益、经济效益的影响以及制定 BIM 实施宏观计划。随着 BIM 的协同应用价值发挥，站在企业信息化战略高度，运用 BIM 系统对企业的组织形态、岗位职责、工作流程进行再造和优化，属于企业 BIM 战略总监的级别。

2. BIM 项目经理

参与企业 BIM 项目决策，制定 BIM 工作计划；建立并管理项目 BIM 团队，确定各角色人员职责与权限；负责设计环境的保障监督，监督并协调 IT 服务人员完成项目 BIM 软硬件及网络环境的建立；确定项目中的各类 BIM 标准及规范；负责对 BIM 工作进度的管理与监控；组织、协调人员进行各专业 BIM 模型的搭建、建筑分析、二维出图等工作；负责各专业的综合协调工作（阶段性管线综合控制、专业协调等）；负责 BIM 交付成果的质量管理，包括阶段性检查及交付检查等，组织解决存在的问题；负责对外数据接收或交付，配合业主及其他相关合作方检验，并完成数据和文件的接收或交付。

3. BIM 工程师

负责创建 BIM 模型、基于 BIM 模型创建二维视图、添加指定的 BIM 信息；配合项目需求，负责 BIM 可持续设计（绿色建筑设计、节能分析、室内外渲染、虚拟漫游、建筑动画、虚拟施工周期、工程量统计等）。

4. BIM 制图员

协助项目负责人、建筑师、工程师完成从方案到施工图阶段的绘图工作；能够搭建

BIM 模型，能够独立完成各专业建筑构件的建模工作。

5. BIM 技术研究人员

负责收集并了解现有的和新兴的与 BIM 相关的软硬件前沿技术，完成应用价值及优劣势的具体分析，为企业整体信息化发展决策提供合理依据；根据企业信息化决策及实际业务需求，提供可采用的技术方案；对拟采用的技术方案及软硬件环境进行技术测试与评估；组织并协助业务部门对拟采用软硬件系统进行应用测试。

6. BIM 应用开发人员

负责针对企业实际业务需求的定制开发工作，重点开发方向为针对 BIM 应用软件的效率提升、功能增强、本地化程度提高等方面。主要工作内容包括：需求调研、可行性评估、应用开发、测试、客户培训、技术支持、后续维护等。

7. BIM 技术支持人员

负责新员工的 BIM 应用流程、制度及规范等的培训；负责 BIM 软件使用的初级、中级培训；负责解决使用者 BIM 软件使用问题及故障。

8. BIM 系统管理员

负责 BIM 应用系统、数据协同及存储系统、构件库管理系统的日常维护、备份等工作；负责各系统的人员及权限的设置与维护；负责各项目环境资源的准备及维护。

9. BIM 数据维护员

负责收集、整理各部门、各项目的构件资源数据及模型、图纸、文档等项目交付数据；对构件资源数据及项目交付数据进行标准化审核，并提交审核情况报告；对构件资源数据进行结构化整理并导入构件库，并保证数据的良好检索；保持维护构件库中构件资源的一致性、时效性，保证构件库资源的可用性；对数据信息的汇总、提取，供其他系统及应用使用。

10. BIM 标准管理员

负责收集、贯彻国际、国家及行业的相关标准；编制企业 BIM 应用标准化工作计划及长远规划；组织制定 BIM 应用标准与规范；宣传及检查 BIM 应用标准与规范的执行；根据实际应用情况组织 BIM 应用标准与规范的修订。

3.3.3 BIM 咨询顾问

1. BIM 咨询顾问类型

第一类 BIM 咨询顾问称为"BIM 战略咨询顾问"。此类 BIM 咨询顾问的基本职责是路桥工程企业自身 BIM 管理决策团队的一部分，和企业 BIM 管理团队一起帮助决策层决定该企业的 BIM 应该做什么、怎么做、找谁做等问题，通常 BIM 战略咨询顾问只需要一家，聘请多家 BIM 咨询顾问虽然理论上也是可行，但实际操作起来可能会比较麻烦。

第二类 BIM 咨询顾问是根据需要帮助路桥工程企业完成自身目前暂时还不能完成各类具体 BIM 任务的"BIM 专业服务提供商"。一般情况下企业需要多家 BIM 专业服务提供商，首先，当前市场上没有一家 BIM 咨询顾问能在每一项 BIM 应用上都做到最好，每家 BIM 专业服务提供商都有自己各自的看家本领；其次，同样的 BIM 任务通过不同 BIM 专业服务提供商的对比评价，企业可以得到性价比更高的服务。

2. BIM 咨询工作内容

目前的 BIM 咨询服务大致包括以下内容：（1）软件应用培训；（2）建模服务——设计查错，管线综合；（3）工程量分项统计；（4）四维施工模拟；（5）施工招投标服务；（6）BIM 施工图应用体系服务（包括异型建筑）；（7）BIM 应用定制服务；（8）BIM 绿色建筑分析应用；（9）BIM 施工阶段应用；（10）BIM 竣工模型及后期应用。

3. BIM 咨询工作流程

1）BIM 咨询的定义

路桥工程项目的 BIM 咨询是帮助企业分析自身所处的阶段和管理特点，制定 BIM 技术的应用规划，解决 BIM 技术如何支撑传统的路桥施工项目的实现，同时辅助企业进行与 BIM 技术相关的流程再造。整个 BIM 咨询工作包含主要内容：确定咨询范围、制定咨询大纲、制定 BIM 指导手册、制定项目 BIM 规划、建模与模型应用。

2）确定咨询范围

根据合同的约定，咨询工作的范围主要界定在根据企业的管理现状，协助企业制定企业级的 BIM 工作指导书和项目级的 BIM 技术应用规划；为业主自行建模进行答疑解惑；根据施工组织设计，帮助业主进行 BIM 应用的分析，选择合适的 BIM 应用点。

3）制定咨询大纲

为了能较好地管控咨询项目，在整个咨询过程的前提需要制定咨询大纲。业主、设计、施工等项目参与方在项目实施过程中咨询需求须通过各方的项目负责人进行沟通，完善沟通管理，可以很好地规范业主咨询需求提出的质量，减少不必要的工作内容，使得项目在正常的轨道上向前实施。

4）制定 BIM 指导手册

在咨询伊始，咨询团队对企业的 BIM 培训情况、团队建设情况和 BIM 应用情况进行了调研分析，针对企业的具体情况，制定《公司 BIM 技术应用指南》。BIM 指导手册主要是对整个公司各个部门和各个项目应用 BIM 技术进行统一的指导，主要内容包括总则、技术平台与软件要求、项目 BIM 应用的范围、建模要求、BIM 应用细则、交付标准等。

5）协助制定项目 BIM 技术应用规划编制要求

《项目 BIM 技术应用规划编制要求》是由公司编制、项目部实施，对项目 BIM 技术的应用规划的编制提出具体要求的纲领性文件。《项目 BIM 技术应用规划编制要求》要求对项目概况、团队建设、BIM 在项目中的应用范围、软件应用、建模规则、模型应用、工作计划等方面做出具体的规定，项目部按照规定要求进行编制并遵照实施。

6）模型建立与应用

根据企业级的指导手册和项目制定的应用规划，BIM 团队人员需要根据施工图纸进行统一建模规划。完成建模后，根据施工需要，进行模型的应用。

3.4 制定 BIM 应用流程

第一步：BIM 软件建模。通过甲方或者业主下发的建筑、结构、水暖电等图纸，运用相关的 BIM 软件建模，建模过程中确保模型的精度和准确度。

第二步：图纸审查。在运用 BIM 软件建模的过程中，因为 BIM 模型的可视化可以随时观察设计图纸中的问题，及时沟通，及时确认，再根据 BIM 模型可出图性及自动出报表的特性，将图纸审查的汇报表格交给甲方进行相应的问题处理。

第三步：碰撞检查。建筑、结构、水暖电等专业的 BIM 模型建立好之后，在运用相关的软件进行 BIM 碰撞检查，发现各专业及专业间的碰撞点，导入冲突点汇总报告，便于提前修改或做施工指导。这一步笔者认为最为重要的就是预留孔洞的位置与各专业构件之间的碰撞。

第四步：工程量统计。通过运用 BIM 软件建立的模型可以包含构件的所有信息，例如尺寸、个数、价格等，基于 BIM 软件的构件明细表可以直接导出材料的使用状况即使用量。此环节可以与概预算相结合进行分析，可有效把控材料用量，物料分配，节约成本。

第五步：施工模拟。通过建立的 BIM 模型进行施工模拟，对施工的工序、工法以及施工中的重点、难点进行模拟，提前制定施工方案，最大限度降低施工的返工、物料浪费等现象。尤其是对于复杂的结点进行可视化模拟与分析，再配合 BIM 软件明细表功能，准确反映出施工时的用料情况，实现限额领料，有利于成本控制。

第六步：3D 交底。通过 BIM 软件建立的 3D 交底方案，较好地摆脱了传统 2D 图纸的复杂性及难沟通性，并且通过 BIM 的 3D 可视化模型对复杂结点、施工难点及重点进行三维方式的表述，再配合图纸，让施工方案变得更加简单明了，提高施工人员的工作效率及沟通交流能力，更方便项目各方掌握项目在施工的细节并及时进行校对与核查。

第七步：进度模拟。通过 BIM 模型的可拓展能力，加入 4D（时间）元素，建立 BIM4D 模型，随时观察项目的进度，配合项目编制 project 表格，实时了解各个点项目之间的状况以及该做的工序，控制项目现场的实际进度情况及现场安全等问题。

第八步：沟通交流。通过 BIM 软件建立的 BIM 模型除了在可视化上较传统 2D 模式有较大提高之外，再加之 BIM 的参数化特点可以对 BIM 模型的建筑构件键入相关数据信息，让项目参与各方更加便于交流，在施工前就可发现问题所在并修改，可以更直观地讨论与决策，提高工作效率。

第九步：施工场地布置。通过把工程周边及现场的环境信息纳入 BIM 模型，再动态施工现场仿真，不仅直观地显示了各个静态构筑物之间的关系，同时更加合理的布置现场平面，例如物料的摆放、车辆出入现场路线的制定、人机之间的静态与动态关系、事故高发区的警示等，有力地提高现场管理效率，降低人员施工时的风险。

第十步：制作宣传视频。总结前期开展的所有 BIM 工作，展示作出的成果。并通过前期 BIM 软件建立的模型以及项目施工管控的亮点作出宣传展示视频。

3.5　明确 BIM 信息交换内容和格式

3.5.1　几种常用的 BIM 及相关软件文件格式

能输出 BIM 格式文件的软件有很多，凡是包含信息、模型的建筑电子文件，都能称之为 BIM 格式文件，以下一些常见的 BIM 格式文件，望能普及：

1）CGR：Gehry Technology 公司 Digital Project 产品使用的文件格式

2）DWG：DraWinG 格式，AutoCAD 原始文件格式，Autodesk 从 1982 年开始使用，截至 2009 年一共使用了 18 种不同的 DWG 版本。虽然 DWG 可以存放一些元数据，但本质上仍然是一个以几何和图形数据为主的文件格式。不足于支持 BIM 应用。

3）DXF：Drawinge Xchange Format，Autodesk 开发的图形交换格式，用于 AutoCAD 和其他软件之间进行信息交换，以 2D 图形信息为主，三维几何信息受限制，不足于进行 BIM 数据交换。

4）DWF：Design Web Format，Autodesk 开发的一种用于网络环境下进行设计校审的压缩轻型格式，这种数据格式是一种单向格式。

5）DGN：DesiGN 格式，Bentley 公司开发的支持其 MicroStation 系列产品的数据格式，2000 年以后 DNG 格式经更新升级后支持 BIM 数据。

6）PLN：DrawPLaN 格式是 Graphisoft 公司开发的为其产品 ArchiCAD 使用的数据格式，1987 年随 ArchiCAD 进入市场，是世界上第一种具有一定市场占有率的 BIM 数据格式。

7）RVT：ReViT，Autodesk Revit 软件系列使用的 BIM 数据格式。

8）STP：Standardized Exchange of Productdata，产品数据标准交换格式 STEP，一种制造业（汽车、航空、工业和消费产品领域）CAD 产品广泛使用的国际标准数据格式，主要用于几何数据交换。

9）VWX：2008 年开始 Nemetschek 公司开发的为其 Vectorworks 产品使用的 BIM 数据格式。

10）3D PDF：Portable Document Format，Adobe 公司开发的用 3D 设计数据发布和审核单向数据格式，类似于 Autodesk 的 DWF。

11）NWD：Navisworks 数据文件，所有模型数据、过程审阅数据、视点数据等均整合在单-nwd 文件中，绝大多数情况下在项目发布或过程存档阶段使用该格式。基于此格式的还有 nwf，nwc：是 Navisworks 缓存文件，中间格式，由 Navisworks 自动生成，不可以直接修改。nwf：是 Navisworks 工作文件，保持与 nwc 文件间的链接关系，且将工作中的测量，审阅，视点等数据一同保存。

3.5.2 BIM 数据内容

1. 规划设计专业提供的必需数据（表 3.5.2-1，表 3.5.2-2）

规划设计专业数据表（几何信息）　　　　　　　　　　　表 3.5.2-1

信息模型阶段	序号	几何属性内容	几何信息
修建性总平面规划设计阶段	GI-1-01	总平面场地平面及竖向、道路等总体基本信息	场地四至范围、边界长度和坐标标高、竖向等高线标高、城市道路宽度及中心线拐点坐标标高、交通出入口定位
	GI-1-02	主要单体建筑轮廓基本信息	单体建筑平面轮廓尺寸及高度、角点坐标标高、单体建筑之间间距、单体建筑退让边界及道路距离
规划报建设计阶段	GI-2-01	总平面图场地平面及竖向、道路等总体基本信息深化确定	场地内道路中心线平面、竖向定位、宽度等；地下室范围平面长度和宽度以及退让道路红线及边界距离；挡土墙及截洪沟的场地定位；消防车道宽度及定位；场地及机动车出入口位置；公共广场尺寸及定位；配套公建的定位等

续表

信息模型阶段	序号	几何属性内容	几何信息
规划报建设计阶段	GI-2-02	单体建筑及群体建筑外部基本信息深化确定	每个单体建筑的长、宽、高尺寸、开间及进深轴线尺寸；外门窗洞口尺寸及立樘高度；层数、层高、女儿墙高度及标高；单体建筑角点坐标、正负零绝对标高；单体建筑退让红线边界的准确距离；群体建筑之间的准确退让间距等
规划审批设计阶段	GI-3-01	获批后的总平面规划场地平面及竖向、道路等总体信息修正	场地出入口门坡报建设计具体宽度、定位、坡度；机动车及非机动车车库出入口宽度、坡度、定位；消防车道宽度、消防登高场地及廻车场尺寸及定位
	GI-3-02	单体建筑及群体建筑外部基本信息修正	日照分析后的群体建筑退让间距及层数调整确定；单体建筑阳台及飘窗等挑出构件尺寸；架空层高度和平面位置调整确定；装饰及保温构造厚度等

规划设计专业数据表（非几何信息）　　　　表3.5.2-2

信息模型阶段	序号	非几何属性内容	非几何信息
修建性总平面规划设计阶段	NGI-1-01	项目基本信息	项目编号；项目名称；建设地址；场地周边环境及影响；气象、水文、地质条件；地形地貌；坐标系及高程种类；建设单位、设计单位、设计资质、设计人信息等
	NGI-1-02	规划设计基本信息	规划选址意见书文号；项目立项上级批文、用地性质、可研报告批文、绿色建筑设计策划专篇等
	NGI-1-03	主要技术经济指标	规划用地面积、建设用地面积、容积率、覆盖率、总建筑面积、建筑限高、绿地率等
	NGI-1-04	主要单体基本信息	建筑功能、基底建筑面积、单体建筑面积、标准层建筑面积、层数、住宅套数或客房间数等
规划报建设计阶段	NGI-2-01	项目基本信息深化	项目等级、使用年限、工程类别、结构体系、场地与城市道路的交通联系、防火及防水等级、建筑节能及绿建设计目标、工业化装配率、合作或分包设计单位等
	NGI-2-02	规划设计基本信息深化	土地使用权证信息；规划用地许可证信息；绿色建筑设计专篇和计算书以及风、光、声、热性能分析报告书等
	NGI-2-03	主要技术经济指标深化	总用地面积、住宅用地面积、公建用地面积、道路用地面积、公共绿地面积、其他用地面积、代征地面积、计容建筑面积、不计容建筑面积、居住户（套）数、居住人数、户均人口、总建筑面积、地上建筑面积、地下建筑面积、建筑基底面积、住宅建筑面积、商业建筑面积、办公建筑面积、架空层面积、装配式建筑面积（比例）、其他建筑面积、公建面积、容积率、建筑密度、绿地率、停车泊位、地上停车泊位、地下停车泊位、非机动车库建筑面积等
	NGI-2-04	主要单体建筑及配套建筑基本信息深化	各单体建筑面积、首层和标准层及屋面建筑面积、架空层建筑面积、各配套建筑面积、各单体建筑及配套建筑功能、内外装饰要求、绿色建筑材料及技术说明等

信息模型阶段	序号	非几何属性内容	非几何信息
规划审批 设计阶段	NGI-3-01	项目基本信息确定	上阶段信息调整确定
	NGI-3-02	规划设计信息确定	路桥工程规划许可证信息
	NGI-3-03	主要技术经济指标确定	上阶段信息调整确定
	NGI-3-04	主要单体建筑及配套建筑基本信息确定	各单体建筑风格及装饰大样

2. 结构设计专业提供的必需数据（表 3.5.2-3，表 3.5.2-4）

结构专业数据表（几何信息）　　　　　　表 3.5.2-3

信息模型阶段	序号	几何属性内容	几何信息
方案设计阶段	GI-1-01	结构体系构件的初步信息	长、宽、高、板厚
	GI-1-02	结构设缝	位置、宽度
初步设计阶段	GI-2-01	主要结构构件（梁板、柱、墙及水平竖向支撑等）基本布置	截面、轴线、标高、结构层数
	GI-2-02	空间结构构件（网架、桁架）基本布置	网格尺寸、高度、截面
	GI-2-03	基础	基础类型、长、宽、高、截面、轴线、标高
	GI-2-04	主要结构洞口	长、宽、高、轴线、标高
施工图设计阶段	GI-3-01	次要结构构件（楼梯、坡道、排水沟、集水坑、加劲构件等）	类型、尺寸（坡度、踢面、梯段、长、宽、高、直径、面积、截面等）、轴线、标高
	GI-3-02	次要结构细节深化（节点构造、次要孔洞）	类型、尺寸、位置、轴线、标高、规格
	GI-3-03	围护结构构件布置	类型、长、宽、高、截面、标高、轴线
	GI-3-04	钢结构	规格、长度、截面面积、轴线、标高

结构专业数据表（非几何信息）　　　　　　表 3.5.2-4

信息模型阶段	序号	非几何属性内容	非几何信息
方案设计阶段	NGI-1-01	项目结构基本信息	设计使用年限、抗震设防烈度、抗震等级、场地类别、结构安全等级、结构体系等
	NGI-1-02	材质信息	力学性能（弹性模量、泊松比、型号）、钢材强度等级、混凝土强度等级等
	NGI-1-03	结构荷载	风、雪、雨、温度、楼面活荷载等，自重系数、加载位置、关联构件等

续表

信息模型阶段	序号	非几何属性内容	非几何信息
初步设计阶段	NGI-2-01	配筋	类型、材料、截断要求、锚固情况
	NGI-2-02	防火	材料、等级、时间等
	NGI-2-03	防腐	处理方式、表面材料
	NGI-2-04	新技术、新材料	做法、构造、耐久性等说明
施工图设计阶段	NGI-3-01	工程量	材料分类统计，包括材料数量、尺寸、重量等
	NGI-3-02	施工	施工类型、尺寸、位置、轴线、标高、规格

3. 给水排水设计专业提供的必需数据，如表 3.5.2-5，表 3.5.2-6 所示

给水排水专业数据表（几何信息）　　　　　　　　　　　表 3.5.2-5

信息模型阶段	序号	几何属性内容	几何信息
方案设计阶段	GI-1-01	主要的机房或机房区	几何尺寸（大小）、布置定位
	GI-1-02	主要水池、集水坑	几何尺寸（大小）、布置定位
	GI-1-03	主要设备（泵送设备集水设备、水处理设备等）	几何尺寸（大小）、布置定位
初步设计阶段	GI-2-01	所有管道（包括供水、排水、中水系统管道）	几何尺寸（截面）、布置定位
	GI-2-02	设备机房内设备布置及管线连接	几何尺寸（截面）、布置定位
	GI-2-03	末端设备（控制设备等）	几何尺寸（大小）、布置定位
	GI-2-04	管道装置（阀门、计量表等）	几何尺寸（大小）、布置定位
施工图设计阶段	GI-3-01	模型各个细部构件	具体尺寸大小、详细定位信息
	GI-3-02	管道支架及托架	几何尺寸（截面）、布置定位
	GI-3-03	单项装置（太阳能热水、虹吸雨水、热泵系统室外部分等）	几何尺寸（截面）、布置定位

给水排水专业数据表（非几何信息）　　　　　　　　　　表 3.5.2-6

信息模型阶段	序号	非几何属性内容	非几何信息
方案设计阶段	NGI-1-01	系统选用	型号、用途
	NGI-1-02	机房要求	隔声、防水、防火等要求
初步设计阶段	NGI-2-01	主要设备性能数据	功率、输入电压、敏感度、调界范围、隔震能力等
	NGI-2-02	管道数据	材料、内外涂层、管道形式
	NGI-2-03	主要设备统计	数量、种类、用途
	NGI-2-04	主要系统信息和数据	能源供给方式、市政水条件
	NGI-2-05	水力计算	基础数据、系统逻辑信息

信息模型阶段	序号	非几何属性内容	非几何信息
施工图设计阶段	NGI-3-01	工程量	材料分类统计，包括材料数量、尺寸、重量等
	NGI-3-02	设备及管道安装	安装方式、样式、连接方式、材质等
	NGI-3-03	材质	推荐适当的材质档次、可选材质的范围、参考价格

4. 电气设计专业提供的必需数据（表 3.5.2-7，表 3.5.2-8）

电气专业数据表（几何信息）　　　　　　　表 3.5.2-7

信息模型阶段	序号	几何属性内容	几何信息
方案设计阶段	GI-1-01	主要的机房或机房区	几何尺寸（大小）、布置定位
	GI-1-02	主要的电气管井	几何尺寸（大小）、布置定位
	GI-1-03	主要设备（机电设备，如发电机、电动机、电机连接、太阳能设备、变压器等；储电设备，如触电器等）	几何尺寸（大小）、布置定位
初步设计阶段	GI-2-01	所有管线（电缆接线盒、电缆、配电板、安全装置）	几何尺寸（截面、大小）、布置定位
	GI-2-02	设备机房内设备布置及管线连接	几何尺寸（截面、大小）、布置定位
	GI-2-03	终端设备（视听电器、灯、电源插座、开关面板等	几何尺寸（大小）、布置定位
	GI-2-04	计量表具	几何尺寸（大小）、布置定位
施工图设计阶段	GI-3-01	模型各个细部构件	具体尺寸大小、详细定位信息
	GI-3-02	管道支架及托架	几何尺寸（截面）、布置定位
	GI-3-03	单项装置（太阳能光伏及光诱导设备等）	几何尺寸（截面）、布置定位

电气专业数据表（非几何信息）　　　　　　表 3.5.2-8

信息模型阶段	序号	非几何属性内容	非几何信息
方案设计阶段	NGI-1-01	系统选用	型号、用途
	NGI-1-02	机房要求	隔声、防水、防火等要求
初步设计阶段	NGI-2-01	主要设备性能数据	功率、输入电压、敏感度、调界范围、隔震能力等
	NGI-2-02	管线数据	材料、内外涂层、管线形式
	NGI-2-03	主要设备统计	数量、种类、用途
	NGI-2-04	主要系统信息和数据	电源供给方式、市政供电条件
	NGI-2-05	电气负荷计算	基础数据、系统逻辑信息

续表

信息模型阶段	序号	非几何属性内容	非几何信息
施工图设计阶段	NGI-3-01	工程量	材料分类统计，包括材料数量、尺寸、重量等
	NGI-3-02	设备及管线安装	安装方式、样式、连接方式、材质等
	NGI-3-03	材质	推荐适当的材质档次、可选材质的范围、参考价格

5. 暖通设计专业提供的必需数据（表 3.5.2-9，表 3.5.2-10）

暖通专业数据表（几何信息） 表 3.5.2-9

信息模型阶段	序号	几何属性内容	几何信息
方案设计阶段	GI-1-01	主要的机房或机房区	几何尺寸（大小）、布置定位
	GI-1-02	主要风井及冷热媒管井	几何尺寸（大小）、布置定位
	GI-1-03	主要设备（空调机组、冷却塔、新风机组、锅炉等）	几何尺寸（大小）、布置定位
初步设计阶段	GI-2-01	所有管道（包括风管、如排风管、送风管、回风管、新风管等；冷却水管如供水管、回水管、排水管等）	几何尺寸（截面）、布置定位
	GI-2-02	所有设备（通风设备，包括空气压缩机、风扇、风机等；集水设备，包括水箱、水泵等）	几何尺寸（截面）、布置定位
	GI-2-03	设备机房内设备布置及管线连接	几何尺寸（大小）、布置定位
	GI-2-04	末端设备（风机盘管、风口、散流器等）	几何尺寸（大小）、布置定位
	GI-2-05	管道装置（分布控制设备，如传感器；过滤设备，如过滤器、通风调解器、扩散器；阀门、风管消音装置、减震器、阻尼器、隔震器等）	几何尺寸（大小）、布置定位
施工图设计阶段	GI-3-01	模型各个细部构件	具体尺寸大小、详细定位信息
	GI-3-02	管道支架及托架	几何尺寸（截面）、布置定位

暖通专业数据表（非几何信息） 表 3.5.2-10

信息模型阶段	序号	非几何属性内容	非几何信息
方案设计阶段	NGI-1-01	系统选用	型号、用途
	NGI-1-02	机房要求	隔声、防水、防火等要求
初步设计阶段	NGI-2-01	主要设备性能数据	功率、输入电压、敏感度、调界范围、隔震能力等
	NGI-2-02	管道数据	材料、内外涂层、管道形式
	NGI-2-03	主要设备统计	数量、种类、用途
	NGI-2-04	主要系统信息和数据	能源供给方式、冷热源条件
	NGI-2-05	暖通负荷计算	基础数据

信息模型阶段	序号	非几何属性内容	非几何信息
施工图设计阶段	NGI-3-01	工程量	材料分类统计，包括材料数量、尺寸、重量等
	NGI-3-02	设备及管道安装	安装方式、样式、连接方式、材质等
	NGI-3-03	材质	推荐适当的材质档次、可选材质的范围、参考价格

3.5.3　BIM 交付数据格式

基于 BIM 设计交付的目的、对象、后续用途的不同，不同类型的设计模型，应对其适合的数据格式进行规定，并在保证数据的完整、一致、关联、通用、可重用、轻量化等方面探索合理的形式，以作为完整的数据资源，供建筑全生命期的不同阶段均可使用。为保证数据的完整性，保持原有的数据格式，尽量避免数据转换产生的数据损失，可采用 BIM 建模软件的专有数据格式（如 Autodesk Revit 的 RVT、RFT 等格式）。同时，为了在设计交付中便于浏览、查询、综合应用，也应考虑提供其他几种通用的、轻量化的数据格式（如 NWD、IFC、DWF 等）。

基于 BIM 模型所产生的其他各应用类型的交付物，一般都是强调数据格式的通用性，建议这类交付成果采用标准的数据格式（如 PDF、DWF、AVI、WMV、FLV 等）。

对于以政府审批报件为依据形成的设计交付物数据格式。这类设计交付物，主要用于政府行政管理部门对具体工程项目设计数据的审查和存档，应更多考虑其数据格式的通用性及轻量化要求。对于 BIM 模型及基于 BIM 模型的其他各类应用的交付物，建议采用标准的数据格式（如 IFC、DWF、PDF、DWF、AVI、WMV、FLV 等）。

在政府审批报的设计交付物，我国尚没有明确的交付要求，企业若想了解此类交付物在国际相关的标准和规范，可参考新加坡政府制定的《新加坡 BIM 指南》、澳大利亚政府制定的《国家数字建模规范》等国家标准。以企业内部管理要求为依据形成的设计交付物数据格式。

企业内部交付的 BIM 模型，主要用于具体工程项目交付数据的审查和存档，以及通过项目形成标准模型、标准构件等具有重用价值的企业模型资源。

1）对于项目交付审查、存档的 BIM 模型，应保持与商业合同规定相同的交付格式；

2）对于企业内部要求提交的模型资源的交付格式，考虑模型的重复使用价值，应采用提交设计中所使用 BIM 建模软件的专有数据格式、企业主流 BIM 软件专有数据格式以及可供浏览查询的通用轻量化数据格式。

基于 BIM 模型各类应用的交付物，主要用于具体工程项目交付数据的存档备查，应保持与商业合同规定相同的交付格式。

按 BIM 交付物内容区分，交付数据格式包括：BIM 设计模型及其导出报告文件格式、BIM 协调模型及其模拟协调报告文件格式、BIM 浏览模型格式、BIM 分析模型及其报告文件格式、BIM 导出传统二维视图数据格式、BIM 打印输出文件格式等。由于不同的 BIM 软件数据格式不同，此处仅以 Revit 平台给出一个示例，供企业制定标准参考。

3.6 BIM 资源配置

3.6.1 项目 BIM 软件配置

由于 BIM 工作覆盖面广，应用点多等特征，因此任何单一的软件工具都无法很好地全面支持 BIM 的正常应用。需要根据工程实施经验，拟定采用合适的软件作为项目的主要模型工具，并自主开发或购买成熟的 BIM 协同平台作为管理依托。软件构成如图 3.6.1 所示。

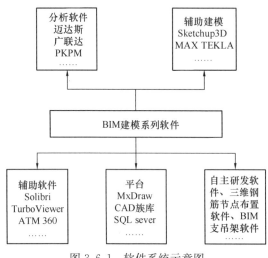

图 3.6.1 软件系统示意图

为了保证数据的可靠性，项目中所使用的 BIM 软件应确保甲方在工程结束后可继续重复使用，以保证 BIM 数据的统一、安全和可延续性。同时根据公司实力可自主研发用于指导施工的实用性软件，如三维钢筋节点布置软件，其具有自动生成三维形体、自动避让钢骨柱翼缘、自动干涉检查、自动生成碰撞报告等多项功能。在合作协同、综合管理方面，通过自主研发的施工总包 BIM 协同平台，来满足工程建设各阶段需求。根据工程特点，制订的 BIM 软件应用计划如表 3.6.1-1 所示。现有较为通用的建模软件如表 3.6.1-2 所示。

BIM 软件应用计划   表 3.6.1-1

序号	实施内容	应用工具
1	全专业模型的建立	Revit 系列软件、Bentley 系列软件、ArchiCAD Digital Projict、Xsteel
2	模型的整理及数据的应用	Revit 系列软件、PKPM、RTABS、ROBOT
3	碰撞检测	Revit Architecture、Revit Structure Revit MEP、Naviswork Manage
4	管综优化设计	Revit Architecture、Revit Structure Revit MEP、Naviswork Manage
5	4D 施工模拟	Naviswork Manage、Project Wise Navigator Visula Simulation、Synchro
6	各阶段施工现场平面施工布置	Sketch Up
7	钢骨柱节点深化	Revit Structure、钢筋放样软件 PKPM、Tekla Structure
8	协同、远程监控系统	自主开发软件
9	模架验证	Revit 系列软件
10	挖土、回填土算量	Civil 3D
11	虚拟可视空间验证	Naviswork Mange 3D Max
12	能耗分析	Revit 系列软件 MIDAS
13	物资管理	自主开发软件
14	协同平合	自主开发软件
15	三维模型交付及维护	自主开发软件

各软件 BIM 建模体系   表 3.6.1-2

Autodesk	Bentley	NeMetschek Graphisoft	Grey Technology Dassault
Revit Architecture	Bentley Architecture	Archi CAD	Digital Project
Revit Structural	Bentley Structural	ALLPLAN	CATIA
Revit MEP	Bentley Building Mechanical Systems	Vector works	

3.6.2 项目 BIM 硬件配置

BIM 模型带有庞大的信息数据，因此，在 BIM 实施的硬件配置上也需设定严格的要求，并在考虑项目自身需求以及节约项目成本的基础上，需要根据不同的使用用途和方向，对硬件配置进行分级设置，即最大限度保证硬件设备在 BIM 实施过程中的正常运转，最大限度地控制项目成本。在项目 BIM 实施过程中，根据工程实际情况搭建 BIM Server 系统，方便现场管理人员和 BIM 中心团队进行模型的共享和信息传递。通过在项目部和 BIM 中心分别搭建服务器，以 BIM 中心的服务器作为主服务器，通过广域网将两台服务器进行相互连接，然后分别给项目部和 BIM 中心建立模型的计算机进行授权，就可以随时将自己修改调整后的模型上传到服务器上，实现模型的异地共享，确保模型的实时更新。

1）项目拟投入多台服务器，如：项目部——数据库服务器、文件管理服务器、Web 服务器、BIM 中心文件服务器、数据网关服务器等；公司 BIM 中心——关口服务器、Revitserver 服务器等；

2）若干台 NAS 存储，如：项目部——10T NAS 存储；公司 BIM 中心——10T NAS 存储。

3）若干台 UPS，如 6kVA。

4）若干台图形工作站。系统拓扑结构如图 3.6.2-1 所示。

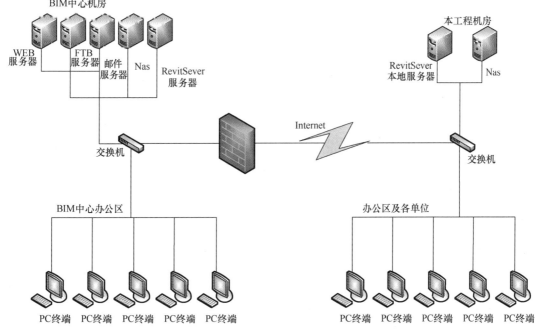

图 3.6.2-1 硬件及网络示意图

常见的 BIM 硬件设备如表 3.6.2-1 所示。

常见的 BIM 硬件设备

表 3.6.2-1

CPU	内存	硬盘容量	显卡	显示器
I7 393 012 核	16G	2T	Q4000	HKC 22 寸
I7 393 012 核	2G	2T	Q6000	HKC 22 寸
I7 4770 K	32G	2T	Q 6000	飞利浦 22 寸
E5 2630	64G	2T	Q6000	飞利浦 27 寸

3.7 BIM 实施保障措施

3.7.1 建立系统运行保障体系

1）按 BIM 组织架构表成立总包 BIM 系统执行小组，由 BIM 系统总监全权负责。经业主审核批准，小组人员立刻进场，以最快速度投入系统的创建工作。

2）成立 BIM 系统领导小组，小组成员由总包项目总经理、项目总工、设计及 BIM 系统总监、土建总监、钢结构总监、机电总监、装饰总监组成，定期沟通，及时解决相关问题。

3）总包各职能部门设专人对口 BIM 系统执行小组，根据团队需要及时提供现场进展信息。

4）成立 BIM 系统总分包联合团队，各分包派遣固定的专业人员参加。如果因故需要更换，必须事先有很好的交接，保持其工作的连贯性。

5）购买足够数量的 BIM 正版软件，配备满足软件操作和模型应用要求的足够数量的硬件设备，并确保配置符合要求。

3.7.2 建立模型维护与应用保障机制

在工程项目实施阶段，应督促各分包等操作单位在施工过程中需要建立模型维护和 BIM 应用保障机制，按相关技术要求及时更新和深化 BIM 模型，并提交相应的 BIM 应用成果。如在机电管线综合设计过程中，需要对综合设计后的管线进行碰撞校验并生成检验报告，设计人员根据报告所显示的碰撞点与碰撞量来调整管线布局，经过若干个检测与调整的循环后，能够得到一个较为精确的管线综合平衡设计。

在应用的维护与保障方面，在项目建设的各个阶段存在不同的操作。例如在得到管线布局最佳状态的三维模型后，按要求分别导出管线综合图、综合剖面图、支架布置图以及各专业平面图，并生成机电设备及材料量化表。在相应部位施工前的一个月内，根据施工进度及时更新和集成 BIM 模型，进行碰撞检测，提供包括具体碰撞位置的检测报告。对于施工变更引起的模型修改，必须在收到各方确认的变更单后的 14 天内完成。在出具完工证明以前，向业主提交真实准确的竣工 BIM 模型、BIM 应用资料和设备信息等，确保业主和物业管理公司在运营阶段具备充足的信息。

3.8 BIM 实施价值与效益

3.8.1 BIM 应用价值

1）通过 GIS＋BIM 可视化管理，可以使施工规划进行得更加轻松。路桥工程作为线形工程，跨越河流、既有道路是很难避免的，传统的在设计阶段的路线选择需要实地勘探，其工作量大、难度大、工作效率低。而在 GIS＋BIM 模式下的路线选择将会减少很多现场勘探的工作量，使现场路线选择的目的性更强。

2）工程计量支付更快，降低施工全过程的返工率。传统二维 CAD 模式下施工，存在很多不确定因素，使得工程工期延误、返工问题等在所难免，BIM 技术下的路桥工程施工预先对相关技术性问题进行分析与解决，保证工程顺利实施。

3）低成本、高效管理施工质量和安全。BIM 技术应用于工程现场质量缺陷管理，快速将现场质量、安全等问题直观快捷地反映到项目管理层，避免质量、安全隐患。项目现场人员对现场的质量、安全隐患问题拍照，并且根据实际问题的不同选择系统中不同选项、轴线、工程项目等参数，将照片通过网络传送到综合管理系统平台中。

4）多平台整合，数据流交互。路桥工程项目通过云平台进行管理，可以实现工完档清、工完账清，各参建单位信息互通，通过二维数据库平台和 BIM 管理平台进行对接，实现数据深层次管理。同时，所有计量、支付、合同、变更等历史数据自动分析和统计，将为成本管控提供预警和决策参考。

3.8.2 BIM 应用效益

1. BIM 应用直接效益

路桥工程 BIM 应用直接效益主要表现为交易费用的节约以及因增量成本带来工期节约使得建造成本的降低，对比路桥工程交易费用的构成分析，各阶段 BIM 应用效益如表 3.8.2-1所示。

交易费用视角下 BIM 应用直接效益构成　　　　表 3.8.2-1

阶段	分类	构成	详　细　解　释	BIM 应用效益
设计阶段	合同前交易费用	搜集信息、寻找确定对象成本	具有 BIM 实力的设计投标单位变少，节省业主方优选设计方的时间	降低部分招标管理费用
	合同后交易费用	监督成本	双方基于 BIM 平台交流，业主方可更好地监督设计方在节点上工作成果，方便高效	降低监督费用
		业主方管理费	BIM 技术使设计方案优化，错误减少，减少业主方对设计方管理频次	降低业主方管理组织费用

续表

阶段	分类	构成	详　细　解　释	BIM 应用效益
建造阶段	合同前交易费用	搜集信息、寻找确定对象成本	具有 BIM 实力的施工投标单位变少，节省业主方优选施工方的时间	降低部分招标管理费用
	生产成本	生产成本	进度提前，成本降低，BIM 减少设计错误，减少错漏碰缺，避免工程频繁变更，降低工程签证量	生产成本降低
	合同后交易费用	业主方管理费	减少现场管理人手	减少业主方现场管理费
		索赔争议费	BIM 模型能够包含项目全过程的数据信息，基于同一 BIM 进行工程结算，结算数据的争议会大幅度减少	减少核对争议，加快结算，节省时间
		合同监督费	基于 BIM 数据平台处理合同，减少业主方管理时间	降低合同监督费用
		处理变更相关费用	由于变更减少，从而减少业主方工程师为此花费的时间（审批时间）	减少变更审批时间，减少纸质指令单
运营阶段	合同前交易费用	搜集信息、寻找确定对象成本	具有 BIM 实力的物业投标单位变少，节省业主方优选施工方的时间	降低部分招标管理费用
	合同后交易费用	合同管理成本	基于 BIM 数据平台处理合同，减少业主方管理时间	降低合同监督费用

2. BIM 应用间接效益

路桥工程 BIM 应用具有正外部性，具有潜在的社会效益。从项目层面和社会层面分析其间接效益，具体构成及分析如表 8.3.2-2 所示。

BIM 应用间接效益构成 表 8.3.2-2

分类	构成	详　细　解　释
项目层面	安全管理改善	建造可视化，降低施工安全隐患，保证安全，减少业主处理成本
	员工综合素质提高	项目参与各方工程师学习 BIM 技术，具备 BIM 经验，提高员工专业素质
	项目品牌影响力	项目使用了新技术，与其他项目相比提高了竞争力，获得佳誉
	业务流程改进	流程再造，以先进的交易模式和管理模式，获得社会和交易商的认同
	运营成本	基于 BIM 运营系统，增加管理直观性、空间性，帮助建设单位更好地管理设施资产，降低建筑运营成本，使业主方受益
	其他效益	因 BIM 技术的外部性，有来自政府的优惠政策（如项目审批加快等）以及一定的经济激励
社会层面	行业信息化加快	因 BIM 的协同工作、信息共享，可促进路桥行业进步
	改善教育方式理念	包括改善所有学校或学院 AEC 的教学方式、教学理念、教学内容等
	节约资源与环保	利用 BIM 优化下料，减少废料、垃圾产生，创造可持续的社区

课 后 习 题

一、单选题

1. 下列关于 BIM 项目实施策划流程正确的是( )。

A. 先制定项目 BIM 实施目标，接着确定项目 BIM 应用内容，最后选择 BIM 技术实施路线

B. 先确定项目 BIM 应用内容，接着制定项目 BIM 实施目标，最后选择 BIM 技术实施路线

C. 先制定项目 BIM 实施目标，接着选择 BIM 技术实施路线，最后确定项目 BIM 应用内容

D. 先选择 BIM 技术实施路线，接着确定项目 BIM 应用内容，最后制定项目 BIM 实施目标

2. ( )即在建设项目中将要实施的主要价值和相应的 BIM 应用（任务）。

A. BIM 实施目标　　　　　　B. BIM 实施技术路线

C. BIM 实施应用计划　　　　D. BIM 实施资源配置

3. 缩短工期、降低工程造价、提升工程质量是属于( )。

A. 项目目标　　　　　　　　B. 公司目标

C. 地方目标　　　　　　　　D. 行业目标

4. ( )是指对要达到项目目标准备采取的技术手段、具体步骤及解决关键性问题的方法等在内的研究途径。

A. BIM 实施目标　　　　　　B. BIM 实施技术路线

C. BIM 实施应用计划　　　　D. BIM 实施资源配置

5. 下列 BIM 工程师岗位选项中主要负责组建 BIM 团队、研究 BIM 对企业的质量效益和经济效益以及制定 BIM 实施宏观计划的是( )。

A. BIM 战略总监　　　　　　B. BIM 项目经理

C. BIM 技术主管　　　　　　D. BIM 操作人员

6. 下列关于 BIM 工程师说法不正确的是( )

A. 建筑信息模型（BIM）系列专业技能岗位是指工程建模、BIM 管理咨询和战略分析方面等相关岗位

B. 从事 BIM 相关工程技术及其管理的人员可称为 BIM 工程师

C. 根据 BIM 应用程度可将 BIM 工程师主要分为 BIM 战略总监、BIM 项目经理、BIM 操作人员及 BIM 理论研究人员等

D. BIM 工具研发类即主要负责 BIM 工具的设计开发工作人员，可分为 BIM 产品设计人员及 BIM 软件开发人员

7. IFC 作为建筑产品数据表达与交换的( )标准，支持建筑物全生命周期的数据交换与共享。

A. 国际。　　　B. 国家　　　C. 行业　　　　D. 地方

8. IFC 标准是一个类似面向对象的( )

A. 信息交换工具　B. 数据处理器　　C. 建筑数据模型　D. 协同工作模式

9. BIM 实施阶段中技术资源配置主要包括硬件配置及（　　）。

A．人员配置　　　　　　　　B．软件配置

C．资金筹备　　　　　　　　D．数据准备

10. 项目实施过程中 BIM 模型信息和数据具有动态性和可共享性，因此在保障硬件配置满足要求的基础上还应根据工程实际情况搭建（　　），方便现场管理人员和 BIM 中心团队进行模型的共享和信息传递。

A．BIM Server 系统　　　　　B．Windows 系统

C．模型应用保障系统　　　　D．协同平台

11.（　　）主要包括组建系统人员配置保障体系、编制 BIM 系统运行工作计划、建立系统运行例会制度和建立系统运行检查机制等方面。

A．建立系统运行保障体系　　B．建立系统运行工作目标

C．建立 BIM 实施应用标准　　D．建立 BIM 工作计划

12. 督促各分包在施工过程中维护和应用 BIM 模型，按要求及时更新和深化 BIM 模型，并提交相应的 BIM 应用成果体现的是（　　）。

A．建立模型维护与应用机制　B．确定模型应用计划

C．实施全过程规划　　　　　D．确定 BIM 实施目标

二、多选题

1. 项目 BIM 实施与应用指的是基于 BIM 技术对项目进行（　　）管理的过程。

A．信息化　　　　　　　　　B．集成化

C．协同化　　　　　　　　　D．自动化

E．单一性

2. 下列选项中属于建筑信息模型（BIM）系列相关专业技能岗位的是（　　）

A．战略分析　　　　　　　　B．工程建模

C．工程制图　　　　　　　　D．建筑设计

E．BIM 管理咨询

3. 下列选项中，属于私有公司的文件格式的是（　　）。

A．DWG　　　　　　　　　　B．NWC

C．IFC　　　　　　　　　　　D．COBIE

E．GFC

4. 以下哪些软件属于 BIM 核心建模软件（　　）

A．Revit　　　　　　　　　　B．SketchUp

C．ArchiCAD　　　　　　　　D．Bentley Architecture

E．Navisworks

5. 建立模型维护与应用保障体系主要包括（　　）。

A．建立模型应用机制　　　　B．确定模型应用计划

C．确定实施目标　　　　　　D．制定实施全过程规划

E．核算应用成本

6. 下面对 BIM 的应用与价值说法正确的是（　　）

A．勘察设计工作中通建立 BIM 模型，各专业设计之间可以共享三维模型数据。进行

协同实现管线综合、设备分析、工程量统计、自动生成二维设计图纸等应用。

B. BIM 对施工阶段管理和综合效益的提升价值，主要体现在提高总包管理和分包协调工作效率和降低施工成本上。

C. BIM 的应用贯穿了建筑的规划、设计、施工与运营四大阶段，基于 BIM 的"现状建模"和"成本预算"贯穿了建筑的全生命周期。

D. 综合 GIS 技术，将 BIM 与维护管理计划相链接，实现建筑物业管理与楼宇设备的实时监控相集成的智能化和可视化管理，及时定位问题来源。这是 BIM 在运营维护阶段的应用价值。

E. 在我国的工程设计领域应用 BIM 的部分项目中，可发现 BIM 技术已获得比较广泛的应用，特别是在规范验证方面。

参考答案

一、单选题

1. A　2. A　3. A　4. B　5. A　6. C　7. A　8. C　9. B　10. A　11. A　12. A

二、多选题

1. ABC　　2. ABE　　3. ABE　　4. ACD　　5. ABD　　6. ABCDE

第4章 路桥工程设计阶段 BIM 应用

本章导读

　　BIM 技术的兴起为路桥工程设计提供了新的方向，采用 BIM 技术进行路桥工程协同设计，可以有效实现信息创建、信息管理和信息共享。本章首先介绍了设计阶段 BIM 交付，明确了路桥工程设计各阶段 BIM 交付要求；然后从可行性研究与方案设计、初步设计、施工图设计三个方面展开，详细介绍了 BIM 技术在路桥工程不同阶段设计过程中的应用；最后介绍了路桥工程 BIM 设计协同，说明了 BIM 技术在路桥工程不同阶段的协同设计要点，以及实现 BIM 设计的协同手段和实施方法。目前国内路桥工程设计阶段对 BIM 技术的应用仍处于起步阶段，路桥工程设计阶段应充分利用 BIM 的优势，实现信息协同，为后续路桥工程的施工和运营奠定坚实基础。

4.1　概述

目前，关于各类路桥工程相关的 CAD 软件及建设类专业分析软件的应用都已相当成熟，这也为我国近年来路桥工程领域的快速发展提供了强有力支撑。虽然 BIM 相关软件在路桥领域的应用可以提高建设效率、缩短建设周期，但在信息交换、协同与可视化方面，仍缺乏统一的信息表达标准和通用的协同技术方案，常常造成同一项目不同专业之间的数据信息难以交换和共享。BIM 的核心理念是信息共享与协同工作，路桥工程建设领域对于建筑信息模型 BIM 的应用，可以促进工程生命期内各种信息源的高效集成和有效共享。BIM 的思想是实现工程全生命过程中各个阶段不同专业的信息交换与共享，但目前针对 BIM 技术的应用多数只局限于工程项目生命的早期阶段，也就是建设阶段的勘察、设计、施工、工程管理等环节，对于如何真正达到面向工程全生命期信息集成和协同工作的研究仍缺乏成熟的解决方案。总体而言，目前在我国，基于信息集成技术的研究和相应的软件开发与欧美等发达国家相比，仍处于相对滞后的阶段。

信息集成（information integration）技术是伴随着计算机技术的发展应运而生的，是把不同来源、格式、特点和性质的数据在逻辑上或物理上有机地集中，从而为企业提供全面的信息共享，通常包含数据的集成、整合、融合、组合等含义。基于信息共享技术，可以使更多的人更充分地使用已有数据资源，避免资料收集、数据采集等重复劳动并降低相应费用。因此，信息共享技术也往往被认为是协同工作能够正常进行的前提。然而不同企业用户所获取的数据途径不同，导致其内容、格式与数据质量都存在明显差异，一些数据甚至存在无法转化格式的问题，或者转化过程中导致部分数据信息遗失的情况，最终导致团队或企业之间信息难以真正有效地共享。因此，有效的信息集成管理是实现企业之间信息贡献的重中之重。

随着信息化时代的到来，现代企业的飞速发展和企业逐渐从一个孤立节点发展成为实时频繁地与网络交换信息和进行商务事务的实体的大背景下，企业数据交换也逐渐从企业内部走向了企业之间。同时，数据的不确定性和频繁变动，以及这些集成系统在实现技术和物理数据上的耦合关系，导致一旦路桥工程需求或数据发生变化，整个体系将不随之修改，因此在信息集成过程中，往往需要认真考虑社会发展中的各类复杂需求、扩展的应用领域，实现分离技术和应用需求，清晰表达各类数据源格式以及数据交换等问题。

路桥工程协同工作是 BIM 价值实现的核心理念，也是路桥行业技术更新的一个重要方向。协同设计 CD（Cooperative Design）一词的概念是由欧美国家的建筑设计事务所在 20 世纪 80 年代末、90 年代初所提出的，最早的英文表达为"Synergic Design"。当时，随着计算机技术在路桥行业的广泛应用，欧美国家的建筑设计事务所在长期的实践工作中发现如果能够将不同专业的工作有效紧密地连接在一起，不仅可以减少专业间的矛盾，还可以提高设计效率，更重要的是缩短项目设计时长，最终降低设计的整体成本。

路桥协同设计主要有两大分支：第一个适合于大型交通建筑、复杂桥梁结构的三维 BIM 协同；第二个适用于普通、简单道路及桥梁的二维 CAD 协同。通过协同设计，建立统一的设计标准，包括图层、颜色、线型、打印样式等。利用协同技术，设计人员可在统一平台完成设计的相关工作，避免各专业间的信息交流不畅所出现的设计中的错、漏、碰、缺等现象，特别是在工程建设早期阶段具有重要意义。而且协同设计平台可以实现了所有图纸信息元的单一性，一张图纸一处变动则其他图纸对应部分自动修改，大大提升设计工作效率和设计图纸质量。同时，协同设计进度管理、设计文件统一管理、人员负荷管理、审批流程管理、自动批量打印、分类归档等也都趋于规范化。

4.2　设计阶段 BIM 交付

4.2.1　设计阶段 BIM 实施目标

1）可视化设计：所见即所得，更重要的是通过工具的提升，使路桥工程设计人员能够以三维的思考方式来完成设计，同时也使业主及最终用户能够在三维可视化下展现设计方案与阶段性的真实效果图。

2）方案设计：使用 BIM 进行路桥工程造型、体量和空间分析，同时进行成本分析等，使得初期方案决策更具有科学性和合理性；

3）初步设计：各专业建立 BIM 模型，利用模型信息进行性能分析，进行各种干涉检查，以及工程量统计；

4）初步设计成果：道路、桥梁及其配套设施的平面、立面、剖面图纸和统计报表都可以从 BIM 模型中得到；

5）设计协同：各专业协调统一，包括设计计划、互提资料、校对审核、版本控制等；

6）性能化分析：只需将 BIM 模型导入相关的性能化分析软件，即可得到相应的分析结果。因为在路桥设计过程中所创建的 BIM 模型包含了丰富的设计信息（几何信息、材料性能、构件属性等），无需专业人士再花费大量时间输入大量专业数据，全部可自动完成，大大降低了性能化分析的周期，提高了设计质量，同时也使设计企业能够为业主提供更专业的技能和可视化展示服务。

7）工程量统计：BIM 是一个富含工程信息的数据库，可以真实地提供造价管理所需要的工程量信息，同时借助这些信息，计算机可以快速高效地对各种路桥构件进行统计分析，显著减少了繁琐的人工操作和避免潜在错误，非常容易实现工程量信息与设计方案的完全一致。通过 BIM 获得的精准工程量统计结果可用于前期设计过程中的成本估算、在业主预算范围内不同设计方案的探索或者不同设计方案建造成本的比较，以及施工开始前的工程量预算和施工完成后的工程量决算。

8）管线综合：BIM 技术可清晰、明确地提供路桥设计模型的三维状态，有助于及时发现设计中的冲突，便于及时更正，使管线铺设一步到位，避免了设计过程中出现不合理的地方，降低了后期管线变更的工作量和施工费用，显著提高了管线综合的设计能力和施工效率。

9）场地分析：BIM 结合地理信息系统（Geographic Information System，简称 GIS），通过拟建道路、桥梁空间数据模型，可以实现更加真实化的场景设计。该项功能可根据施工场地的现实条件和特点，完成更为理想的场地规划、交通流线组织关系及内部设施布局等设计。施工进度模拟：将 BIM 模型与施工进度计划相链接，将空间信息与时间信息整合在一个可视的 4D（3D＋Time）模型中，可以直观、精确地反映整个建筑的施工过程，把握工程实际进度。

10）协同设计：现有的协同设计主要是基于 CAD 平台，由于该平台不能够加载附加信息，只是对图形的简单描述，本质上无法实现专业数据间的有效关联，进而阻塞了专业间必需的信息交流。而 BIM 技术不再是简单的文件参照，而是将路桥工程的规划、设计、施工、运营等整个生命周期参与其中，大幅提升协同设计的技术含量，使整个设计过程更加具有意义，同时也大幅提升了综合效益。

11）构件库：随着构件库的内容越来越丰富，种类越来越多，在三维设计时只需调用已有的构件，可以有效提高三维设计效率。

4.2.2 BIM 交付总体要求

1）应保证 BIM 模型交付准确性。

BIM 模型交付准确性是指路桥模型和模型构件的形状和尺寸以及模型构件之间的位置关系准确无误，相关属性信息也应保证准确性。设计单位在路桥模型交付前应对模型进行检查，确保模型准确反映真实的工程状态。

2）交付的 BIM 模型几何信息和非几何信息间应能够有效传递。

3）交付的 BIM 模型应满足各专业模型等级所需的深度。

4）交付物中 BIM 模型和与之对应的信息表格和相关文件共同表达的内容深度，应符合现行《市政公用工程设计文件编制深度规定》的要求。

5）交付物中的图纸和信息表格宜由 BIM 模型生成。

交付物中的图纸、表格、文档和动画等应尽量利用 BIM 模型直接生成，充分发挥 BIM 模型在交付过程中的作用和价值。

6）交付物中的信息表格内容应与 BIM 模型中的信息一致。

交付物中的各类信息表格，如工程统计表等，应根据 BIM 模型中的信息来生成，并能转化成为通用的文件格式以便后续使用。

7）交付的 BIM 模型建模坐标应与真实工程坐标一致。一些分区模型、构件模型未采用真实工程坐标时，宜采用原点（0，0，0）作为特征点，并在工程使用周期内不得变动。

8）在满足项目需求的前提下，宜采用较低的建模精细度，以达到工程量计算、施工深化等 BIM 应用要求。

4.2.3 模型检查规则

BIM 模型是工程生命周期中各相关方共享的工程信息资源，也是各相关方在不同阶段制定决策的重要依据。然而现如今无论设计单位还是业主方，都较难评判 BIM 模型是否达到了质量要求。正是因为国内还没有建立起 BIM 模型检查的制度和规范，也没有模型检查的有效软件工具和方法，既缺乏有效的模型检查手段，也缺少可行的模型检查标准。只有将模型检查规范化和制度化，才能够实现模型信息的准确、完整。因此，模型交付之前，应增加对 BIM 模型进行检查的重要环节，以有效地保证 BIM 模型的交付质量。

目前针对工程项目实施过程中的模型检查单纯依靠人工的审查方式对模型的几何及非几何信息进行确认，并没有模型检查的规范和标准，所以检查过程中难免会出现错误和遗漏，工作效率也有所降低。在 BIM 应用较普及的国家和地区，已经初步制定了模型检查的规范，相关的模型检查软件也在开发和不断完善优化中，这为我国 BIM 模型交付的检查提供了有益的参考和借鉴。

由于 BIM 技术有别于传统的二维图纸，所以审查重点除了图纸的完整性、准确性、合规性之外，还要进一步审查模型所承载的信息量，以及逻辑性与关联性。因此，对于 BIM 模型是否达到交付要求的检查也更加复杂，在模型检查过程中，应考虑如下几方面的检查内容：

1. 模型完整性检查

指 BIM 模型中所应包含的模型、构件等内容是否完整，其中所包含的内容及深度是否符合交付等级要求。

2. 建模规范性检查

指 BIM 模型是否符合建模规范，如 BIM 模型的建模方法是否合理，模型构件及参数间的关联性是否正确，模型构件间的空间关系是否正确，语义属性信息是否完整，交付格式及版本是否正确等。

3. 设计指标、规范检查

指 BIM 模型中的具体设计内容，是否符合国家和行业主管部门有关建筑设计的规范和条例，设计参数是否符合项目设计要求，如 BIM 模型及构件的几何尺寸、空间位置、类型规格等是否符合合同及规范要求。

4. 模型协调性检查

指 BIM 模型中模型及构件是否具有良好的协调关系，如专业内部及专业之间模型是否存在直接的冲突，安全空间、操作空间是否合理等。

4.2.4　方案设计阶段交付

方案设计主要是从工程项目的需求出发，根据项目的设计条件，研究分析满足功能和性能的总体方案，并对项目的总体方案进行初步的评价、优化和确定。

方案设计阶段的 BIM 应用主要是利用 BIM 技术对项目的可行性进行验证，对下一步深化工作制定和细化方案。

BIM 工作内容应包括：建立统一的方案设计 BIM 模型，通过 BIM 模型生成平面、立面、剖面等用于方案评审的各种二维视图，进行初步的性能分析并优化方案，为制作效果图提供模型，也可根据需要快速生成多个方案模型用于比选。

BIM 交付物应包含如下内容：

1) BIM 方案设计模型：应提供 BIM 方案模型，模型应经过性能分析及方案优化，也可提供多个 BIM 方案模型供优劣比选，模型的交付内容及深度需达到 L1 等级。

2) 场地分析：利用场地分析软件，建立三维场地模型，在路桥规划设计及桥梁建筑设计的过程中，通过提供可视化的分析模拟数据，以作为评估设计方案选项的有效参考依据。

3) 性能分析模型及报告：应提供必要的初级性能分析模型及生成的分析报告，对于复杂项目，还应在该基础上补充进行空间分析、结构力学分析等。

4) 可视化模型及生成文件：应提交基于 BIM 设计模型的可表示真实尺寸的可视化展示模型，及其创建的路桥效果图、场景漫游、交互式实时漫游虚拟现实系统、对应的展示视频文件等可视化成果。

5）由 BIM 模型生成的二维视图：由 BIM 模型直接生成的二维视图，应包括总平面图、局部平面图、主要断面图、主要剖面图、透视图等，其中需保持图纸间、图纸与 BIM 模型间的数据关联性，达到二维图纸交付内容要求。

4.2.5 初步设计阶段交付

初步设计阶段是介于方案设计阶段和施工图设计阶段之间的过程，是对方案设计进行进一步细化的阶段，应用 BIM 软件对模型进行一致性检查。在本阶段，推敲完善和优化 BIM 模型，并配合结构专业建模核查设计 BIM 工作内容应包括：建立各专业的初步设计 BIM 模型，并进行模型综合协调。基于 BIM 模型进行必要的性能分析，完成对路桥工程设计的优化、生成明细表统计、生成各类二维视图。

BIM 交付物应包含如下内容：

1）BIM 专业设计模型：应提供经分析优化后的各专业 BIM 初设模型，模型的交付内容及深度为 L2 等级。

2）BIM 综合协调模型：应提供综合协调模型，重点用于进行专业间的综合协调及完成优化分析。

3）性能分析模型及报告：应提供性能分析模型及相应生成的分析报告，并根据需要及业主要求的提供其他所需的分析模型及分析报告。

4）可视化模型及生成文件：应提交基于 BIM 设计模型的表示真实尺寸的可视化展示模型，及其创建的路桥效果图、场景漫游、交互式实时漫游虚拟现实系统、对应的展示视频文件等可视化成果。

5）工程量统计表：精确统计各项常用指标，以辅助进行技术指标测算；

6）二维视图：应重点由 BIM 模型生成平、断、剖面图等，并保持图纸间、图纸与 BIM 模型间的数据关联性，达到二维图纸交付内容要求。

4.2.6 施工图设计阶段交付

施工图设计是项目设计的重要阶段。本阶段主要依托施工图图纸将设计意图和结果表达出来并作为项目现场施工制作的依据。

现阶段通过 BIM 模型直接生成的二维视图与施工图的现行标准还存在着一定的差距，因此在施工图阶段的 BIM 工作内容相对较少，BIM 工作内容应包括：最终完成各专业的 BIM 模型，基于 BIM 模型完成最终的各类性能分析，建立 BIM 综合模型进行综合协调，根据需要通过 BIM 模型生成二维视图。

BIM 交付物应包含如下内容：

1）专业设计模型：应提供最终的各专业 BIM 模型。

2）BIM 综合协调模型：应提供综合协调模型，主要用于进行专业间的综合协调，检查是否存在由于设计差错引起的无法施工的情况。

3）BIM 浏览模型：与方案设计阶段类似，应提供由 BIM 设计模型创建的附有必要工程数据信息的 BIM 浏览模型。

4）性能分析模型及报告：应提供最终性能能量分析模型及生成的分析报告，并根据需要和业主要求提供其他分析模型、分析报告。

5）可视化模型及生成文件：应提交基于 BIM 设计模型的表示真实尺寸的可视化展示模型，以及其创建的路桥效果图、场景漫游、交互式实时漫游虚拟现实系统、对应的展示视频文件等可视化成果。

6）由 BIM 模型生成的二维视图：在经过碰撞检查和设计修改，及时消除了相应错误以后，根据需要通过 BIM 模型生成或更新所需的二维视图，如平、断、剖图、综合管线图、综合结构留洞图等。对于最终的交付图纸，可将视图导出到二维环境中进行图面的再处理，其中局部详图等可不作为 BIM 的交付物，在二维环境中直接绘制。

4.2.7 施工图深化设计阶段交付

施工图深化设计的主要目的是提升路桥各节点深化后 BIM 模型的准确性、可校核性。将施工操作规范与施工工艺融入施工作业模型，使施工图满足施工作业的需求。

BIM 工作内容应包括：该阶段的 BIM 应用对施工深化设计的准确性、施工方案的虚拟展示以及预制构件的加工能力等方面起到重要的作用。施工单位要结合施工工艺及现场情况将设计模型加以完善，得到满足施工需求的施工作业模型。

BIM 交付物应包含如下内容：

1）施工模型：对设计模型进行深化，满足施工管理要求。

2）施工方案模拟：在施工模型的基础上附加建造过程、施工顺序等相关信息，从而进行施工过程的可视化模拟。

3）预制构件信息模型：根据厂商产品参数规格，建立构件模型库，施工模型原构件进行替换，将预制构件模型数据导出，标注编号，生成预制加工图及配件表。

4.3 可行性研究与方案设计 BIM 应用

4.3.1 可行性研究阶段 BIM 应用

可行性研究阶段以方案设计模型为基础，利用 GIS、大数据、云计算等技术对设计方案进行规划符合性分析、交通影响分析、服务人口分析、景观效果分析、环境影响分析、征地拆迁分析及地质适宜性分析等，选择最优设计方案，并以设计方案为依据进行相关区域的规划控制管理。可行性研究的主要工作是分析路桥设计方案的运营功能、工程规模、工程投资等，验证工程项目可行性、落实外部条件、稳定线路、优化设计方案等，保证设计方案的合理性、适用性和经济性。

可行性研究阶段 BIM 应用主要包括以下内容：

1. 规划符合性分析

依据 BIM 数据集成与管理平台所建立的交通线/网方案设计模型，综合考虑路桥工程与周边环境建（构）筑物的位置关系、交通接驳关系、商业一体化开发关系等，达到路桥工程设计与城市、周边规划协同的目的。

2. 交通影响分析

合理划分路桥项目的交通影响区域，将影响范围内的人口分布、用地性质等信息接入交通线/网方案设计模型，快速统计交通影响区域内的交通出行相关参数，用于交通需求的预测分析。

3. 景观效果分析

利用 BIM 数据集成与管理平台集成交通线/网方案设计模型，模拟交通线路及周边环境，分析交通建（构）筑物、设施与周边环境结合后的景观效果是否满足要求。

4. 环境影响分析

利用 BIM 数据集成与管理平台集成交通线/网方案设计模型和环境污染影响分析软件输出的数据，在三维场景中展示环境影响的传播范围，统计分析交通运行环境影响区域内的影响建筑（数量、面积、产权单位、用途等）、人员（数量、职业等）等信息。

5. 征地拆迁分析

在场地模型中集成城市用地规划、建（构）筑物产权单位、建设年代、建筑面积、城市人口分布等信息，利用 BIM 数据集成与管理平台分析设计方案需要拆迁的建（构）筑物的数量、面积、产权单位和拆迁成本等。

6. 地质适宜性分析

利用 BIM 数据集成与管理平台集成交通线/网方案设计模型，分析设计方案中线路穿越的地层、地下水和不良地质情况，提高方案分析和调整的效率。

7. 规划控制管理

利用 BIM 数据集成与管理平台集成交通线/网方案设计模型和城市控/详规信息，建立包含完整环境模型信息的数字城区，进行设计方案审查、规划控制，实现整个规划的动态管理。

8. 投资估算分析

工程项目决策的重要依据是投资估算。投资估算的过程就是依据所收集的数据和相关资料结合，通过相应的方法，综合考虑各方面因素对项目投资数额进行估计。由于投资估算的费用包含从项目筹建到竣工整个过程中所投入的全部内容，涉及多个方面的内容，导致投资估算极为复杂。在整个施工过程中影响数据准确性及不确定性的因素较多，投资估算结果的准确性也有待商榷，项目投资的风险性增加，因此如何精确地估算项目投资显得尤为重要。表 4.3.1-1 是投资估算各阶段我国对做出的投资估算的精度提出的要求，但是受当前条件的限制，工程项目中通常出现实际投资额超出估算的现象。因此一个好的、准确的投资估算能使工程项目的造价更加精确，达到资源节约利用的目的。

投资估算的阶段划分及精度要求　　　　　　　　　表 4.3.1-1

投资估算阶段划分	投资估算精度要求	投资估算阶段划分	投资估算精度要求
规划阶段投资估算	≥±30%	初步可行性研究阶段投资估算	≤±20%
建议书阶段投资估算	≤±30%	详细可行性研究阶段投资估算	≤±10%

为提高投资估算的准确性，利用 BIM 技术所构建的模型具备数据可运算的特点，从工程项目整体出发，完整统计该项目从设计到完工全过程所需构件的数量和价格。如此在提高投资估算工作效率的同时，也提高了预估工程项目造价的准确性。除此之外，随着 BIM 技术的不断发展，还可利用企业数据库中现有的 BIM 模型，通过将历史工程模型与

拟建项目工程进行各方面的比对，可实现在历史工程模型上稍作适当改进，即可完成该拟建工程的投资估算工作，使工程项目的投资估算依据更加真实、准确。

BIM 技术的信息更新作用，可以使我们更快、更及时地掌握市场材料的信息，从而更加准确地计算出所需材料费用，为投资估算的准确性奠定坚实基础。

4.3.2 方案设计阶段 BIM 应用

1. 场地分析

路桥工程规划设计时需要结合调研结果对沿途地形条件进行详细梳理和检查，同时完成沿途地形模型的创建工作。场地分析主要包括两方面：自然地形和路桥工程环境。路桥与场地的关系需要充分考虑在工程施工过程中对现有场地条件的充分利用，以及是否对周围环境进行改造。若遇到复杂的地形，可以考虑运用 BIM 技术平台结合 GIS 及相关分析软件对设计条件进行系统的判断、整理、分析，从而找出主要关注点。

初步完成设计场地的分析工作后，路桥设计人员要对任务书中的占地面积、功能要求、建造模式、可行性等方面进行深入分析，确定设计的基本框架，包括平面基本布局、体量关系模型、道路和桥梁在沿途中的方位走向、桥梁结构形式、空间布局、交通走向、与周围环境的关系以及对当地文化的解读等内容。

类似于传统设计过程中的总平面设计，应用 BIM 技术进行路桥场地分析具有直观的三维表现形式，较之前相比，它们的产生不仅仅源自于对路桥功能的分析、归类、组合，而且它把功能、形式、环境这三者紧密地联系在一起了，在此基础上建立一个合适的体量来容纳具体的功能，并对环境给予最初的理解策略，或融合，或独立，使得路桥和场地的配合更为有机，形体的产生更具逻辑性。

2. 深化体量模型

如何将路桥设计方案与当地的风土人情融为一体也是设计人员需要重点考虑的因素之一。对概念模型进一步的深化，包括如何尽可能实现其对周围的环境产生积极的影响作用。而进一步深化体量模型将会直接影响到建设成本、设计过程的复杂程度、建造周期及其他一些重要方面，这同样也是建设项目中的一个重要环节。有了体量模型，就可从体量模型自动创建道路和桥梁的基础构件，快速完成平、纵断、剖面等设计。进而形成可以体现设计思想的较为完整的概念设计方案，可供设计人员与业主进行深入沟通。这一阶段设计人员通常会提供多个概念设计方案供业主比较、选择。

3. 功能空间与构件组织

在完成概念体量设计，并确定基本的结构形式后，设计人员就要按照项目任务书的要求进行平面流线设计，并对功能空间及建筑构件进行详细的组织。

流线是道路和桥梁设计的骨架，它将各个功能单元有机的串联在一起，包括水平流线系统及垂直流线系统。设计人员通过对交通流线的组织，展示了各功能空间的组织逻辑，使人们对交通整体有更直观的感受。

4. 详图设计

详图中包含了桥梁模型和道路的基本图元，它是由模型平面、断面、剖面等视图剖解或索引而创建的。由于详图是以模型视图为基础所创建，和其他基本视图存在很强的内部联系，所以具有双向关联修改的特点，这样可以有效提高详图的设计质量及工作效率。

5. 其他分析

强大的模型分析功能是 BIM 在建筑方案设计阶段的重要应用之一。模型分析贯穿概念设计到施工图设计的全过程。设计阶段早期涉及的分析包括环境分析、概念体块分析、造价分析、结构分析、施工方法分析、新材料的使用分析及其他一些建筑设计技术层面的分析，这些分析并不是强制性的，而是设计人员在追求更高质量的设计方案中进行对比、评估的重要途径。随着设计的深入，对设计方案模型的路桥性能分析、能耗分析、工程量分析、结构完整性分析、碰撞检测分析、交通流分析等都将对优化路桥工程设计起到至关重要的作用。

4.4　初步设计 BIM 应用

初步设计阶段可应用 BIM 对路桥设计方案或重大技术问题的解决方案进行综合分析，协调设计接口，稳定主要外部条件，论证技术上的适用性、可靠性和经济上的合理性。

初步设计阶段宜通过初步设计模型对路桥建筑设计方案、结构施工方案、专项风险工程、交通影响范围和疏解方案、管线影响范围和迁改方案进行可视化沟通、交流、讨论和决策。

4.4.1　方案可视化

基于 BIM 技术的 3D 可视化特性，与传统的效果图不同，该技术可帮助设计者实时检视设计成果。将设计方案的效果图清晰展现，这是传统平面设计方法无法替代的。尽管在图面效果方面与专门渲染制作的效果图无法媲美，但基于 BIM 的 3D 可视化其最大优势在于更加注重真实地展现路桥内部的体量关系、构建组成，使设计过程便捷性、实施性以及动态性等方面具有突出优势。通过初步建立的设计模型进行展示，分析设计方案中路桥与周边环境的空间关系、交通网络布局等因素，查找冲突位置与冲突点，对方案做进一步的优化。

BIM 模型的 3D 可视化设计优势有以下几个方面：

1）BIM 模型是全方位的展示，可随意变换观察视角。既可以是低点透视，也可以是鸟瞰，帮助全面把握路桥工程的整体设计效果。

2）除了整体效果以外，BIM 模型更可以方便地对局部进行仔细的观察，给方案细部的设计与调整带来极大的方便。

3）3D 可视化不单指 3D 视图，对于设计师常用的剖面图，BIM 模型也是游刃有余。Revit，ArchiCAD 等 BIM 软件均可随意切出剖面图以及透视图，方便观察标高与空间关系等参量。

4）在设计过程中，常常需要对多个方案进行对比，Revit 软件提供了一个"设计选项"的功能，可以在同一个主体模型里，对局部进行多个方案的设计，不同的方案归入不同的"设计选项"，既互不干扰，还可以随时切换以做对比，这可以说是为设计者量身定制的一个便捷功能。如有必要，还可以继续添加其他设计选项。

4.4.2　控制因素分析

依据初步设计的工程模型分析交通线路与周边环境的协调性以及环境影响因素，形成控制因素报告及模拟视频，直观展示路桥工程穿越的风险工程、涉及的一体化开发工程等控制因素，并其对路桥工程的制约程度进一步分析。

4.4.3　组织方案分析

利用初步设计模型模拟交通流、展示交通组织方案等，直观、清晰地模拟分析组织方案，形成交通组织方案报告及模拟视频，实现交通组织方案的高效决策，为方案讨论、宣传、公示等活动提供有力支撑。

4.4.4　设计方案比选分析

建立比选设计方案模型，对各方案的可行性、功能性、美观性等方面进行分析，形成相应的设计方案比选报告，选择最优设计方案。

4.4.5　交通疏解管线改迁

利用初步设计模型分阶段模拟并优化管线迁改和道路疏解方案，通过模拟视频清晰展示交通疏解、管线改迁方案随进度计划实时变化的状况，反映各施工阶段存在的重点难点，检查并优化方案，辅助工程筹划。

4.5　施工图设计 BIM 应用

利用 BIM 技术对路桥工程施工图设计阶段的设计方案进行综合模拟检查，包括优化方案中的技术措施、工艺做法、使用材料等，在初步设计的基础上辅助编制可供施工和安装阶段使用的设计文件。

施工图设计阶段宜利用模型开展设计进度和质量管理、限界优化设计、管线碰撞检查、三维管线综合、预留预埋检查及工程量统计等方面的应用，提高设计质量。

4.5.1　限界设计

利用施工图设计模型，开展限界与土建、设备的碰撞检查，辅助车辆限界、设备限界和建筑限界设计，提高设计质量。

4.5.2　碰撞检查

碰撞检查是指利用施工图设计模型检测专业之间或专业内部的设施设备空间布置是否碰撞、是否满足特定间距要求，形成碰撞分析报告，辅助优化设计。

路桥与相关专业设计实际尺寸及其空间位置关系可在三维立体空间内直观展示，通过仔细分析协调管线间及各专业间矛盾，及时采取合理的优化管控措施，尽可能避免管线间及管线与邻近构件间产生的相互干扰，合理排布管线在设计阶段中的平面走向、立体交叉时的空间布局及协调设施之间的建设时序。

碰撞检测分析：根据专业间和专业内部碰撞检测要求，对项目范围内各专业之间的系统主干管道进行碰撞检测分析，通过各专业系统主干管道与路桥相关专业进行碰撞检测分析，或各专业内部系统主干管道之间进行自检碰撞检测分析，生成碰撞检查模型文件，涵盖硬碰撞检查（直接接触或交叉）与软碰撞检查（净空间距保障）。

专业间空间冲突协调：保证机电、市政专业设计指标和设计意图，合理分配各专业管线空间走向和标高位置，协调各专业在有限空间内的整齐、有序、合理、方便施工和检修的合理布局。

4.5.3 管线综合

管线工程是路桥工程中的重要组成部分。路桥区域中各专业工程竖向高程和平面位置相协调的工作即为管线综合。在设计环节中，需要设计人员充分利用现状管线的设计资料和物探资料来科学规划各种管线的类别、半径及其走向等相关设计参数。运用 BIM 技术中的 3D 模拟可视化技术，虚拟模拟管线施工完毕后的实际排布情况，方便相关设计人员对管线施工后的情况进行科学合理规划。如在设计过程中，采用 Magi CAD 软件建立相关设备管线建模，并结合具体需求合理划分各个设备专业的施工图，以保证施工过程更具备针对性和合理性。针对系统内部的差异性，本着由大管到小管的建模原则，自上而下地进行。这样可以尽可能地减小后期管材因避让等问题而需要进行调整的难度。建模完毕后，可进行碰撞检测，根据碰撞检测结果合理调整管线的实际布局。根据碰撞分析报告和管线综合技术要求调整管线布置，优化设备及管线空间排布，使其满足运输、安装、运行及维护检修的空间使用要求，输出路桥工程包含的综合管线、关键节点部位等的三维模型视图，辅助设计交底。

BIM 技术极大地便利管线综合布置，运用三维方式偶见管线及设备模型，运用计算机在真实空间内对各系统进行预装配模拟，能够直观调整、细化、优化、合理管线走向及各类设备排布，从而达到模拟可视化、优化设计和缩短工期、提高工程项目质量的目的。

4.5.4 预留预埋

在传统的路桥施工过程中，常常会预留和预埋一些孔道，而孔道的错位、遗漏等问题是施工过程中经常遇到的问题。根据管线综合后的施工图设计模型梳理路桥结构以及二次结构的孔洞预留和预埋件布置，提供预留孔洞图纸（应包含形状、尺寸、位置等信息）和预埋件布置图纸（应包含类型、规格、位置等信息），实现预留孔洞和预埋件的预先检查，有效规避工期延误风险和降低质量隐患。

借助 BIM 技术，可以大幅度避免预留孔洞的错位及遗漏问题。精确定位管线的预留孔洞，力求最大限度地减少后期管材建设的难度。利用"设计—分析—模拟"一体化设计思路将实际的工程状态动态表达。对管道设计情况进行多方面、多专业角度分析，将模拟出实际的分析结果，并在此基础上完成决策调整，最终达到缩短该路桥工程设计工期的目的。

4.5.5 辅助工程算量

利用施工图设计模型输出各清单子目工程量与项目特征信息，根据工程量清单中的分部分项优化完善模型数据，保证清单项与构件一一对应，辅助编制、校核工程量清单，提高各阶段工程造价的效率与准确性。

通过建立路桥模型，可以对路桥的材料费用、施工进度以及各项成本进行综合分析规划，分析其可调整的可行性，同时还要注意及时统计各种道路构件，确保相关路桥设计过程中工程量统计的准确性，然后需要合理运用工程量计算软件来自动统计获得路桥实体的工程量，并得到最终的路桥工程量清单，以便更好地进行工程预结算等各项相关工作。比如，通过基于 BIM 技术的算量软件应用，可以对路桥工程量进行一键识别和快速计算，为材料采购方提供必要的数据支持且方便快捷。有关统计表明，通过借助 BIM 技术的合理应用，可以有效缩短路桥工程造价估算时间，降低预算外再更改的概率。

4.6　BIM 设计协同

协同包括两大元素：一个是协同的方法和渠道，另一个是协同的内容和实体。基于 BIM 技术的协同设计是指建立统一的设计标准，包括图层、颜色、线型、打印样式等，在此基础上，所有设计专业及人员在一个统一的平台上进行设计，从而减少现行各专业之间（以及专业内部）由于沟通不畅或沟通不及时导致的错、漏、碰、缺。

BIM 协同设计之前，需要建立企业协同设计标准确定企业使用的 BIM 软件平台、数据格式、文件夹结构、基本流程与设计节点，会商与审定机制和相关的责任框架图。在项目层级上，根据企业标准制订项目的 BIM 策略和建模计划，包括在项目的时间轴上添加设计节点，建立工作集，分配模型负责人与用户权限，搭建 BIM 项目的基本框架。

BIM 协同设计可通过共享中央服务器中的中心文件来实现。每个项目参与者都面对中心文件工作、上传、下载或调用信息。利用网络作为媒介、数据作为中心的信息获取模式从信息网中直接获取相应信息，可在短时间之内帮助项目参与者做出判断，此信息获取模式既保证了信息获取的质量，又提高了设计工作的效率。

设计者在应用 BIM 技术本身所具有的强大协同功能以外，还可以采用其他一些专门为设计团队开发的软件进行信息管理工作。例如，Ms Project（MSP）通常用于项目合同管理、进度安排、人力资源调配、任务发布、进度跟踪与调整、成本控制与管理等。如果说 BIM 协同设计模式主要是提高了信息的维度与传递效率，那 MSP 的作用则是在此基础上方便每个项目成员了解各自的任务和流程计划，从而加强信息的系统性和组织性。

4.6.1　不同阶段的协同设计要点

总体而言，整个路桥工程从设计到施工再到运营的过程可以细分为可行性研究阶段、设计阶段、施工阶段和运营维护阶段。其中，设计和施工阶段是路桥工程生产和有形化的实施阶段，也是路桥设计者实施服务的核心阶段。策划和决策阶段则称为"前期阶段"，运营维护阶段则称为"后期阶段"。

由于设计周期会受到方案比选、审批等因素的影响，尽管在设计前期和方案阶段涉及的专业较少，但是依旧无法精确地把控周期时间。反而初步设计和施工图设计阶段的周期时间更容易控制，虽然该阶段涉及的专业较多，但由于该设计周期是不变的，所以较设计前期和方案阶段容易把控。

由于设计前期和方案阶段的特殊性，这一阶段的设计合同通常是单独签署，或者在整体设计合同的框架下形成独立的条款。

1. 可行性研究阶段的协同设计

可行性研究阶段（Feasibility Study）主要是为了提供项目的策划和决策。路桥工程项目可行性研究包括社会经济分析、交通量预测、组织运营等。根据项目可行性研究拟定设计任务书和路桥的主要规格指标，根据目标和控制性指标制订相应的进度计划，选定并组建设计咨询团队和运作团队，决定后续的组织和运营方式。成果主要包括项目可行性分析报告、计划进度等。

在设计前期阶段，业主可根据自身需求要求设计人员对项目进行概念设计，通过将概念设计实体化和空间化，来进一步明确项目本身的实际需求及价值，该阶段属于非标准程序。如果项目已经由业主搭建了 BIM 协同平台，可以实现更加精细和即时的信息管理。概念设计还有助于对比分析不同方案在空间使用、场地布局、环境影响、交通组织等方面的优劣，最终形成更有甄别性的技术指标文件。在概念设计阶段，设计者需经常与外部协同，通过沟通交流使设计企业的 BIM 团队更加了解设计意向和设计需求，例如讨论场地规划条件、外部管网条件、功能策划、工程成本和经济指标的核算等。

BIM 项目在可行性研究阶段的主要任务是导入场地条件，建立关联模型。通过参数控制比较和分析项目的优势和劣势，为业主提供一个综合判断的依据。概念设计阶段无需做到精细化模型标准，就可以进行环境模拟与仿真测试，以及估算出路桥工程占地面积、体量、能量消耗和工程造价等技术指标。因此，模型的精确度不足是最主要的问题，关键在于如何建立与场地关联的模型，通过充分的分析和比较，提供决策依据，最终形成项目建议书、进度计划和设计任务书等文件。

2. 方案设计阶段的协同设计

方案设计阶段（Schematic Design）主要提供基于概念设计的具体空间、功能、材料以及可初步计量的目标参数，供业主进行评估和分析。这一阶段的设计可为路桥专业设计提供初始化的属性、坐标和条件模型。

方案阶段使用的软件较多，例如 Sketch Up，Rhino 或 Grasshopper 等工具或参数化软件，甚至一些编程软件。方案设计阶段模型的切分比较特殊，一般原则是尽可能少地切分，或者按照合同要求的图纸，如周围建筑、场地、景观、道路、桥梁等图纸进行相应的切分和设计。当方案进入深化阶段，便可对该模型进行分割，将各个模块的设计权限分派给不同设计师，在保证工作质量的同时又可在很大程度上提高设计效率。在方案阶段中，需要解决的一个较大问题就是多平台导入和导出过程中 BIM 数据的衔接问题。因为不同设计师熟悉的软件不同，而不同软件擅长解决的设计问题也不同，尽管很多情况下空间数据可以成功导入，却会出现无法在 BIM 平台中进行编辑功能或者相关参数关联性丢失的情况。所以就需要针对该问题进行具体测试解决。

方案阶段的模型精细程度要求达到非精确的三维几何体块级别，无须过于追求精确度。路桥构件可以采用"占位图元"的方法，只考虑其空间属性，快速占据构件的位置，等待方案确定后替换。

3. 初步设计阶段的协同设计

初步设计（Preliminary Design）是位于方案设计和施工图设计之间承上启下的阶段，

这个阶段的主要任务是深化和优化方案设计，确定技术方案以及与业主要求的综合。初步设计阶段的特点是协同设计专业较多，但设计周期明确，节点较清晰。因此本阶段协同设计的重点和难点是各专业之间如何保持模型信息的同步，通过信息的交互达到深化和优化方案的目的。我国的初步设计阶段基本对应美国的设计发展阶段（Design Development），在对工程项目初步设计之后，项目中就各专业的主要技术方案已经明确，解决了专业之间的空间与技术协调。只有在此基础上才能够完成从初步设计到施工设计之间的过渡。

1）BIM 协调人应认真制订本项目的 BIM 策略文档和"建模计划"，做好设计协同前期的准备工作。路桥工程的 BIM 相关的每个项目成员都必须在项目前经过相应的 BIM 技术和流程的系统培训，确保熟悉企业 BIM 模型标准和协同标准，了解本项目的特殊约定。

2）初步设计过程中，应确保路桥设计中每个约定的 BIM 进程的完整实施。例如，项目计划中可以约定在路网设计完成前，添加"用地开发测试"相关的 BIM 进程，据此优化交通路网设计形式，这一进程应当被记录在设计日志中，并对测试和优化结果进行描述说明。

3）完善对模型的精度和信息完整度检查。在模型应用之前应进行模型自检，确认符合模型的精度和信息深度的要求。大型复杂项目应设置专门负责进行冲突检查的人员，提高检查和信息反馈的频率。

4）BIM 项目平台可以与企业项目管理平台相结合，将企业项目管理平台中的任务管理、财务管理、人员管理、客户信息管理等进行整合，提高信息的沟通效率。如果出现复杂问题，应及时启动会商程序，解决冲突和相关问题。

5）初步设计最终经过自校、互校，由各专业负责人校核等程序后，递交最终的审核和会签，完成设计验证。设计图纸和文件将提交归档，并以不可编辑的文件格式储存在项目归档区中。

4. 施工图设计阶段的协同设计

在施工图文件设计阶段（Construction Document）应提供路网交通及其相关系统的最终设计成果。承接初步设计，施工图文件要确定路桥工程的全部规划走向和节点、细部，包括场地设计、平面图、路桥横纵断面图、交通相关设施、环境设施、详图大样、轴线定位及分区、建造细则等方面。

除此之外还需要结合业主在此期间所提出的要求，根据合同协议的约定，提供工程预算书以及其他各方面的说明材料，在工程项目合同中还可能要求出示施工图深度的 BIM 模型，业主可根据 BIM 模型用于施工过程中的应用衔接。在施工图文件阶段，需将 BIM 模型导出，导出的二维图纸除了需要满足设计要求之外，还应满足导出图纸目录、材料与设备表和工程数量统计的要求。施工文件必须在严格经过模型审核和冲突检查之后才能够进行发布，审查过程中发现问题需及时完善修正，直到审查结果符合设计要求后才能够发布和归档。

4.6.2　BIM 团队协同

所谓协调工作就是使各参与方紧密联系起来，消除信息孤岛、提高工程品质、加快建设速度、降低投入、减少浪费。BIM 协作方案是整体协调工作的方法，路桥工程项目中的参与方通常由业主、勘察方、设计方、施工方、监理方、材料供销商等构成。作为工程项目开端的设计方承载了很多责任，为工程优劣、资金与耗材量多少打下了基础，因此，设计阶段的工作应协同在以设计方为主要参与方的基础上，让业主、勘察方、施工方、材料供销商都在此阶段就参与项目，以提高设计品质与进度。

1. 设计阶段的参与者

常规项目的路桥工程建设参与方包括了业主、勘察方、设计方、施工方、材料供销商等共同参与配合在路桥工程项目中，业主往往占有主导地位，项目的走向和建设成果均随着业主的意图发展。在整个过程中，施工方需要完成项目的实际建设，勘测方主要负责项目占地的地质与自然环境的勘探，设计方可从二者获取普遍勘探数据，用于工程模型设计。设计阶段的参与者通过 BIM 技术将整个工程项目建设从虚到实直观展现出来，根据前期与业主的沟通结果，结合实际情况从多专业角度展现设计实践的真实性。其中材料供销商包括建设材料供应商、建筑设备供应商、建筑产品供应商、服务设施供应商以及装饰材料的供应商等。

BIM 协同工作会在设计阶段由业主、施工方、勘察设计方和材料供销商参与到设计方的设计工作之中，达到一体化整体的设计、实施与管理的目的，进而提升设计品质，降低设计的变更率。

路桥工程由于其独特的交通综合性，致使其设计阶段参与设计的专业具有其特殊性，需要结合路桥结构、给水排水和环境保护等专业的设计人员共同参与。路桥专业是一个重要的协调沟通专业，在设计时不仅需要考虑其自身性能、建设周边状况、交通衔接、交通出入口、交通标志布置，还需要进行多方的设计协调与沟通。因此路桥专业也是进行综合交通设计时与周边建筑设计单位配合最为密切的设计专业。路桥工程建筑级别的重要性和建筑的复杂性使得交通和建筑、环境、市政工程需要协调配合，确定是否结合、统一地考虑和设计。

在整个路桥工程项目的设计过程中，设计方需要委派其设计人员为项目总负责人，各个专业也要明确制定各专业负责人，同时要求各个专业设计人员共同讨论、共同参与，还要求分工明确，划分层级责任到人。在项目完成过程中，项目总负责人主要负责与业主和各专业负责人沟通交流，了解项目设计需求，指导各专业项目设计，解决工程项目设计过程中的难题。而专业负责人则需要与各个专业进行深入沟通配合，合力完善项目中的设计工作。

由于传统的建设参与者对路桥项目建设能够从宏观层面清晰把握，所以为保证项目 BIM 能够在整个设计过程中高效运行且保质保量地完成相应的计任务，将传统设计参与者加入其中并带领团队完成工作任务。BIM 团队的组建主要可以分为两种形式：一种是业主指派；另外一种是各个参与方自己确定。业主应委派一位 BIM 项目负责人作为整个 BIM 团队的带头人，负责该项目的对外沟通协调工作，包括与甲方互动沟通、与项目其他参与方的 BIM 技术负责人协调等，同时负责该项目的对内整体把控工作，包括实施目标、技术路线、资源配置、人员组织调整、项目进度和项目完成质量等方面的控制。BIM 项目负责人可以为业主自己团队中的 BIM 应用管理骨干，也可以为业主聘用的 BIM 咨询公司的专业人员。另外业主还需要委派一个 IT 工程师团队来负责整个项目建设过程和使用中的建筑数据维护和管理。IT 工程师团队也是唯一一个参与项目的全生命周期过程中的团队。设计院也需要建立自己设计方的 BIM 团队，其中包括 BIM 设计负责人，主要负责专业设计人员的 BIM 培训与此后的 BIM 工作安排、指导与监督。需要将 BIM 项目具体任务安排落实到 BIM 技术人员，并进行 BIM 应用监督、工作计划推进并协调 BIM 应用困难；BIM 建模工程顾问，主要负责对专业设计人员的 BIM 建模做技术指导和模型检查；BIM 数据应用顾问，主要根据项目要求指导专业设计人员对 BIM 模型进行相应的分析处理，包括建筑性能分析、数据文件存储与传输、项目各建设阶段间的成果交付等。设计方的 BIM 团队也可以选用设计公司自己培养的 BIM 人员或者聘请 BIM 咨询公司的专业人员组成。BIM 项目负责人、IT 工程师团队、BIM 设计负责人、BIM 建模工程顾问和 BIM 数据应用顾问共同组成了设计阶段的 BIM 团队。除了这种 BIM 团队的组建方式以外，BIM 团队还可以由业主全权指定，通常均为业主聘用的 BIM 咨询公司专业人员组成。

2. 参与者协同工作方式

为了保证 BIM 能够在路桥工程项目中顺利且高效地应用实施，在设计工作开始前需要制定一份完善的 BIM 协同工作规则，明确各方人员的构成及其职责，确定工作计划。

建立项目例会制度。项目例会可以分为两种：一种是项目例会，由项目负责人、专业负责人、BIM 项目负责人和 BIM 设计分责人共同参与，目的是进行工作进展汇报、提出工作困难、商讨问题解决方案以及安排后续工作计划；另外一种是 BIM 工作例会，由工程项目的所有设计参与者参加，主要目的是汇报工作进展、各专业提出具体的工作难题并商讨解决方案以及明确工作计划时间节点。例会组织频率建议 1 周 1 次，可根据项目工期及项目类型调整开会频率。

总工期以及深化设计出图的要求，基于制定的 BIM 建模以及分阶段 BIM 模型数据提交计划、四维进度模型提交计划等，由聘请的 BIM 专家小组专门审核，审核通过后正式发文，由项目 BIM 团队带领专业设计人员共同参照执行。其次，根据设计单位的计划，编制各专业碰撞检查计划和修改变更提交计划。

BIM 工作系统的管理与维护。首先，建立 BIM 工作管理检查制度。制定工程项目设计中实际的 BIM 工作方法标准，设计每个阶段 BIM 模型的深度与精度标准、实际项目中 BIM 工作效率标准和设计变更修改标准。其次，制定管理内容及维护。根据 BIM 工作管理检查制度，检查内容主要包括：（1）BIM 工作方法、检验 BIM 模型的阶段设计深度与精度是否达到制度中所规定的标准；（2）检查 BIM 工作效率是否符合标准，若未达到标准则需要结合实际情况找出原因并及时进行技术修正；（3）检查设计变更修改的情况，是否依照规定的标准进行。

BIM 检查工作可以通过统一平台进行检查，并实现及时的结果反馈。依据 BIM 工作管理检查制度检查 BIM 工作中出现的问题并及时修正。及早发现错误，避免后期在使用 BIM 模型时产生不必要的麻烦，大大提高了工作效率和工作质量。检查维护的频率则根据项目工期与设计工作的具体计划而定，通常在例会前 2~3 天进行检查。

4.6.3　BIM 设计的协同手段

整体的 BIM 项目是跨企业、跨专业、跨地域、甚至跨语言的协作行为。通过业主方搭建的整体协作平台，项目的参与方可以实现信息的即时互通，进行沟通、提资、决策和方案验证等工作。就每一个协作单元而言，都可分为外部协作与内部协作。企业内部协作平台则是由项目参与方的企业搭建的，基于企业内部局域网。它的主要功能有两个方面：

其一是实现企业内部的数据和信息产生与传递；其二是接收外部估息，并且有选择性地将信息发布到整体协作平台。此外，企业协作平台还可以提供团队浏览模型、互动讨论、外地远程人员参与等优质工作环境。

1. BIM 协同设计平台的类型

1）设计与建模平台

模型设计平台主要是由 BIM 核心建模软件组成的，供设计人员和 BIM 模型管理人员设计使用的平台。目前，BIM 模型设计平台中最为普及的有 Autodesk Revit 建筑、结构和机电系列、Bentley 建筑、结构和设备系列、Nemetschek ArchiCAD、AllPLAN、Vectorworks 系列以及 Dassault Catia 或某于该平台的 Digital Project 系列。当一个企业或者项目的核心建校软件确定了，所有团队成员都应当围绕这个软件群组成的平台开展工作。在方案设计阶段、还有一些著名的软件会加入模型设计过程中，这些软件虽然不能称为核心建模软件，但往往在空间造型和参数化设计方面具有其特有的优势。如 SketchUp、Rhinoceros、FormZ 等，其设计结果可以通过不同的数据接口导入核心建校软件进行深化。

2）计算与分析平台

计算与分析平台是由不同的计算与分析软件构成，用于对 BIM 模型的计算、分析和优化。计算与分析类软件大致可以分为以下几类。

（1）结构分析软件：如 ETABS、STAAD、Robot 等国外软件和 PKPM 等国内软件，都可以与 BIM 核心建模软件配合使用。

（2）设备与机电分析软件：如同内的鸿业、博超，国外的 IES Virtual Environment 等。

（3）冲突检测与分析软件：如 Autodesk Navisworks、BentleyProjectwise Navigator 和 Solibri Model Checker 等，上述软件的功能虽不尽相同但都具有强大的数据整合和分析碰撞功能。

（4）工程量与造价分析软件：如国外的 Innovaya，Solibri 和国内的鲁班软件，可以控制和监视工程规模和造价。

除此之外，有些构建模型的软件中还会涉及信息完整度分析、规范检查以及疏散分析等，但其都是统一通过使用 BIM 模型作为信息源直接或者间接导入软件中，对导入的数据进行计算、分析再整合。分析软件的不断发展使 BIM 核心建模软件更为方便、灵活。

3）可视与校验平台

可视与校验平台是将 BIM 模型转化为不同的观察模式，使其观察、校验和讨论的操作更加方便，在可视和校验过程中对模型本身不会产生影响。Autodesk Navisworks，Bentley Projectwise Navigator 等软件都具备这种功能。

4）协同与管理平台

以 Autodesk Revit 为例，在 Autodesk Revit 体系下的协同数据管理平台由 Autodesk Vault，Autodesk Buzzsaw 和 Autodesk Revit Server 三个软件构成。

Vault 是协同数据管理的核心，负责管理中心数据库中所有项口数据，包括模型、文本、合同、变更、电子邮件、计划以及相片和视频资料等。它可以与 Revit 系列的其他产品无缝链接，如 Revit 的使用者可以在工具栏中随时获取贮存在 Vault 中的文件，上传文件至 Vault，Vault 则会记录和跟踪数据来源并同步更新情况。Revit Server 则通常作为项目设计者的个人终端与 Vault 之间的缓冲和中介，称 Vault 中的文件为中央文件。

Buzzsaw 可以自动将贮存在 Vault 中的数据镜像上传至云服务器，发送到企业之外的项目相关人。Vault 的功能主要是负责企业防火墙之内设计人员之间的文件和信息共享。而 Buzzsaw 则主要负责与防火墙之外协作者的数据共享和安全链接。

2. BIM 设计协同平台的基本结构

协同设计模型的数据引用

Revit 系列工具提供了"链接模型"和"工作共享"两种方式来完成专业间或专业内部的有效协同工作。链接方式是专业间最主要的协同方式，在专业内的协同多采用工作集方式。在实施模型数据的相互引用之前，需要根据拆分原则确定模型的范围和责任人，并为项目确定统一的基点、测量点、轴网和标高系统。然后，首先创建各专业或子项的中心文件，再由各设计成员创建相应的本地文件。

1）"链接模型"模式

使用"链接"方式调用其他专业产生的模型，如建筑师可以采用"链接"的方式将结构工程师通过 Revit Structure 生成的结构模型导入 Revit Architecture，完善建筑结构部分的 BIM 模型。RA 和 RS 之间相互兼容，这也就为各专业设计人员之间的交流沟通提供了有力基础。

2）"工作共享"模式

工作共享又称为"工作集"，它可实现将修改的工程文件实时传输到中央文件的功能，及时反馈给参与协作工作的设计师们。工作集设计协作具有极大的优势：首先，可以明确工作区城的划分；其次，可以进行可见性控制，减少刷新和调用模型的时间；最后，可以进行灵活修改权限控制。

启动工作共享（工作集）模式可遵循以下步骤（BIM 协调人操作）。

（1）划分工作集：编辑工作集划分的文件存入网络服务器中。工作集划分的基本原则是每个设计人负责 2～3 个工作集。

（2）启动工作集：必须事先定义共享中心文件的名称和位置。

（3）为现有图元分配工作集：在 Revit 中打开工作集选项，输入工作集的名称，软件自动将项目中的图元按照确定的工作集进行分类，也可以手动将现有图元分配给相应的工作集。

（4）保存中心文件：在工作集选项中依次新建工作集，并在网络路径上保存以生成中心文件。

（5）签出工作集的编辑权限：将编辑权限赋予该工作集的负责人。

（6）关闭中心文件。

专业或子项目的中心文件已经建立，接下来是设计者使用工作集的过程。

（1）创立本地工作文件：设计者在本地连接服务器上的专业中心文件，创建本地的工作文件副本。

（2）签入自己的工作集编辑权限：在签入编辑权限后，设计者重新定义自己负责的工作集的可见性等参数。不同工作集的设计者可以采用相互借用模型的方式，获取其他工作集的编辑权限。

（3）工作并定期同步数据：在自己的工作集中开始工作，并定期将工作内容更新至服务器上的中心文件。设计者可以选择单向或者双向同步更新。

（4）同步并关闭本地文件：当工作结束或下班时，同步并关闭本地文件。如果此时其他设计者还在工作，可以选择在离开工作室之前保留或者放弃编辑权限。

4.6.4　BIM 设计协同的实施方法

1. 专业内 BIM 模型协调

按照专业进行分类，各设计专业依据建模计划创建自己的模型；各设计专业储存与处理模型数据并进行检查和验证。

一般情况下，根据每个构件的尺寸、形状、位置、方位和数量进行建模。建模的属性会随着工程项目的开展，越来越具体和准确。为确保建模质量，模型创建者在 BIM 项目实施期间应当设置和遵循最低建模要求标准。

2. 专业间 BIM 模型协调

建立"权限许可"和"文件目录结构"的协作计划，帮助团队成员在整个项目中有效进行沟通、共享、检索信息，有助于设计人员及其参与设计协作的工作人员在短时间内获取最大信息。

各专业在创建各自本专业模型时，项目成员应当与其他项目成员定期共享所建模型，供相互参考。在特定的重要阶段里，应当对不同专业的模型进行协调，提前解决可能存在的碰撞，防止在施工阶段出现不必要的返工，以免耽误工期。

建议项目团队建立协调流程，用于项目团队之间的合作。在信息模型共享之前，应先检查并审批数据，使其"适合于协调"。应当将协调中发现的问题形成通过书面材料的形式并进行调整、修改跟踪。应当记录、管理协调过程中发现的不一致，包括冲突位置和建议的解决方案并通过协调报告与相应模型创建者进行沟通。

解决冲突时，各方在自己的专业模型上根据协商一致后的意见调整完善。分析前后各专业模型的责任权归属不变。

确定协作流程计划时，建议考虑如下方面：

1）协作策略：描述该项目团队将如何协作，包括交流方式，文件管理及转交，记录、存储等方面。

2）会议程序：定期工作例会、工种协调会等。

3）信息交换模型递交时间表的提交和审批：将该项目所发生的信息交换和文件传输以文档形式记录保存。

4）互动工作区：该项目团队应该考虑贯穿整个项目作业期所需的物理环境并使其能够适应提高 BIM 计划决策进程的必要协作、交流以及审核，包括关于本项目工作平台的所有附加消息。

5）电子沟通程序：解决文件管理问题以及每个问题的步骤进行定义，包括许可/访问，文件位置，FTP 站点位置，文件传输协议，文件/文件夹的维护等。

3. BIM 数据共享的管理

在协同工作时，所产生的数据一般存放在 4 种不同的公共数据环境（CDE）中，即本地区域、共享区域、发布区域以及归档区域，通过一定的规则进行共享和发布，如

图 4.6.4-1 所示。

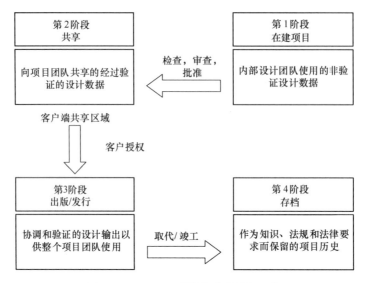

图 4.6.4-1　BIM 设计的公共数据环境

1）本地区域（可编辑）：此时的数据处于产生和工作阶段（WIP），由每个专业小组分别创建生成，形成动态的专业中心文件。由于该阶段的数据未经审核，不适合在本设计小组之外使用。一般情况下，个人数据每个小时备份或上传回小组中心文件一次。

2）共享区域（不可编辑）：定期放入中心区域的模型数据，其频率根据项目相关规定进行。共享数据变更应及时发布变更通知。位于与其他专业共享的中心区域，在发布之前需要通过数据审核和确认。二维图纸应与模型文件同时发布，以降低错误风险。

从本地区域到共享区域共享之前应确认：文件已经过审核清理和压缩，文件格式和命名规则符合协议，无关视图都已经删除，模型包含了所有的本地修改，加载模型的所有数据均可获取，链接的参照文件已被移除等事项。

一般情况下其他专业不能直接访问本地区域的工作文件（WIP），在特殊情况下必须直接访问 WIP 文件时，建议设立临时共享区城（TSA）数据共享区，TSA 文件存在 WIP区域中的 WIP＿TSA 文件夹中。

3）发布区域（不可编辑）：采用 Autodesk Design Review 对二维 DWF（优先选择）或 PDF 文件进行正式审批，保存文件至发布区域。如有条作建议采用 Navisworks 进行三维浏览和校审。避免用可编辑软件打开文件。如需要发布 BIM 模型时，应附加"仅供参考"的免责声明。

4）归档区城（不可编辑）：归档适用于设计流程的每个关键阶段，包括发布、修改和竣工数据。

课　后　习　题

一、单选题

1. 下列选项不属于建筑工程信息模型交付物的是(　　　)。

A. 碰撞检测报告　　　　　　　　　　　B. BIM 策略书

C. 工程量清单　　　　　　　　　　　　D. 甲方招标文件

2. 在满足项目需求且符合相关规定的前提下，宜采用（　　　）的建模精细度。

A. 较低　　　　　　　　　　　　　　　B. 较高

C. 最高　　　　　　　　　　　　　　　D. 任意

3. 下列选项中，不属于 BIM 施工深化设计特点的是（　　　）。

A. 降低施工风险

B. 解决设计信息中没有体现的细节问题

C. 解决设计信息中没有体现的施工细部做法

D. 更直观地对现场施工工人进行技术交底

4. 方案设计阶段 BIM 应用主要方面不包括（　　　）。

A. 利用 BIM 技术进行概念设计　　　　B. 利用 BIM 技术进行场地规划

C. 利用 BIM 技术进行方案比选　　　　D. 利用 BIM 技术进行性能分析

5. 方案设计阶段 BIM 技术的应用用不包括（　　　）。

A. 利用 BIM 技术进行概念设计　　　　B. 利用 BIM 技术进行场地规划

C. 利用 BIM 技术进行方案设计　　　　D. 利用 BIM 技术进行方案比选

6. 初步设计阶段的 BIM 应用不包括以下哪个选项（　　　）？

A. 结构分析　　　　　　　　　　　　　B. 性能分析

C. 建筑施工模拟　　　　　　　　　　　D. 工程算量统计

7. 基于 BIM 技术的（　　　）是指建立统一的设计标准，包括图层、颜色、线型、打印样式等，在此基础上，所有设计专业及人员在一个统一的平台上进行设计，从而减少现行各专业之间（以及专业内部）由于沟通不畅或沟通不及时导致的错、漏、碰、缺。

A. 参数化设计　　　　　　　　　　　　B. 协同设计

C. 三维设计　　　　　　　　　　　　　D. 可视化设计

8. 多专业协同、模型检测，是一个多专业协同检查过程，也可以称为（　　　）。

A. 模型整合　　　　　　　　　　　　　B. 碰撞检查

C. 深化设计　　　　　　　　　　　　　D. 成本分析

9. 下列哪个选项符合 BIM 时代的协同方式（　　　）？

A. 各专业将本专业的信息条件以电子版和打印出的纸质文件的形式发送给接收专业

B. 过程是单向进行的，并且是阶段性的

C. 采用参考链接文件的形式，保持设计过程中建筑底图的及时更新

D. 项目采用可视化、参数化、动态化协同管理

10. 下列选项不属于设计阶段的是（　　　）。

A. 方案设计阶段　　　　　　　　　　　B. 初步设计阶段

C. 施工图设计阶段　　　　　　　　　　D. 深化设计阶段

11. 设计阶段是工程项目建设过程中非常重要的一个阶段，其不包含以下哪个设计阶段（　　　）？

A. 方案设计　　　　　　　　　　　　　B. 初步设计

C. 施工图设计　　　　　　　　　　　　D. 概念设计

12. 下列选项不属于项目设计阶段中的 BIM 应用的是(　　)。

A. 三维设计 　　　　　　　　　　　 B. 协同设计

C. 深化设计 　　　　　　　　　　　 D. 节能分析

二、多选题

1. 下列选项属于建筑工程项目方案策划阶段中的 BIM 应用的是(　　)。

A. 现状建模 　　　　　　　　　　　 B. 成本核算

C. 场地分析 　　　　　　　　　　　 D. 结构选型

E. 总体规划

2. 方案设计阶段 BIM 应用主要方面包括(　　)。

A. 利用 BIM 技术进行概念设计 　　 B. 利用 BIM 技术进行场地规划

C. 利用 BIM 技术进行方案比选 　　 D. 利用 BIM 技术进行性能分析

E. 利用 BIM 技术进行结构分析

3. 初步设计阶段 BIM 应用主要包括(　　)。

A. 结构分析 　　　　　　　　　　　 B. 整体规划划

C. 性能分析 　　　　　　　　　　　 D. 工程算量

E. 概念设计

4. 下列哪几项属于 BIM 在施工图设计阶段的应用(　　)。

A. 各协同设计与碰撞检查 　　　　　 B. 结构优化

C. 工程量计算 　　　　　　　　　　 D. 施工图出具

E. 三维渲染图出具

5. 下面哪些是施工图设计阶段 BIM 应用(　　)?

A. 性能分析 　　　　　　　　　　　 B. 结构分析

C. 工程程量计算 　　　　　　　　　 D. 场地规划

E. 方案比选

6. 基于 BIM 技术的工程设计专业协调主要体现在(　　)。

A. 在设计过程中通过有效的、适时的专业间协同工作避免产生大量的专业冲突问题,即协同设计

B. 通过过对 3D 模型的冲突进行检查,查找并修改,即冲突检查

C. 基于协同平台,使各参与方能够进行及时的信息共享

D. 基于三维可视化模型,可实现对设计成果的直观展示,减少不必要的沟通分歧

E. 基于同一的建模标准,避免各参与对模型应用产生的不同概念分歧

7. 业主自主管理的模式下,在设计阶段,建设单位采用 BIM 技术进行建设项目设计的展示和分析,主要体现在(　　)。

A. 将 BIM 模型作为与设计方沟通的平台,控制设计进度

B. 对专项施工方案进行模拟

C. 对施工图进行深化设计

D. 对 BIM 实施全过程进行规划

E. 进行设计错误的检测,在施工开始之前解决所有设计问题,确保设计的可实施性,减少返工

8. BIM 为项目设计阶段专业协调提供的途径主要包括( )。

A. 协同设计
B. 施工模拟

C. 碰撞检查
D. 性能分析

E. 场地分析

参考答案

一、单选题

1. D 2. A 3. A 4. D 5. C 6. C 7. B 8. B 9. D 10. D 11. D 12. C

二、多选题

1. ABCDE 2. ABC 3. ACD 4. ACDE 5. BC 6. ABCD 7. AE 8. AC

第 5 章　路桥工程施工阶段 BIM 应用

本章导读

　　施工建设作为路桥生命周期的重要组成部分，是整个 BIM 体系中一个必需的环节。如果施工管理不纳入 BIM 体系，整个体系将因出现断层而无法顺利运行。这是参建各方所不愿意也不允许的。路桥工程施工阶段的 BIM 应用包括施工阶段 BIM 可视化交底、施工准备 BIM 应用、施工过程 BIM 应用以及施工交付 BIM 应用。

　　本章论述了 BIM 在施工阶段的应用，从施工的成本、质量、进度、安全、信息管理等方面阐述 BIM 的应用价值。并从可视化图纸会审、施工组织设计、技术交底、模拟施工等方面详细说明 BIM 优势，并对其技术发展做了一定的前瞻展望。

5.1 概述

近年来随着中国"人口红利"逐渐消失，路桥工程的劳动力成本正急剧增加。根据美国等西方发达国家的发展经验，BIM 的真正价值是在施工和运维阶段，利用数字化管理与实时监控等手段，模拟项目进度、物资消耗等，为关键节点的施工、商务、计划等环节提供合理精确的数据，从而节约时间和成本，提高施工管理效率。特别是，BIM 可以充分发挥 3D 可视化、4D 时间、5D 成本的特征，助力实现施工过程的精细化管理。通过 BIM 模型对工程量、进度、预算等关键信息进行整合，再关联图纸、物料、合同、安全等信息，综合后进行施工模拟。目前国内道桥项目大多使用甘特图编制进度计划，数字与文字辅助说明，但施工人员难以客观形象地了解施工进度及构件间的复杂关系。在实际的路桥施工过程中，BIM 技术可做到实时指导、提前预测并解决下一阶段可能出现的问题，项目管理由"被动"转为"主动"。在施工中，通过 BIM 的信息共享平台，提前获悉相关施工工艺、安全隐患等，帮助工人做好工作准备，减少后期问题的产生，并可以简化施工现场管理，提高现场管理人员的效率。路桥工程施工阶段依据 BIM 模型，可以汇总施工阶段的各类信息，按照需要调取相关数据，对路桥施工各阶段展开虚拟建造，在施工进度模拟的基础上进行有关的成本预算、资源计划、建材运输等，并对比

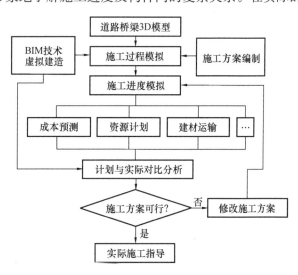

图 5.1-1 BIM 技术应用下的道路桥梁施工优化过程

实际与计划间的进度、成本偏差，以便及时调整与优化后期计划，对道路桥梁施工进行优化，如图 5.1-1 所示。

5.2 施工阶段 BIM 可视化交底

在传统的施工中多采用二维图纸进行技术交底，具有一定的局限性，不能够直观和具体地用设计图表达完全，大多通过绘图规则以及文字描述来传达，但不同设计人员知识层次等方面存在差异，极易导致在实际施工过程中发生对图纸的错误理解等问题。因此，BIM 可视化交底是 BIM 在路桥建设施工中的一个应用重点。相比运用 BIM 技术建立模型，更加立体，具备全角度优势，依据 BIM 技术制作的可视化交底，可以包含路桥施工操作的指导以及对施工进行模拟标准施工视频等，运用 BIM 可视化交底可以直观地反映施工具体步骤。比如在模架技术交底、钢筋平法技术交底历来是技术交底的难点，由于体系复杂，无法用口头叙述和二维平面的形式向工人形象、具体、全面地阐述该分部工程的技术控制要点、难点。

最后将 BIM 技术与施工作业的指导书、工程模拟等进行结合，完成 BIM 可视化交底，可以最大限度避免由于图纸理解错误造成施工差错、重复返工和修改，从而避免工期延误、成本增加、资源浪费。

5.3　施工准备中的 BIM 应用

5.3.1　管线深化设计

1. 管线深化设计流程

管线深化设计是路桥工程施工中的重点及难点。管线综合专业 BIM 设计空间关系复杂，内外安装要求高。为使各系统的使用功能效果达到最佳、整体排布更美观，工程管线综合深化设计是重要、关键的一环。其深化设计流程为：制作专业精准模型——综合链接模型——碰撞检测——分析和修改碰撞点——数据集成——最终完成内装的 BIM 模型。基于 BIM 的管线深化设计能够通过各专业工程师与设计公司的分工合作解决与优化设计中存在问题，迅速对接、核对、相互补位、提醒、反馈信息和整合到位。利用该模型虚拟结合已完成的真实空间，动态观察并综合业态要求，推演空间结构和装饰效果，并依据管线综合施工工艺质量验收标准调整模型，在施工前期即有有效解决设备管道空间问题的办法，避免在施工阶段发生冲突而造成不必要的浪费，有效提高施工质量，加快施工进度，节约成本。路桥工程的综合管线深化设计流程如图 5.3.1-1 所示。

图 5.3.1-1　综合管线深化设计流程

2. BIM 技术在管线深化设计中的优势

在大型复杂的路桥工程设计中，设备管线的布置由于系统繁多，经常出现管线之间或管线与结构之间发生碰撞的情况，造成施工的麻烦，引起重工或浪费以及其他安全疑虑。

在大型复杂的路桥工程设计中，采用 BIM 技术进行管线深化设计有着重要的意义，BIM 模型可对整个机电系统设计进行一次"预演"，建模过程同时也是一次全面的 3D 校正，过程中发现大量隐藏的设计问题，这些问题往往不涉及设计规范，属于空间高度上的冲突，这在传统 2D 管线综合设计中很难发现。其具体优势表现如下：

1）BIM 模型将对整合的结果进行全面检讨，考虑模型应该是系统间的冲突和高度上的碰撞，模型均按真实尺寸建立。

2）全方位的 BIM 模型可在任意位置切剖大样及形成观测图，观测并调整该处管线的高度。

3）BIM 模型可全面检测发现管线之间、管线与结构之间的所有碰撞问题，并及时通知设计人员进行设计调整。

4）对管线标高的精准定位，同时直观反映桥梁的净高分布状态，轻易发现影响净高的瓶颈位置，优化设计，精确掌握高度。

5）由于 BIM 模型集成各种设备管线信息，可产生精确的明细表，减少了手工算料的误差。

6）利用高度仿真的建筑信息模型，能够有效加强设备专业设计团队之间，以及与其他工程师之间的沟通交流协作，加强对设备管线的合理布置，通过实时的可视化优势，改善客户沟通并更快做出合理改变，达到最终的目标。

7）三维制图软件建立的管线综合模型可以与由其他软件建立的路桥结构模型展开无缝协作。在模型的任何一处进行变更，三维制图软件均可在整个设计和文档集中自动更新所有相关内容。

5.3.2 关键复杂节点模拟

关键复杂节点模拟即利用深化设计模型对路桥施工中的复杂施工工艺、特殊结构、存在交叉密集专业施工及突出施工风险的工程关键点进行施工工序模拟，生成模拟视频，利用模型和模拟视频进行三维可视化交底，提高施工质量、减少返工，例如桥梁桩基等。复杂节点的实施是缺乏大量经验作为支撑的，如果没有科学的管理，实际施工过程中的质量和安全问题就无法保证。路桥工程施工中的复杂节点处的预制构件、现浇构件的施工顺序也会影响整体的施工，如图 5.3.2-1 中钢筋的排布因没有得到合理的安排而出现梁纵向钢筋间距随意排布，图 5.3.2-2 连接板与钢筋焊接混乱。因为复杂节点具有不同的构造要求而面临不同的施工方案，节点的顺利施工离不开全过程的项目管理。在传统施工过程中，施工管理大部分依靠项目经理和项目施工人员的个人工作经验，遇到问题后通常由项目经理临时做出决策。

图 5.3.2-1 复杂节点处钢筋排布

图 5.3.2-2 复杂节点处连接板焊接混乱

在路桥工程的钢筋混凝土结构中，框架梁、柱相交位置的钢筋排布十分密集，钢结构与钢筋混凝土结构的结合给施工带来严峻的挑战，因此对节点的深化设计有了更高的要求。但引入 BIM 技术后，将方案调整的时间节点调整在了施工前，利用 BIM 技术的可视化、可出图性的优势特点，解决二维图纸对复杂节点和异型空间部位无法准确表达的问题，有效地协助设计方和施工方进行深化设计和辅助施工。

对比传统深化过程和 BIM 技术深化过程：从图形的角度，传统设计中一个复杂节点需要多张平面图来表达，而 BIM 三维模型就可以将所有的结构细节完整直观地表现出来；从信息的角度，一张图纸的调整后，其他的关联图纸都要同步调整，而 BIM 的参数化建模使得模型能够同步更新，方便修改和调整，具有联动性；从施工的角度，二维图纸深化

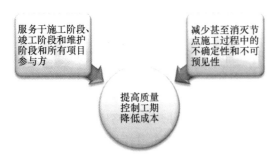

图 5.3.2-3　利用 BIM 技术进行节点深化在
项目中所起作用

无法清晰表达钢筋的搭接方式和排布方式，无法确定节点施工的实际情况，而三维模型可以准确定位钢筋的位置，准确预留钢构的孔洞，模拟钢筋的连接等内容。图 5.3.2-3 为利用 BIM 技术进行节点深化在项目中所起的作用。

5.3.3　工筹模拟

工筹模拟即工程筹划模拟，指通过深化设计模型对施工场地布置、周边环境及构筑物改迁、施工方案及施工资源配置进行动态模拟，优化施工方案，保证工程筹划的合理性。

5.4　施工过程中的 BIM 应用

5.4.1　施工组织模拟

基于 BIM 技术对施工进度可实现精确计划、跟踪和控制，动态地分配各种施工资源和场地，实时跟踪工程项目的实际进度，并通过计划进度与实际进度进行比较，及时分析偏差对工期的影响程度以及产生的原因，采取有效措施，实现对项目进度的控制。在路桥工程施工组织中建造 BIM 的 4D 虚拟模型，清晰直观地展现动态模拟过程，形象直观、动态模拟施工阶段过程和重要环节施工工艺，将多种施工及工艺方案的可实施性进行比较，为最终方案优选决策提供支持，将多种施工方案进行可实施性比选，选择出最优施工方案。采用动态跟踪可视化施工组织设计（4D 虚拟建造）的实施，对于设备、材料到货情况进行有效预警，同时通过进度管理，将现场实际进度完成情况反馈回"BIM 信息模型管理系统"中，与计划进行对比、分析及纠正偏差，实现施工进度的有效控制管理。

5.4.2　进度管理

路桥工程施工的进度管理是指对工程项目各施工阶段的工作内容、工作程序、持续时间和逻辑关系制定计划，并将该计划付诸实施。最新的 BIM 技术为解决路桥工程施工进度的动态化管理提供了一个良好的技术支持和应用平台。在项目工程实施过程中需要考虑项目进度。一旦出现偏差需及时分析原因，并组织相关项目负责部门沟通讨论有效的应对措施，协调整个工程进度计划，保证项目能够按时竣工，完成交付工作，确保各个阶段进度目标的实现。路桥施工监理所进行的进度管理是指为使工程按计划要求的时间动用而开展的有关监督管理活动。

BIM 技术的引入，可以突破二维的限制，给工程进度管理带来更优的体验，主要体现在以下几个方面：

1）提升全过程协同效率。基于 3D 的 BIM 沟通语言，其简单易懂、可视化好，大大加快了沟通效率，减少了理解不一致的情况；通过 BIM 软件系统的计算，减少了沟通协调的问题。传统靠人脑计算 3D 关系的工程问题探讨，容易产生人为的错误，BIM 技术可减少大量问题，同时也减少协同的时间投入；基于互联网的 BIM 技术能够建立起强大高效的协同平台：所有参建单位在授权的情况下，可随时、随地获得工程最新、最准确、最详细的数据，从过去点对点传递信息转变为点对面的传递信息，从而减少传递时间的损失和版本不一致导致的施工差错。

2) 加快设计进度。从表面上来看，BIM 在设计工作中的应用情况来看，对既有设计进度有所延缓。这主要是由于现阶段设计用的 BIM 软件适用性不强以及设计师使用效率不高的原因造成的。虽然使用 BIM 设计可能增加了时间，但路桥工程的设计交付成果质量却有明显提升，可以在施工以前解决许多重要问题，有效减少了施工阶段的问题，这对总体进度而言是极为有利的。

3) 碰撞检测，减少变更和返工进度损失。目前路桥工程建设机制中的设计阶段与施工阶段很难相互融合，大量的专业冲突拖延了工程进度，大量工程返工的同时，也造成了巨大的材料、人工浪费，导致施工单位在施工过程中出现各式各样的问题，而且由于施工单位技术水平的局限性，很难能够在发现问题后及时解决该问题。只有当项目深入的研究下才能够发现问题。BIM 技术具有强大的碰撞检查功能，有利于减少施工进度过程的浪费。而当前 BIM 系统可以完成项目的实时跟进，发现问题并及时迅速解决，避免不必要的问题拖延及项目整体进度的问题。

4) 加快招投标组织工作。一个质量低下的工程量清单将导致业主方巨额的损失，利用不平衡报价很容易造成更高的结算价。通过基于 BIM 技术的算量软件系统，能够显著加快计算速度和准确性，加快招标阶段的准备工作，并且提升招标工程量清单的质量。

5) 加快生产计划、采购计划编制。工程中经常因生产计划、采购计划编制缓慢延误了进度。急需的材料、设备不能按时进场，造成窝工影响了工期。BIM 则有能力改变这一切，其使得随时随地获取准确数据变得非常容易，缩短了制订生产计划、采购计划的用时，加快了进度，同时提高了计划的准确性。

6) 加快竣工交付资料准备。基于 BIM 的工程实施方法，过程中所有资料可随时挂接到工程 BIM 数字模型中，竣工资料在竣工时即已形成。

7) 提升项目决策效率。传统的工程实施中，由于大量决策依据、数据不能及时完整地提交出来，导致决策被迫延迟，决策失误造成工期损失的现象并不少见。在项目实际施工过程中，由于信息数据的不充分导致决策依据不足。甚至导致领导难以决策，最终致使多方谈判长时间僵持，延误工程进展。BIM 形成工程项目的多维度结构化数据库，几乎可以实现实时的数据分析整理，提供科学有效的决策支持。

路桥工程施工进度的掌控，很大程度上反映了项目管理的能力、施工人员的能力和施工中应用技术的高低。优质的项目管理在进度控制上可以根据实际情况做到计划与实施的实时协调统一，而劣质的项目管理则是始终在"追赶"进度。

施工进度计划的制订和执行必须基于对整个施工流程、工程量的多少、人员的配置情况等的了解。BIM 技术可以通过模拟施工整个施工流程，也就是通过"4D"模型，对计划的制订和执行具有重要的指导意义。

BIM 技术可以通过施工流程模拟、信息量的统计给项目管理提供重要的技术支持，明确每个阶段要做什么，工程量是多少，下一步做什么，每一阶段的工作顺序是什么，并使管理内容变得"可视化",增强管理者对于工程内容和进度掌控的能力。采用 BIM 技术能从提升施工人员综合能力、合理划分施工场地等方面有效提高施工效率,加快施工进度。

BIM 技术所建模型因其本身就是对实际物体的数字化体现,预制加工单位或分包商从设计单位获得的 BIM 模型是结构师设计意图的完整体现,其所含的大量信息和可视化设计则可轻松实现这一前提,不会有信息的丢失危险。预制加工单位只需要设置和通过标准的转换协议将路桥中需要预制加工的模型导入他们自己的设计软件中。在预制加工图纸完成二次设计之后可以通过冲突检测工具将二次设计图纸与原来的模型复查,一旦发现不一致的地方,设计人员可以立即分析产生这一状况的原因,然后针对性地调整,调整完成后再进行冲突检查,直到没有冲突为止,例如在路桥工程中,由于地质和地形的误差会导致原设计与实际施工有一定出入,这些问题常集中在边坡支护、桥台锥坡、隧道洞门、涵洞、挡土墙等方面。利用 BIM 技术结合现场实测地形与地质做深化设计,出施工图的同时工程量也会显示出来。图 5.4.2-1 与图 5.4.2-2 为 BIM 技术中的桥台锥坡与边坡支护。

图 5.4.2-1　桥台锥坡

图 5.4.2-2　边坡支护

采用 BIM 技术以后,可以将计划进度与现场实际进度相比较,对即将展开的工作也有更直观的认识,而不仅仅只是抽象化地指导下一步要做什么,同时也可以指导进度计划的推进与完成。通过对比轻易发现实际进度和计划进度相比是"超前"还是"延缓",对整个工程进度决策提供保障。BIM 技术在施工进度计划的制定和顺利实施的细节有很大的指导作用,直观的"4D"施工模拟通过与施工进度相联动,帮助建立更科学、合理的施工进度管理。通过这项技术,可以实现施工人员能力的提升、场地的合理安排及精确的预制加工，最终大大加快工程进度。

5.4.3 质量管理

路桥工程经过长期的发展已经积累了丰富的管理经验，在此过程中，通过大量的理论研究和专业积累，工程项目的质量管理也逐渐形成了一系列的管理方法。路桥工程项目质量管理是指在力求实现工程项目总目标的过程中，为满足项目的质量要求所开展的有关管理监督活动。我国国家标准《质量管理体系 基础和术语》GB/T 19000—2016 对质量的定义为：一组固有特征满足要求的程度。质量的主体不但包括产品，而且包括过程、活动的工作质量以及质量管理体系运行的效果。路桥工程实践表明：大部分管理方法在理论上的作用很难在工程实际中得到充分的发挥。由于受实际条件和操作工具的限制，常规管理方法的理论作用无法发挥或只能部分发挥，影响了工程项目质量管理的工作效率，造成工程项目的质量目标最终不能完全实现。例如，传统的二维管控质量的方法是将各专业平面图叠加，结合局部剖面图，设计审核校对人员凭经验发现错误，难以全面。

BIM 技术的引入不仅提供一种"可视化"的管理模式，也能够充分发掘传统技术的潜在能量，使其更充分、有效地为工程项目质量管理工作服务。三维模型，通过参数化的质量控制，利用计算机自动实时检测管线碰撞。精确性高维质量控制与三维质量控制的优缺点对比见表 5.4.3-1。

精确性高维质量控制与三维质量控制的优缺点对比

表 5.4.3-1

传统二维质量控制缺陷	三维质量控制的优点
手工整合图纸，凭经验判断，难以全面分析	电脑自动在各专业间进行全面检验，精确度高
均为局部调整，存在顾此失彼情况	在任意位置剖切大样及轴测图大样，观察并调整该处管线标高关系
标高多为原则性确定的相对位置，大量管线没有精确确定标高	轻松发现影响净高的瓶颈位置
通过"平面＋局部剖面"的方式，对于多管交叉的复制部位表达不够充分	在综合模型中直观地表达碰撞检测结果

此外，我们可以通过 BIM 模型与先进技术、工具相结合的方式（例如激光测绘技术、RFID 射频识别技术、数码摄像探头等），对现场施工作业进行追踪、记录、分析，第一时间掌握现场的施工动作，及时发现潜在的不确定因素，避免不良后果的出现，监控施工质量。

路桥工程管理环节的重中之重是质量管理工作，为了保障项目的质量符合要求，除了质量管理人员本身素质过硬、管理工作到位之外，也需要物料设备等产品质量必须合格、施工工艺手法必须符合要求等，如果任何一个环节出错，都会直接导致项目质量的不合格。施工工程的质量验收除了必须满足各专业相应的施工质量验收规范外，还应当满足被批准的设计图纸、合同约定内容的要求，主要体现在工程施工阶段的施工质量和交付使用后的运行质量两方面，而施工阶段的施工质量则是运行阶段的基础保障。

在项目质量管理中，在常规管理方法之外，可通过 BIM 技术进行数字建模模拟实际的施工过程并存储庞大的项目信息。除了可以使标准操作流程"可视化"外，也能够做到对用到的物料和构件需求的产品质量等信息随时随地查询，可以作为对项目质量问题校核的依据。对于不符合规范要求的，则可根据 BIM 模型中的信息提出整改意见。

由于受到设计条件、施工现场条件等复杂因素的影响，如何确保路桥结构构件的高水平和高质量难度较大。常常出现构件不能达到质量要求，而换件或返工的现象，或者出现完工之后的工程中都有不符合设计意图的地方、使用中的质量问题，比如设备的安装没有足够的维修空间、管线的布置杂乱无序等。上述问题不但影响了路桥工程质量，也大大浪费了人力、物力和经费。而 BIM 技术所建立的数字模型因为包含空间和实际尺寸、类型等信息，使预制加工技术可以得到有效充分的应用，例如钢结构构件和预制混凝土构件等部件的加工和安装如果采用了 BIM 技术，可以进行虚拟建模，准确直观地看到完工之后的实际情况，提前依据实际情况建模，然后发图纸到预制加工工厂，准确划分模块并编号，则工厂可以严格按照图纸所述规格型号和材质统一加工，生产出来的构件在外观尺寸上更加精确美观，质量上也更容易把控。这样的工作流程不但提高了工作效率，也能够保证加工部件的规格和质量，同时工程质量管理工作变得更加方便和高效。

5.4.4　安全风险管理

近年来，我国基础设施建设规模逐年增大，路桥工程建设尤为突出，从事路桥工程的企业也相应增多。在此背景下，由于人力资源的匮乏与生产经营管理特别是安全生产管理需求之间的巨大差距，导致许多企业面对高需求的工程出现了严重的安全管理问题，对高标准的安全管理人力资源需求也越来越凸显。

路桥工程安全风险管理是企业的命脉，同时也是生产管理的重要组成部分，是一门综合性的系统科学。安全管理的对象是生产中一切人、物、环境的状态管理与控制，安全管理是一种动态管理。安全管理，主要是组织实施企业安全管理规划、指导、检查和决策。在路桥工程中，安全风险管理即以深化设计模型为基础，根据施工安全风险管理体系增加风险监测点模型和风险工程等信息，建立安全风险管理模型，利用 BIM 数据集成与管理平台建立环境模型与安全风险监测数据的关联关系，实现对施工安全风险的可视化动态管理。

安全管理是管理科学的一个重要分支，它是为实现安全目标而进行的有关决策、计划、组织和控制等方面的活动；主要运用现代安全管理原理、方法和手段，分析和研究各种不安全因素，从技术、组织和管理方面采取有力的措施，解决和消除各种不安全因素，防止事故的发生。施工现场安全管理的内容，大体可归纳为安全组织管理、场地与设施管理、行为控制和安全技术管理四个方面，分别对生产中的人、物、环境的行为与状态，进行具体的管理与控制。

总体而言，路桥工程是一项社会性很强的工作，同时也是一项长战线、大工作量的工程。在工程过程中，往往工作条件恶劣，对于施工工人长时间的耐力要求高。由于这些特点的存在，路桥工程存在很多不安全因素，是容易发生意外风险的工程项目。

BIM 技术应用于路桥工程安全管理，相对于传统的安全管理方式，具有很多优势。

1）基于 BIM 的管理模式是创建信息、管理信息、共享信息的数字化方式，在工程安全管理方面具有很多优势，如基于 BIM 的项目管理，工程基础数据如量、价等，数据准确、数据透明、数据共享，能完全实现短周期、全过程对资金安全的控制；

2）基于 BIM 技术，可以提供施工合同、支付凭证、施工变更等工程附件管理，并对成本测算、招投标、签证管理支付等全过程造价进行管理；

3）BIM 数据模型保证了各项目的数据动态调整，可以方便统计追溯各个项目的现金流和资金状况；

4）BIM 技术通过模拟施工过程、分析受力结构在施工前发现施工阶段存在的施工安全隐患，并逐一修改，提前制定应对措施，避免施工安全事故发生，实现"事前控制"；

5）采用 BIM 技术，可实现虚拟现实和资产空间等管理、建筑系统分析等技术内容，从而便于运营维护阶段的管理应用。

BIM 技术在路桥工程安全管理的具体应用基于 BIM 的管理模式，其是创建信息、管理信息和共享信息的数字化方式，在工程安全管理方面具有很多优势。

1）施工准备阶段

BIM 技术在施工准备阶段，可对建设项目施工安全进行分析，通过施工安全分析可有效降低施工安全事故的发生。具体包括：（1）BIM 技术可以在施工前进行施工环境的真实模拟，发现安全隐患并进行及时进行排除；（2）BIM 技术可结合结构分析平台，进行力学计算从而保障施工安全；（3）BIM 技术可在路桥模型中自动识别施工过程中所存在的危险源。总之，BIM 技术在施工准备阶段可以识别施工过程中的安全隐患，通过修改设计、改变施工方案等达到排除施工安全隐患，防止施工安全事故发生的目的。

2）施工阶段

BIM 技术可准确模拟结构在施工中的力学性能变化和变形状态，分析结构的施工安全等，并在三维的效果下模拟和查看施工过程。其一，对于复杂或一般工程可通过仿真软件进行结构的仿真分析：在 BIM 模型的基础上，开发相应的有限元软件接口，实现三维模型的传递，再附加材料属性、边界条件和荷载条件，结合先进的时变结构分析方法，便可以将 BIM、4D 技术和时变结构分析方法高效地结合起来，实现基于 BIM 的施工过程结构安全分析，有效捕捉施工过程；其二，BIM 技术在施工阶段可建立试验模型，形成模型基础信息，对其结构施工方案的合理性和施工技术的安全性进行必要验证，同时对施工方案进行动态展示。其三，BIM 技术可实现对施工过程的动态检测。BIM 技术能够实现对路桥工程关键断面、重点结构部位、重要施工过程、施工工序进行实时监测，追踪结构部位的受力状态和变形趋势，并能够及时发现结构未知的损伤；其四，BIM 技术可在其模型中发现存在坠落隐患的危险源。通过 BIM 技术可在 BIM 模型中建立坠落防护栏杆模型，将完整的防坠落信息提供给施工人员。例如，对施工中常见的塔吊进行监测。BIM 技术可在施工模型中通过分析塔吊的回转半径和影响区域，进行碰撞检测，形成系统性安全分析报告。

3）建立施工安全风险预警系统

路桥规模扩大、功能提高等所带来的是路桥设计的变化，路桥设计的变化会使施工技术、施工方法难度增加，施工过程中就会遇到新的施工安全问题。BIM 技术可在安全生产事故发生前，建立施工安全风险预警系统，通过模拟事故发生的整个过程，分析事故发生的可能原因，并制定出相应的应对措施，包括人员疏散、救援等应急预案；同时能够模拟人员疏散时间、疏散距离、有毒气体扩散时间、建筑材料耐燃烧极限及消防作业面等。具体表现为：施工人员的出入口、建筑设备和运送路线、临时设施和拖车位置、紧急车辆路线、恶劣天气的预防措施。

在建设项目运营期，可利用 BIM 技术模拟发生火灾或其他灾害时，事故现场人员的疏散方案，并通过比对选择最佳的疏散路线以及合理的疏散方案。

5.4.5　重要部位和环节条件验收

根据轨道交通建设工程重要部位和环节施工前条件验收的具体实施办法和相关要求，利用 BIM 数据集成与管理平台查询施工过程模型的重要部位和环节的验收信息，快速获得验收所需准备工作及各项工作完成情况，提高条件验收工作沟通和实施的效率。

5.4.6　成本管理

以深化设计模型为基础，根据清单规范和消耗量定额要求创建成本管理模型，通过计算合同预算成本，结合进度安排定期进行三算对比、纠偏、成本核算、成本分析工作，可根据实际进度和质量验收情况，统计已完工程量信息、推送相关数据、输出报表等，辅助验工计价工作。

1. 成本管理的定义

成本管理是企业根据一定时期预先建立的成本管理目标，在企业生产经营过程中各项成本核算、成本分析、成本决策和成本控制等一系列科学管理行为的总称。由成本控制主体在其职权范围内，在生产耗费发生以前和成本控制过程中，对各种影响成本的因素和条件采取的一系列预防和调节措施，以保证成本管理目标实现的管理行为。

2. 成本管理的重要性

成本管理关乎低碳、环保、绿色建筑、自然生态、社会责任、福利等，是企业管理的一个重要组成部分，它要求系统、全面、科学和合理，它对于促进增产节支、加强经济核算、改进企业管理、提高企业整体管理水平具有重大意义。众所周知，有些自然资源属于不可再生资源，所以成本控制不仅仅是财务意义上实现利润最大化，终极目标是单位建筑面积自然资源消耗最少。施工消耗大量的钢材、木材和水泥，最终必然会造成对大自然的过度索取。成本是体现企业生产经营管理水平高低的一个综合指标。只有成本管理得较好的企业才可能有相对的比较优势，成本管理不力的企业必将会被市场所淘汰。成本管理也不是片面地压缩成本，有些成本是不可缩减的，有些标准是不能降低的。特别强调的是，任何缩减的成本不能影响到建筑结构安全，也不能减弱其应有的社会责任。

3. 成本管理的难点

成本管理的过程是运用系统工程的原理对企业在生产经营过程中发生的各种耗费进行计算、调节和监督的过程，也是一个发现薄弱环节、挖掘内部潜力、寻找一切可能降低成本途径的过程。在理解成本的构成及与自身工作的关系、选择有利于成本控制的成本计算方法，结合企业自身情况，找到成本控制关键点的基础上，方可科学地组织实施成本控制，促进企业改善经营管理，转变经营机制，全面提高企业素质，使企业在市场竞争的环境下生存、发展和壮大。然而工程成本控制一直是项目管理中的重点及难点，主要难点包括：

1）数据量大。每一个施工阶段都牵涉大量材料、机械、工种、消耗，各种财务费如人员、材料、设备以及经费的消耗都要统计清楚，数据量十分巨大。面对如此巨大的工作量，实行短周期（月、季）成本在当前管理手段下往往会自顾不暇，过程成本分析、优化管理难以全面考虑，当损失结果造成之后，无论如何严处严罚，也都无法把浪费掉的资源追回来。

2）牵涉部门和岗位众多。实际成本核算，传统情况下需要预算、材料、仓库、施工财务多部门多岗位协同分析汇总数据，才能汇总出完整的某时点实际成本。某个或某几个部门不配合实行，整个工程成本汇总就难以做出。

3）对应分解困难。各个单位、部门相互封闭，都只从自己的单位、部门算小账，不从企业组织运行的整体角度算大账。材料、人工、机械甚至一笔款项往往用于多个成本项目，拆分分解对应好对专业的要求相当高，难度也非常高。

4）消耗量和资金支付情况复杂。对于材料而言，部分进库之后并未付款，部分付款之后并未进库，还有出库之后未使用完以及使用了但并未出库等情况；对于人工而言，部分干活但并未付款，部分已付款并未干活，还有干完活仍未确定工价；机械周转材料租赁以及专业分包也有类似情况。情况如此复杂，成本项目和数据归集在没有一个强大的平台支撑情况下，不漏项并做好三个维度（时间、空间、工序）的对应很困难。

4. BIM 技术成本管理优势

基于 BIM 技术的成本控制具有快速、准确、分析能力强等很多优势，具体表现为：

1）快速。传统成本控制往往是基于二维图纸进行施工算量，这样做不但工作量大，而且速度慢，反应也不及时。通过对原有的 BIM 3D 模型加入 4D（时间）和 5D（成本）两个维度之后，可以形成一个数据信息丰富，与工程关联度极为敏感的基于 BIM 的 5D 实际成本数据库，汇总分析能力显著加强，快速导出分析报表，快速及时作出成本调整，短周期成本分析不再困难，工作量小、效率高

2）准确。面度海量的图纸及成本相关信息，再通过手工计算进行一一校对，准确率可想而知。成本数据动态维护，准确性大为提高，通过总量统计的方法，消除累积误差，成本数据随进度准确度逐渐增高；数据粒度达到构件级，可以快速提供支撑项目各条线管理所需的数据信息，有效提升施工管理效率。另外通过实际成本 BIM 模型，很容易检查出哪些项目还没有实际成本数据，监督各成本实时盘点，提供实际数据。

3）精细。通过实际成本 BIM 模型，很容易检查出哪些项目还没有实际成本数据，监督各成本实时盘点，提供实际有效数据。

4）分析能力强。传统的成本控制与分析都是基于二维工作模式，缺乏更多维度的相关数据及信息，而且基于人脑的分析能力有限，经常是分析数据不全面，缺少有力数据作支撑。通过 BIM 技术建立 BIM 5D 模型之后，可以多维度（时间、空间、WBS）汇总分析更多种类、更多统计分析条件的成本报表，直观地确定不同时间点的资金需求，模拟并优化资金筹措和使用分配，实现投资资金财务收益最大化。

5）提升企业成本控制能力。在传统模式下，企业对成本控制往往都是经验之谈，缺乏数据支持，导致成本浪费现象严重。将实际成本 BIM 模型通过互联网集中在企业总部服务器，企业总部成本部门、财务部门就可共享每个工程项目的实际成本数据，实现了总部与项目部的信息对称，总部成本管控能力大为加强。

5.5　竣工交付的 BIM 应用

5.5.1　竣工交付建模内容

BIM 在任何阶段都可被实施与使用，即使在项目生命周期的后期。当然，为了开发全部的利益，最好是在项目的早期就开始实施 BIM。在以往的概念中，往往最多提到的是竣工图；基于 BIM 的工程管理注重工程信息的实时性，项目的各参与方均需根据施工现场的实际情况将工程信息实时录入 BIM 模型中，并且信息录入人员须对自己录入的数据进行检查并负责到底。在 BIM 概念中，竣工阶段所呈现的不再是一张或一套图纸，而是一个竣工模型。在 BIM 体系下，竣工模型是三维的，这种即时性的直观显现在根本上超越了二维图纸的限制，能够呈现出更好的展示效果。

路桥工程竣工验收合格后，将各阶段验收形成的专项验收情况、设备系统联合调试数据、试运行数据等验收信息和资料附加或关联到模型中，形成竣工验收模型，分别向政府管理部门和运营单位移交。在工程建设的交界阶段，前一阶段 BIM 工作完成后应交付 BIM 成果，包括 BIM 模型文件、设计说明、计算书、消防、规划二维图纸、设计变更、重要阶段性修改记录和可形成企业资产的交付及信息。对于使用 BIM 贯穿整个项目周期的工程，工程竣工时，所更新的模型，就是竣工模型。路桥工程的 BIM 信息模型所有知识产权归业主所有，交付物为纸质表格图纸及电子光盘，加盖公章。

传统竣工图与 BIM 竣工模型对比表　　　　　　　　表 5.5.1-1

	建筑信息表示方式	特　　点
传统竣工图	以线条、数据形式反应，需经空间想象将图纸信息转换为空间印象	需具备空间想象能力及专业知识
BIM 竣工模型	三维实景模型；可以在二维平面与三维形式间切换显示	全方位观察，一目了然

基于 BIM 技术建立起的路桥工程竣工模型"I"所指代的信息化内容，传统竣工资料内的设备参数也能在模型中直观地体现。而且通过模型建立起的参数不仅局限于运行参数，还包括生产厂商、运行保修时间等。另外，通过综合了 4D、5D 概念的模型建立的最终竣工模型还可以包括施工人员、施工进度、施工过程、施工成本等重要信息，由此可见原本只是停留在文字、表格形式的许多竣工资料信息由于 BIM 技术的运用，能够更直接、更方便地在竣工模型中全面系统地显现出来。

5.5.2　竣工信息归档

1. 概述

在项目竣工信息管理中，基于 BIM 技术的图档协同平台是图档管理的基础。不同专业的模型通过 BIM 集成技术进行多专业整合，把不同专业设计图纸、二次深化设计、变更、合同、文档资料等信息与专业模型构件相互关联，能够查询或自动汇总成任意时间点的模型状态、模型中各构件对应的图纸和变更信息以及各个施工阶段的文档资料。结合云技术和移动技术，项目人员还可将建筑信息模型及相关图档文件同步保存至云端，通过精细的权限控制及多种协作功能，确保工程文档快速、安全、便捷、受控地在项目中有效流通和及时共享。并通过浏览器和移动设备随时随地浏览工程模型，进行相关图档的查询、审批、标记及沟通，为现场办公和跨专业协作提供极大的便利，最终提高了工程效率。

2. BIM 存档的可行性

1）政策扶持

在国家和建筑行业层面，已在大力推动信息化的发展进程，BIM 就是其中之一，并出台了一些 BIM 规范，如《建筑信息模型应用统一标准》GB/T 51212—2016、《建筑装饰装修工程 BIM 实施标准》《建筑幕墙工程 BIM 实施标准》《建筑机电工程 BIM 构建库技术标准》等一系列的 BIM 规程。而且，相应的规程还会陆续不断地出台。国家已经在开考 BIM 系列，如建模师 BIM 项目管理、BIM 战略规划证书，并在几年前就将 BIM 列入信息化建设的发展规划。在这样的大环境下，BIM 一定会很快在各建筑企业中逐步成熟起来并被广泛应用。近些年来，BIM 技术已逐渐在路桥工程中应用，对于路桥工程来说，BIM 存档的重要性是至关重要的。

2）路桥工程行业中 BIM 应用发展的大趋势

近几年来，BIM 技术在我国路桥行业中的应用发展迅速，就连一些小的路桥企业也已将 BIM 用到了投标中，得到了很好的效果。建设单位也会逐渐让设计单位改用 BIM 设计，设计单位移交给建设单位的设计成果，已经不只是竣工图，还有 BIM 数据库。路桥建设单位一旦熟练掌握了这门技术，甚至不再需要设计移交竣工图而只需要 BIM 数据库，因为用 BIM 数据库出图更加方便。BIM 这一新的管理方式，必将获得建设单位和施工单位的青睐，档案管理部门存放 BIM 数据库可能会在建设单位先实行，而后必将影响到城建档案馆，各地档案馆也会效仿这一新的归档方式。总之，BIM 技术的广泛应用必然是建筑行业的未来大趋势。

3）软硬件设备逐渐不是问题

就目前而言，存放 BIM 数据库的软硬件还是个不小的投入，但随着计算机软硬件的快速发展，这一问题终将得到解决，软硬件的价格尤其是硬件的价格会明显降低。存储设备的占用面积很小，其优势不是沉重的档案柜和厚厚的档案盒所能比的。权衡利弊，档案馆必将选择新的存储方式进行替代。

3. BIM 档案的长远意义

1）对业主运维的特殊意义

BIM 的应用，在业主和施工单位之间，收益最大的一定还是业主，施工单位从工程开工到竣工，也只是项目全过程的一个阶段，竣工完成，工程移交给业主，施工单位就基本完成了任务，而建设单位的运维才刚刚开始，一个工程项目的运维少则几十年、多则上百年。如果业主在运维中应用 BIM，其节约的人力物力是相当可观的。因此，BIM 数据库的应用对业主便有了积极的意义。

2）随时出图的可操作性

由于 BIM 还处在发展阶段，用 BIM 数据库完全代替竣工图，只能在一些较大的路桥企业中有可能实现，广泛普及还需一定的时间，但以目前的 BIM 发展势头这个时间已经不远。不久的将来，建设单位在熟练运用 BIM 后，随时出图便成为可能，在设计单位完成 BIM 数据库成果后，甚至不需要向设计单位要竣工图，通过 BIM 数据库就可以做到自行出图、随时出图、按需出图。因此，BIM 的应用必将成为建设单位感兴趣并喜欢使用的管理方式。

3）各方查询方便容易

随着路桥行业的发展，BIM 数据库成果必然成为档案移交的一种新的形式，那时运行和储存 BIM 软硬件已经不是什么负担，必将得到大量普及，路桥工程档案的信息化将进入一个质的飞跃，BIM 数据库的归档也将实现电子信息化的查询，既方便又快速，使传统档案工作失去意义。此外，BIM 数据库信息还可以按照保密程度或公开程度和建设单位、施工单位、设计单位、勘察单位、物业单位等实现共享，甚至规划局、交通局、公检法机关等政府部门也可以共享 BIM 数据库信息，实现真正意义上的信息共享。

总之，BIM 数据库成果成为档案移交的方式，按目前的 BIM 发展进程已经离我们越来越近，那时，档案信息化将更加成熟，档案库房告急的事情将成为历史不再出现，档案查询将替代且更加方便快捷。

课 后 习 题

一、单选题

1. 目前国内道桥项目大多使用（　　　）编制进度计划，数字与文字辅助说明，但施工人员难以客观形象地了解施工进度及构件间的复杂关系。

    A. 甘特图　　　　　　　　　　　　B. 网络计划图

    C. 韦恩图　　　　　　　　　　　　D. 形象进度图

2. 基于（　　）的 BIM 技术能够建立起强大高效的协同平台：所有参建单位在授权的情况下，可随时、随地获得工程最新、最准确、最完整的数据，从过去点对点传递信息转变为一对多传递信息，效率提升，图纸信息版本完全一致，从而减少传递时间的损失和版本不一致导致的施工失误。

    A. 3D　　　　　　　　　　　　　　B. 大数据

    C. AI　　　　　　　　　　　　　　D. 物联网

3. 路桥工程中，业主方利用 BIM 技术的（　　　），快速校核反馈承包商的付款申请单，则可以大大加快期中付款反馈机制，提升双方战略合作成果。

    A. 仿真能力　　　　　　　　　　　B. 数据能力

    C. 共享能力　　　　　　　　　　　D. 协同能力

4. 采用 BIM 技术之后，相对于传统二维 CAD 设计流程，钢结构构件预制加工单位可以提高（　　）的二次图纸生成和校核的速度，混凝土预制构件图纸创建与则可以节省（　　）的设计时间。

    A. 50％，50％　　　　　　　　　　B. 50％，21％～60％

    C. 21％～60％，50％　　　　　　　D. 21％～60％，21％～60％

5. 下列选项不属于 BIM 在竣工交付阶段的应用的是（　　　）。

    A. 验收人员根据设计、施工 BIM 模型可对整个工程进行直观掌控

    B. 验收过程中借助三维可视化模型可对现场实际施工情况进行精细校核

    C. BIM 的协调性为建设项目的竣工验收提供了可视化基础

D. 通过竣工模型的搭建，可将建设项目的设计、经济、管理等信息融合到一个模型中，以便于后期运维管理单位的使用

6.（ ）就是通过技术经济和信息化手段，优化设计、优化组合、优化管理，把无谓的浪费降至最低。

A. 标准化管理   B. 进度管理

C. 成本管理   D. 质量管理

7. 建设工程生产过程中的总集成者兼组织者是（ ）

A. 业主单位   B. 设计单位

C. 施工单位   D. 监理单位

8. BIM 软件可以自动生成综合管线图，综合结构留洞图，碰撞检查侦错报告和建议改进方案等文件，这表示 BIM 的（ ）特征。

A. 可视化   B. 协调性

C. 模拟性   D. 可出图性

9. BIM5D 是在 3D 模型的基础上附加了（ ）信息。

A. 时间＋几何   B. 时间＋成本

C. 成本＋三维图纸   D. 几何＋成本

10. 下面哪一项属于 BIM 技术在施工中的深入应用（ ）?

A. 管线综合   B. 碰撞检测

C. 进度、成本控制   D. 工程量统计

11. 下面哪一项不属于桥梁模型的连接节点（ ）?

A. 承台   B. 桥台

C. 桥塔   D. 鞍座

12. 施工机械设备 GPS 定位管理系统对现场主要的移动式机械设备进行 GPS（ ）。

A. 定位和跟踪管理   B. 定位和运行管理

C. 定位和监测管理   D. 定位和运维管理

13. 虚拟建造术不能够解决施工中如下（ ）问题。

A. 统计概算工程量

B. 操作是否存在冲突或违反安全规范

C. 是否有充足时间来完成施工任务

D. 检查施工顺序的正确性

二、多选题

1. 根据美国的发展经验，BIM 的真正价值是在（ ）阶段。

A. 规划   B. 设计

C. 施工   D. 运维

2. BIM 可视化交底与利用传统二维图纸交底比较，其优势为：（ ）。

A. 包含路桥施工操作的指导

B. 对施工进行模拟标准施工视频

C. 直观地反映施工具体步骤

D. 避免一切施工危险

3. 路桥工程施工的进度管理是指对工程项目各施工阶段的(　　)制定计划，并将该计划付诸实施。

A. 工作内容 　　　　　　　　　B. 工作程序

C. 持续时间 　　　　　　　　　D. 逻辑关系

4. 路桥工程什么时间竣工，多长时间可投入使用，对整个工程的财务总成本影响最大。更快的(　　)和(　　)是当前各施工单位最为在意的地方。

A. 融资额度 　　　　　　　　　B. 资金周转

C. 资金效率 　　　　　　　　　D. 资金流向

5. 采用 BIM 技术能提高施工效率，加快施工进度，主要表现在哪些方面(　　)?

A. 加快竣工交付资料准备

B. 施工人员综合能力的提升

C. 场地的合理划分

D. 预制加工

6. 在路桥工程中，由于(　　)的误差会导致原设计与实际施工由一定出入，这些问题常集中在边坡支护、桥台锥坡、隧道洞门、涵洞、挡土墙等地方。利用 BIM 技术结合现场实测地形与地质做深化设计，出施工图，工程量也会显示出来。

A. 实测地形 　　　　　　　　　B. 环境

C. 气象 　　　　　　　　　　　D. 地质

7. 工程项目的质量管理主要是对(　　)方面进行控制。

A. 人工 　　　　　　　　　　　B. 机械

C. 材料 　　　　　　　　　　　D. 工法

E. 环境

8. 工程成本控制一直是项目管理中的重点及难点，主要难点包括(　　)方面。

A. 数据量大 　　　　　　　　　B. 牵涉部门和岗位众多

C. 对应分解困难 　　　　　　　D. 消耗量和资金支付情况复杂

课后习题:

一、单选题

1. A　2. D　3. B　4. B　5. C　6. B　7. A　8. D　9. B　10. C　11. C　12. A　13. A

二、多选题

1. CD　2. BC　3. AB　4. CD　5. AD　6. AB　7. CDE　8. ABCD

第6章　路桥工程运维阶段 BIM 应用

本章导读

　　BIM 运维即将 BIM 技术与运营维护管理系统相结合，对路桥的空间、设备、资产等进行科学管理，预防可能会发生的各类灾害，降低运营维护成本。具体实施中通常联合物联网、云计算等与 BIM 模型、运维系统移动终端等结合起来应用，最终实现设备运行管理、能源管理、安保系统管理等的有效开展。

　　本章主要介绍了运维阶段 BIM 模型、运维阶段 BIM 应用，包括资产管理和控制保护区管理。随着物联网技术的高速发展，BIM 技术在运维管理阶段的应用也迎来一个新的发展阶段。相信未来将物联网技术和 BIM 技术的深度融合，引入建筑全生命周期的运维管理阶段，将带来巨大的经济与社会效益。

6.1 概述

虽然 BIM 进入我国时间较晚，但是近些年却发展迅速，国内的 BIM 应用项目非常多，从基础设施到市政工程都可以看到 BIM 的身影。BIM 应用端也渐渐从设计向施工及运维方向延伸。尤其是近些年，一些大型路桥运维企业意识到在道路桥梁的整个生命周期中，运营维护阶段占有绝大部分时间比例，也开始特别关注 BIM 在运维阶段的应用与发展。路桥建成投入使用后，随着时间的推移，其结构主体因反复承受车辆、轮船的磨损、冲击，遭受暴雨、洪水、风沙、冰雪、日晒、冻融等自然力的侵蚀，甚至在设计、施工中留下的某些缺陷，必然造成路桥使用功能的日趋退化。在路桥工程的运营阶段，如何进行科学的管理、合理制订养护维修计划、实时了解路桥工程的运营状态，提前发现可能发生的结构性风险，以提高路桥的服务水平，保障人民群众的生命财产安全，已成为目前路桥工程管理者们面临的最为紧迫和重要的问题。

1）路桥的运维管理是路桥全生命周期管理中至关重要及突出的一个环节。传统路桥运维管理过程存在如下显著问题：

（1）路桥运维时间跨度大、桥梁构件繁多复杂。设计施工运维均由不同单位各自负责，设计和施工信息无法高效及时地交互到运维阶段，导致问题分析滞后；

（2）路桥监测只是将人工巡检与结构监测结合，人工巡检通过肉眼识别或相应设备检测，而结构监测主要依靠传感器实现。过程中仅通过手动方式将运维监测信息记录在纸质文档上，未达到信息集成的目的。此类运维管理流程处理海量运维数据时问题较多，包括工作繁琐、效率低下、出错概率较高。

（3）传统运维管理无法实现可视化，不能直观地在三维视图中显示问题所出部位，无法对构件设备进行实时定位，且不能对桥梁监测中薄弱环节可视化。此外，运维人员无法将监测信息集成，导致对桥梁健康发展演变的预测存在很大弊端，后期在对重点监测的对象做决策时，需对结构构件进行传感器监测和逐一人工巡检，工作量大，费时费力。

2）BIM 的诞生，或者诞生 BIM 的动机，在很大程度上就是要解决路桥工程在不同阶段信息重复建立及丢失的问题。BIM 维持了工程信息在路桥工程的不同阶段的创建与使用，而且它还在被不断积累、沉淀、丰富和完善，BIM 信息伴随项目的实体同步"生长"，直至工程最终的消亡。基于 BIM 技术的路桥工程运维管理具有以下优点：

（1）BIM 技术在运维中引入，极大地满足了基本需求，实现了设计、施工和运维的信息共享，提高了全生命信息的准确性和连贯性，并为各方提供便捷的管理平台，提高了运维管理效率。

（2）基于 BIM 的运维可实现能视化监测，能将人工巡检的监测信息与结构软件监测的信息及其他监测信息集中在桥梁 BIM 运维模型中，直接对桥梁健康发展演化进行预测，将桥梁监测中薄弱环节可视化，明确重点监测对象。

（3）BIM 可实现桥梁可视化信息交互、信息资源动态可视化与工程变更同步可视化，有利于设计、施工及运维单位的协同建设和管理。

6.2 运维阶段 BIM 模型

目前多数 BIM 软件功能主要集中在路桥工程项目的规划设计及施工阶段，主要功能为实现快速搭建三维模型，其他功能有：利用各种算法实现模型的碰撞检查，模型中加入时间维度来模拟施工工序，模型与材料单价挂钩进行算量和成本管理等。因此，BIM 在路桥工程施工运维阶段虽有一定研究应用，但还处于概念期，仍属典型应用积累期。究其原因，是因为不同类型的工程项目，其运维工作、管理需求差别较大，即使大型的软件供应商也无法做出一个大而全的完美解决方案。所以运维阶段的 BIM 应用必定以二次开发和自主开发为主，这些开发工作中三维的展示和交互就存在一定的技术门槛，而降低这道门槛将对 BIM 技术在运维管理阶段的应用起到巨大的帮助。

在运维管理阶段，路桥工程已经建设完毕，应用本身对模型创建与更改的需求并不多。在保证信息完整的前提下，能将模型从复杂的建模软件中剥离出来，用轻便的网页形式展现出来，同时提供接口实现 Web 程序与模型之间的信息交互，这样运维开发工作就可以充分利用具有强大的功能和普及性的 Web 技术，显著降低 BIM 运维开发工作的门槛。

针对运维阶段的桥梁 BIM 模型，可以将以往麻烦的图纸归档、繁琐的信息检索、模糊的空间关系在一个系统中全面解决，对建成的桥梁进行全方位的三维立体展示，同时还能将重点部位进行精细化显示，对比二维图纸，提供了更直观生动的视觉展示。这一种细化可以体现在我们所关注的任何一个系统的任何部位，再通过具体的模型和相应数据的关联，形成一个集二维图纸、设备清单、状态日志等于一体的综合管理模型。通过这种一站式的浏览，将有效提高运维管理水平，提升工程效率。

在网页端展示三维模型的主要技术有：MI/XID，Cult3D、Java3D、Viewpoint，Shout3D、Blaze3 D、Flash3D，WebGL，Unity3D，WebMa 等。其中 WebGL 以纯 javaseript 脚本形式提供接口，免去了开发专用插件的麻烦，被广泛应用在 Web 三维展示和交互中。Autodesk 公司也基于 WebGL 开发了"Viewand Data API"项目，现在更名为"FORGE"。该项目方便用户通过 API 在浏览器中调用和查询储存在云端的 BIM 模型。国内也有擎曙软件公司开发了 BimViz 平台，并支持私有云布置，但所提供的 API 功能有限，还在进一步的完善阶段。微软的 Visual Studio 开发工具，针对目前常用的 BIM 软件 Revit 开发了模型导出插件，将模型信息导出到文件，并在服务器端将模型信息提取存储在数据库中。然后在浏览器端使用脚本语言异步加载数据，再通过 WebGL 进行渲染，同时提供接口与其他运维功能进行有效的信息交互。

BIM 竣工模型向运维阶段 BIM 模型转换，需根据业主运维管理阶段提出的建筑设备管理需求，将竣工模型按专业进行拆分，并对施工过程文档信息进行归纳与总结。由此便能够形成运维阶段前 BIM 模型。由 Revit 平台生成的竣工模型将其转化为运维模型，转化流程图如图 6.2-2 所示。

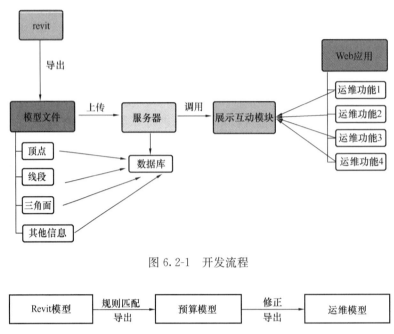

图 6.2-1　开发流程

Revit模型　→（规则匹配 导出）→　预算模型　→（修正 导出）→　运维模型

图 6.2-2　竣工模型运维化流程图

6.3　运维阶段 BIM 应用

6.3.1　资产管理

1. 可视化资产信息管理

当前路桥工程项目中的资产信息整理录入主要通过档案室的资料管理人员或录入员采取纸媒质的方式进行记录与管理，存在不容易保存、查阅等困难，一旦人员调整或周期较长会出现遗失或记录不可查询等问题。

由于上述原因，公司、企业或个人对固定资产信息的管理已经逐渐从传统的纸质方式中脱离。信息技术的发展使基于 BIM 的物联网资产管理系统可以通过在 RFID 的资产标签芯片中注入依用户需要的详细参数信息和定期提醒设置，同时结合三维虚拟实体的 BIM 技术使资产在智慧建筑物中的定位和相关参数信息一目了然，精确定位，快速、方便地查阅。

新技术的产生使二维的、抽象的、纸媒质的传统资产信息管理方式变得鲜活生动。资产的管理范围也从以前的重点资产延伸到资产的各个方面。例如，对于机电安装的设备、设施，资产标签中的报警芯片会提醒设备需要定期维修的时间以及设备维修厂家等相关信息，同时可以报警设备的使用寿命，达到及时的更换，避免发生伤害事故和一些可避免的麻烦。

2. 可视化资产监控、查询、定位管理

资产管理的重要性就在于可以实时监控、实时查询和实时定位，然而现有的传统做法很难达到。尤其对于高层建筑的分层处理，资产很难从空间上进行定位。BIM 技术和物联网技术的结合为这一问题提供了完美的答案。现代建筑通过 BIM 系统把整个物业的房间和空间都进行合理划分，并对每个划分区域的资产做相关标记，获取各系统和设备空间位置信息，把原来编号或文字表示的信息变成三维图形位置，直观形象且方便查找，系统通过使用移动终端收集资产的定位信息，并随时和监控中心进行通信联系。

1）监视：基于 BIM 的信息系统能够取代和完善现有的视频监视录像，该系统可以追踪资产的整个移动过程和相关使用情况。配合工作人员身份标签定位系统，可以获悉资产经手的相关人员，且系统能够自动生成记录，便于查阅。一旦发现资产位置在正常区域之外、由无身份标签的工作人员进行移动或定位信息不正确等非正常情况，监控中心的系统就会自动警报，并且将建筑信息模型的位置自动切换到出现警报的资产位置。

2）查询：包括名称、价值和使用时间等资产信息，可以随时查询。

3）定位：随时定位被监视资产的位置和相关状态情况。

3. 可视化资产安保及紧急预案管理

基于 BIM 技术的物联网资产管理可以杜绝管理盲区，对突发事件管理包括预防、警报和处理，从根本上提高紧急预案的管理能力和资产追踪的及时性、可视性，对于一些比较昂贵的设备或有被盗窃风险的物品，即使工作人员赶到事发现场，犯罪分子仍有足够的时间逃脱。然而使用无线射频技术和报警装置可以及时获悉贵重物品的实时情况，当贵重物品发出报警后其对应的 BIM 追踪器随即启动，因此，BIM 信息技术的引入显得相当重要。通过 BIM 三维模型可以清楚地分析出犯罪分子所在的精确位置和可能的潜在逃脱路线，BIM 控制中心只需要在关键位置及时布置工作人员进行阻截就可以保证贵重物品不会遗失，同时将犯罪分子绳之以法。又比如在消防系统中，BIM 技术可通过喷淋感应器感应着火信息，在信息模型界面中自动触发火警警报，着火区域的三维位置立即进行定位显示，控制中心可及时查询相应周围环境和设备情况，为及时疏散人群和处理灾情提供重要信息。

BIM 控制中心的路桥建筑信息模型与物联网无线射频技术的完美结合很好地帮助了非专业人士或对该桥梁不熟悉的安保人员能够正确把握建筑物安保关键部位。指挥官只需给安保人员配备相应的无线射频标签，并与 BIM 系统动态连接，根据 BIM 三维模型可以直观地检查容易疏漏的部位和整个桥梁三维模型，动态地调整人员部署，对出现异常情况的区域第一时间做出反应。从而最大限度地方便了资产的安保工作，以真正实现资产的安全保障管理。

信息技术的发展推动了管理手段的进步。基于 BIM 技术的物联网资产管理方式，通过最新的三维虚拟实体技术使资产在智慧的建筑中得到合理的使用、保存、监控、查询、定位。资产管理的相关人员以全新的视角诠释资产管理的流程和工作方式，帮助资产管理的精细化程度得到显著的提高，保证了资产价值最大化，并且基于 BIM 的物联网管理系统将创建资产管理的新思维、新模式。

6.3.2 控制保护区管理

1. 控制保护区管理难点

路桥工程控制保护区管理主要存在着部分业主单位对控制保护区重视不足或路桥巡

查人员告知后仍不重视，甚至不知道在工程施工前要到路桥相关部门办理设计方案及施工方案审查；控制保护区内工程建设规模、基坑深度及开挖支撑方式、距路桥的距离、基础施工方式等各不相同；施工单位的施工水平、工程管理水平、风险控制水平及工程工期存在差异；部分公路穿越山体或城市商业密集区，巡查时无法及时掌握每个工点，不易做到对控制保护区内的施工违规行为及时制止，特别是短施工期的项目等诸多难点。

2. 完善控制保护区管理的措施

BIM 技术在引入控制保护区管理的过程中应当关注路桥控制保护区的管理体系较为复杂，涉及多主体、多部门，需采取系统的综合治理。一方面进一步完善法律规定，建立管理合理、具体制度；另一方面完善工作机制，严格执行现有规定与要求。

1）加强宣传引导，坚持预防为主

目前，路桥控制保护区内很多项目开发商或施工单位不熟悉、不了解路桥控制保护区的相关管理措施和规定，以致进入路桥控制保护区施工作业后，根本不知道其已经违反了相关的规定，易造成安全风险与事故。因此，路桥沿线区县人民政府或街道办事处应当把控制保护区管理工作作为一项重要工作来抓。城乡建设、规划、园林、水利、交通等主管部门，特别是路桥建设或者运营单位应当加强对路桥法规、规章的宣传工作。"预防为主"是实现"安全第一"的最重要手段和实施安全控制的基本思想，采取正确的措施和系统的方法进行安全控制。重点针对路桥控制保护区制作专门宣传材料，开展多形式、多样化的宣传活动，使人们深刻认识到控制保护内安全影响因素的潜在危害，做到让路桥控制保护区的相关规定家喻户晓，提高全民对路桥安全重要性的认识。

加强贯彻执行路桥控制保护区管理制度的自觉性，使各部门和单位在工作中充分考虑到既有管线管理、工程许可审批、树木栽种修剪、违章违法建筑物或者构筑物的查处、排水防洪设施设计施工维修等工作中考虑与路桥安全的关系。在宣传过程中，要注意宣传方式的创新，注重宣传效果。除采取传统的标语、广播、散发资料等方式外，还可以利用在电视、电台开办控制保护区专栏节目，加强与手机运营商或者市内重要网站的合作进行宣传，通过微博、微信等进行协助宣传，与路桥控制保护区沿线政府、相关单位进行合作宣传等，以提高宣传实效。

2）强化路桥建设或运营单位的监督检查权利

目前，国内城市都赋予了路桥建设或运营单位一定的权力，以加强对控制保护区的管理。如在施工作业审批前，要求施工作业单位制定的安全防护方案，必须征得运营单位同意后，有关行政机关才予以审批；在施工作业过程中，路桥建设或运营单位有权进入作业现场视察，并有权采取措施予以制止；施工作业后，路桥建设或运营单位可以会同作业单位或者聘请第三方机构进行安全影响评价；控制保护区内的施工作业单位，需要征求路桥单位意见或者同意，联合制定施工方案、现场查看、制止违法行为权利等。如《重庆市路桥条例》规定：在路桥控制保护区范围内作业的单位或者个人应当会同路桥建设或运营单位制订路桥设施的安全保护方案，并报市城乡建设行政主管部门备案。路桥建设或运营单位负责控制保护区的安全巡查，有权及时制止并要求相关责任单位或个人采取措施消除妨害。对拒不采纳的单位或个人，路桥建设、运营单位应当及时报告市城乡建设等行政主管部门，由相关部门及时进行核实查处。

课 后 习 题

一、单选题

1. 在道路桥梁的整个生命周期中，占据绝大部分时间的是( )阶段。

A. 规划　　　　　　　　　　　B. 设计

C. 建设　　　　　　　　　　　D. 运营维护

2. BIM 在运维阶段的研究应用处于( )阶段。

A. 初期　　　　　　　　　　　B. 中期

C. 后期　　　　　　　　　　　D. 成熟期

3. 由 Revit 平台生成的竣工模型将其转化为运维模型的转化流程为：( )。

A. Revit 模型——运维模型 ——预算模型

B. Revit 模型——预算模型——运维模型

C. 预算模型——Revit 模型——运维模型

D. 预算模型——运维模型——Revit 模型

4. 根据城乡建设部《关于推进建筑信息模型应用的指导意见》，运维单位开展 BIM 示范应用主要有：运营维护模型建立，运营维护管理：( )。

A. 建筑智能化　　　　　　　　B. 设备设施运行监控

C. 打造智慧城市　　　　　　　D. 物业管理

5. BIM 在项目管理过程中不能实现的功能是( )。

A. 碰撞检查及设计优化　　　　B. 可视化进度计划

C. 成本管控　　　　　　　　　D. 人力资源管理

6. 下列不属于 BIM 技术在运维阶段应用的是( )。

A. 机械通风　　　　　　　　　B. 租户能源使用情况

C. 项目成本管理　　　　　　　D. 水平衡

7. 下列关于采用工作集协同方式的优点说法错误的是( )。

A. 不受建模人员所在地点和使用设备的限

B. 多专业可对同一项目模型进行编辑

C. 各专业人员可随时了解整个项目模型的构建情况和细节

D. 可以通过提出修改申请的方式。允许其他专业人员提出调整模型方案

8. 钢结构深化图纸的内容不包括下面哪一项( )?

A. 节点构造　　　　　　　　　B. 特殊构件

C. 施工详图设计　　　　　　　D. 用钢量优化

9. 视图样板中为了表现结构斜撑布构桁架和转换结构的视图样板是( )。

A. 结构模板平面　　　　　　　B. 结构布置平面

C. 结构剖面　　　　　　　　　D. 结构立面

10. 下面哪一项不是 BIM 在运维阶段的应用内容( )?

A. 机械通风　　　　　　　　　B. 垂直交通

C. 结构维护　　　　　　　　　D. 温度监测

11. 在 BIM 团队中下面哪一项是 BIM 专业负责人的职责( )。

A. 参与 BIM 决策   B. 负责专业内部任务分工

C. 制定 BIM 工作计划   D. 提供技术指导

12. 下面哪一项不是结构方案设计模型中的结构荷载信息(　　)。

A. 温度荷载   B. 楼面荷载

C. 土压力   D. 雪荷载

二、多选题

1. BIM 技术在运维阶段应用的优势有哪些(　　)？

A. 数据存储借鉴   B. 资产管理共享

C. 设备维护高效   D. 物流信息丰富

E. 数据关联同步

2. 下列对各阶段精细度要求的表达无误的有哪些(　　)？

A. 勘察、概念化设计（loD100）

B. 方案设计（LOD200）

C. 初步设计、施工图设计（LOD300）

D. 项目竣工、运维（LOD400）

E. 虚拟建造、产品预制、采购、验收、交付（LOD50）

3. BIM 技术在项目哪些阶段的成本控制中能发挥作用(　　)？

A. 决策阶段   B. 设计阶段

C. 施工阶段   D. 竣工阶段

E. 运维阶段

4. 利用 BIM 进行综合管理的目的是(　　)。

A. 更好实现项目的预期功能   B. 减少项目中的错误

C. 防止工作中不可控事件   D. 更精确的实现成本控制

5. BIM 在项目管理过程中能实现的功能(　　)。

A. 碰撞检查及设计优化   B. 四维施工模拟（可视化进度计划）

C. 成本管控   D. 主要材料管控

6. 在竣工移交阶段，BIM 在后期运用在成本控制方面有哪些意义？(　　)。

A. 三维移交，避免纸质提交

B. 利于后期业主运营管理

C. 三维可视化，直观查阅

D. 运维工作人员快速精准查找与这个构件相关的三维设计信息

7. 下列属于 BIM 在运维阶段的运用的是(　　)。

A. 垂直交通管理   B. 租户信息管理

C. 视频监控管理   D. 水平衡管理

E. 温度检测管理

8. 桥梁模型中桥面系统包括(　　)。

A. 拉锁   B. 人行道

C. 栏杆   D. 照明设施

E. 鞍座

参考答案

一、单选题

1. D   2. A   3. B   4. B   5. D   6. C   7. A   8. D   9. D

10. C   11. B   12. C

二、多选题

1. AC   2. ABC   3. ABCD   4. ABCD   5. ABCD

6. ABCD   7. ABCDE   8. BCD

第7章 路桥工程 BIM 应用案例

本章导读

由于国家的政策支持、推行应用 BIM 技术和 BIM 技术自身的优势，BIM 技术已逐步应用于路桥工程行业。近年来，随着经济发展的需要，大型、特大型路桥工程项目逐渐增多且更加复杂多样，施工难度不断加大。这对道路、桥梁、隧道工程施工提出了更高的要求。需要引入建筑信息模型（BIM）。本书通过卡塔尔高速路桥项目、叶盛黄河公路大桥项目和莲山路跨线桥项目这三个路桥工程 BIM 应用案例，介绍了 BIM 在路桥工程施工中的多项优势，包括设计复核、工序模拟、进度模拟、可视化交底和成本管理等，为路桥隧工程设计施工提供有效的支持。

7.1 BIM 应用案例一

7.1.1 项目概况

卡塔尔东部高速路桥项目在高架部分的箱梁内使用了后张有粘结预应力技术，预应力工程量大，分布范围广。同时预应力单个孔道内钢绞线数量多，多为 4 跨、5 跨连续箱梁，总箱梁中近 60% 的长度超过 150m。由于采用全预应力度设计，故预应力施工质量成为整个工程控制的关键，也是现场业主最为关心与严格要求的施工技术内容（图 7.1.1-1）。

图 7.1.1-1　现场图

7.1.2 项目 BIM 应用策划

由于本工程位于卡塔尔首都多哈，所建项目几乎全部处于沙漠地带。建设过程涉及多道专业工序，所以项目部需合理安排各个工序穿插作业，严格遵守施工技术交底，严格控制施工质量。同时预应力施工有较强的相关性、连续性，前面工种的施工质量对后续施工影响明显，故需要确保每个施工作业按照相关的标准，严格检查，确保整个预应力施工的顺利进行。基于上述提到的重点与难点，将 BIM 技术应用于工程的预应力施工阶段进行项目管理，并基于多哈大桥项目专项开发了基于 BIM 技术的工程管理平台来管控工程（图 7.1.2-1）。

图 7.1.2-1　管理平台现状图

7.1.3　项目 BIM 应用及效果

1. 三维可视化

BIM 技术独有的三维可视化功能，将难理解的二维工程图纸转化为直观的三维模型，便于从多方面对工程的理解，便于与外国甲方、施工总包的沟通与交流，避免因表达等原因造成的差错，提高工程的建设效率（图 7.1.3-1）。

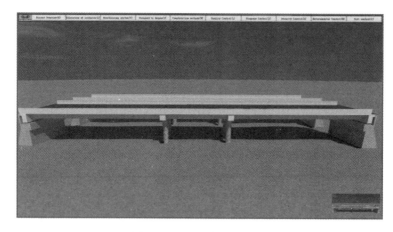

图 7.1.3-1　三维可视化图

2. 信息集成

基于 BIM 技术开发的工程管理平台共包含十大模块：工程概况、资源配置、预应力系统、深化设计、施工方法、质量控制、进度控制、安全控制、环境控制、成本控制。

此十大模块也组成了平台的一级菜单。一级菜单下设有包含各项信息的二级菜单，所有对信息及场景的操作。并且此平台将工程所有相关信息进行了高度集成，通过平台可以了解工程的各种信息，提高管理的效率。

1）工程概况包含工程介绍、桥体浏览、导游视角

工程介绍中涵盖了本工程的全部基础信息，如位置，结构形式、投资额等（图 7.1.3-2）。

图 7.1.3-2　工程概况

以虚拟现实技术为依托，用户可以自主操控导游，在平台构筑的三维场景中自由地进行浏览，查看用户所关注路桥建筑的各个部位，身临其境（图 7.1.3-3）。

图 7.1.3-3　管理平台现状图

2）后张拉系统

详细描述后张拉工艺的内容，并可随时调出相关工艺的详图（图 7.1.3-4）。

图 7.1.3-4　软件出图

3）深化设计中包含图纸，计算数据，施工详图等信息

平台中内置了所有工程的图纸，可随时调取查看（图 7.1.3-5）。

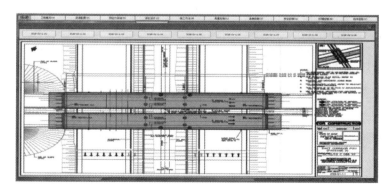

图 7.1.3-5　软件出图

4) 计算数据

本平台可与 Excel 表格关联，直观地展示计算数据（图 7.1.3-6）。

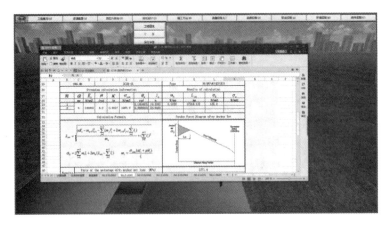

图 7.1.3-6 数据图

3. 施工重难点及工艺演示

对工程预应力施工的施工工艺进行三维立体化的展示，通过 BIM 将每一步施工工艺直观详尽地表达出来。

1) 预应力箱梁底部支撑脚手架搭设完成（图 7.1.3-7）

 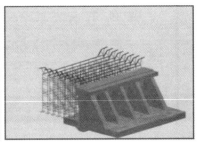

图 7.1.3-7 施工图

2) 预应力箱梁底模和两侧模板安装完成（图 7.1.3-8）

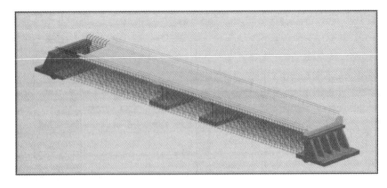

图 7.1.3-8 安装图

3）波纹管临时安装施工（图 7.1.3-9）

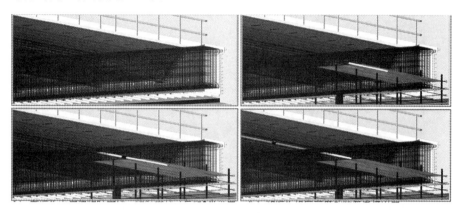

图 7.1.3-9　软件图

（1）在腹板内安装临时支撑，临时支撑（每隔 2m 设置一个）和腹板相应高度的腰筋连接固定；

（2）将波纹管（4m 一段）从端部穿入到腹板内，并安放在临时支撑上，并用钢丝临时绑扎固定；

（3）将波纹管用接头连接，并临时安装热缩带。最后用胶带（黄色表示）将接头临时绑扎；

（4）在波纹管相应高点，最低点位置处使用热熔机在波纹管上打孔，并安装出气孔接头。

4）穿筋施工（图 7.1.3-10）

图 7.1.3-10　软件图

（1）在箱梁端部搭设预应力穿筋操作平台；

（2）将穿束机和预应力穿筋架体用吊车放在操作平台上，并用吊车将成盘的钢绞线吊至预应力穿筋架体里（用吊装带进行起吊）；

（3）将钢绞线从架体里拉出并引入穿束机，用穿束机将单根钢绞线传至波纹管口时在钢绞线端部安装导帽。

5）落位施工（图 7.1.3-11）

图 7.1.3-11　软件图

（1）落位前根据预应力波纹管的矢高，安装定位支撑钢筋（500mm 间距）；

（2）剪开临时支撑上波纹管的临时绑扎钢丝；

（3）在桥中间跨的临时支撑波纹管处用吊装带缠绕，准备起吊（4 个吊点）；

（4）用两台吊车通过吊装带将临时支撑架上的波纹管吊起，脱离支撑即可。

6）喇叭口安装施工（图 7.1.3-12）

图 7.1.3-12　安装图

（1）安装预应力张拉端处喇叭口（此处螺旋筋临时和喇叭口固定）：由于落位的施工方法，预应力外露出波纹管，故喇叭口用吊车吊起，将喇叭口从钢绞线端倒穿入喇叭口（张拉端为 3 个组装式，即 3 个喇叭口用端部模板即齿板组合一起）；

（2）喇叭口就位后，连接喇叭口和波纹管用接头，并用热缩枪对专用热缩管进行加热处理密实；

（3）安装出气管配件，将出气管和热熔处的接头拧紧，并伸出梁顶面。

7）预应力安装完成后其他作业（图 7.1.3-13）

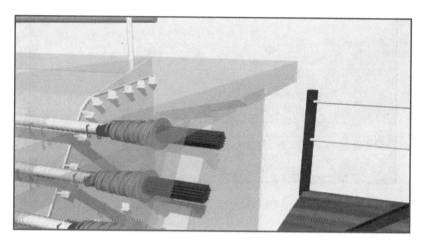

图 7.1.3-13 软件安装图

（1）将张拉端处事先给预应力安装预留的钢筋安装并绑扎；

（2）安装箱梁内部的箱体；

（3）安装顶板钢筋；

（4）分两次浇筑箱梁混凝土，先浇筑底板和腹板后浇筑顶板。

8）张拉前施工作业（图 7.1.3-14）

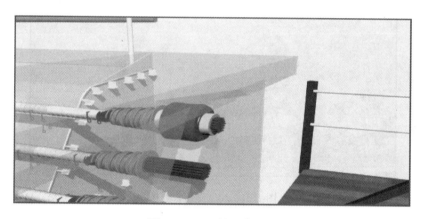

图 7.1.3-14 施工作业图

（1）将拆除张拉端处的端部模板；

（2）在张拉端处安装设备操作钢架；

（3）通过安装在操作钢架处的导链吊起锚具并安装在相应的张拉端处；

（4）安装张拉端处锚具的夹片；

（5）用吊车将千斤顶调至张拉端，并安装在张拉端位置；

（6）用操作钢架处导链调整千斤顶位置使得千斤顶与承压面垂直，做临时固定处理；

（7）左右对称双端张拉。

9）张拉施工作业（图 7.1.3-15）

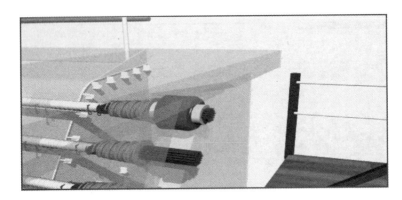

图 7.1.3-15　施工作业图

（1）打开油泵，开始进行张拉施工；

（2）张拉至控制力 15％时，在千斤顶后端的钢绞线上喷油漆，并记录后端外露长度，作为钢绞线初始长度；

（3）松油，使千斤顶回缸，此在千斤顶和锚具间空隙处的钢绞线上喷漆；

（4）按照每级 20％张拉控制力递增进行张拉，最终是设计张拉力值，记录外露钢绞线长度作为最终张拉长度。

10）灌浆前施工作业（图 7.1.3-16）

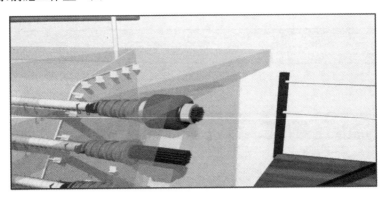

图 7.1.3-16　施工作业图

（1）用砂轮锯切除张拉端处外露的钢绞线，钢绞线允许外露长度为 25mm；

（2）在张拉端锚具安装临时灌浆帽（通过螺杆将灌浆帽固定在喇叭口处）；

（3）在灌浆帽套口处安装阀门；

（4）通过阀门对孔道进行冲水清洗，显示水在波纹管内流动并从阀门以及末端的张拉端处流出；

（5）通过阀门对孔道内进行吹气，用空压机进行操作；

（6）安装出浆管以及入浆管处的阀门。

11）灌浆施工作业（图 7.1.3-17）

（1）在灌浆机内依次加入水、水泥、外加剂；

（2）将浆体用过张拉端临时帽处的阀门管打入波纹管内（此处显示浆体在波纹管内的

图 7.1.3-17 施工作业图

流动情况）；

（3）根据浆体流动情况依次关闭出浆口阀门，显示出浆口处浆体流出，并用桶接住，流出来量不小于 5L。

12）将张端处钢筋恢复成型，并安装模型，浇筑张拉端处混凝土（图 7.1.3-18）

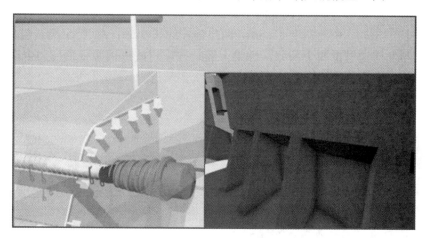

图 7.1.3-18 管理平台现状图

7.1.4 项目 BIM 应用总结

BIM 技术在多哈大桥施工管理中的应用，实现了桥梁工程中的信息化管理，显著提高了施工效率，有效节省了时间，降低了成本，对桥梁工程施工管理具有重要意义。

对于桥梁工程的施工管理，BIM 技术的应用具有以下几点优势：

（1）工作人员能够直观的观察桥梁结构以及细部节点，及时发现问题并解决，预防在施工过程中出现问题；（2）根据模拟的施工工艺进行施工，简单易懂，提高工作效率，节约时间成本；（3）构建资料库，二次开发形成施工管理平台，方便对管理工作的高效管理。

7.1.5　应用案例分析

BIM 技术在多哈大桥施工管理中的应用，实现了桥梁工程中的信息化管理，大大提高了施工效率，节约了时间与成本，对桥梁工程是施工管理具有重要意义。

对于桥梁工程的施工管理，BIM 技术的应用具有以下几点优势：

1）工作人员能够直观地观察桥梁结构以及细部节点，及时发现问题并且解决，避免了在施工过程中出现麻烦；

2）根据模拟的施工工艺进行施工，简单易懂，提高工作效率，节约时间成本；

3）建立资料库，二次开发施工管理平台，便于管理工作成果，方便管理。

7.2　BIM 应用案例二

7.2.1　项目概况

叶盛黄河公路大桥项目起于青铜峡市叶盛西，接北京至拉萨国家高速公路叶盛互通式立交，止于灵武农场一站，与在建的国道 211 灵武南环西延线和已建成的银川西安高速公路相连接。

项目全长 10.3km，其中灵武境内 4.3km，全线采用一级公路标准建设，其中叶盛黄河公路大桥长 1.3km，桥面宽度 31.5m，两岸连接线长 9km，总共 21 跨，包括主桥、西引桥、东引桥和滩地引桥四个部分，桥梁上部结构采用波形钢腹板预应力混凝土连续箱梁。其全景效果图和整体结构 BIM 模型如图 7.2.1-1、图 7.2.1-2 所示。

图 7.2.1-1　叶盛黄河公路大桥全景效果图　　图 7.2.1-2　叶盛黄河公路大桥整体结构 BIM 模型

7.2.2　项目 BIM 应用策划

叶盛黄河大桥项目施工含有路、桥和地下管线等项目，主要存在以下难点及问题。

1. 工程量大，工程变更易引起施工效率降低

在叶盛黄河大桥项目中传统二维设计图纸参数化程度低，当工程变更时对模型的修改工作量较大，阻碍了模型后期的应用和施工进度的推进。且二维图纸存在表达内容有限，细度不够，可视化程度较低等问题，不利于工人对构件的加工和安装，施工效率降低。

2. 施工环境复杂，施工过程对自然环境影响较大

该工程施工环境复杂，施工过程受地形、水流、天气和季节等自然地理因素的显著影响，同时工程的施工也会对周边的自然、人文环境等造成不利影响。不合理的现场规划及交通流线组织将会引起施工场地相关资源不必要的浪费。

3. 施工复杂，技术交底困难

本工程因地理位置及结构本身的特点会造成一定程度的施工难度。传统的施工方案的编制重点在方案的可行性研究和比选上，主要基于工程师和专家的技术经验和一些施工规范与标准，缺乏对施工过程变故的灵活预见，导致施工阶段因方案及工艺的不合理造成工程变更，进而产生物质材料不必要的浪费，不利于工程交底。

4. 施工工期要求比较紧，施工进度管理困难

本工程的施工工期要求紧，二维图纸和网络计划式的进度管理是静态的，不能预测、模拟、动态调整整个施工过程，不能直观全面地对整个施工过程进行管理，在施工过程中可能会存在不必要的时间浪费。

综上所述，将 BIM 技术应用于施工过程中，充分发挥其参数化、可视化和仿真性的特征，在工程施工前对场地的真实环境进行仿真模拟，在本工程的场地布置、施工工艺动态展示、施工方案模拟以及施工管理中的应用是必要的。能够从根本上提高施工效率，减少施工安全问题和质量问题的发生，减少对周边环境的影响及资源的浪费。

并且，将设计和施工阶段中的构件尺寸、材料、用料量等信息关联相关模型，基于模型的参数化技术实现模型动态更新，通过人性化的输入界面，将全桥施工实测数据上传至数据库，通过模型数据与数据库的联动技术，实现通过数据改变模型的高度参数化的工作方式，最终减少了由于设计变更带来的工程变更等不利问题。

7.2.3 项目 BIM 应用实施

7.2.3.1 基础——BIM 模型建立

1. 场地模型

在 Revit 软件中根据勘察阶段提供的地质资料，选取关键点，确定其相应标高，建立与高度还原真实地形的地形 BIM 模型。在此地形模型的基础上，对周边环境进行建模，如林区、田区、水流和周边建筑等。该工程地形模型如图 7.2.3.1-1 所示，周边环境模型如图 7.2.3.1-2 所示。

图 7.2.3.1-1　地形模型

图 7.2.3.1-2　周边环境模型

2. 主体模型

基于 BIM 技术，根据设计图纸及施工要求建立相应参数化的桥梁模型，包括大桥主体 BIM 模型（图 7.2.3.1-3）、波形钢腹板 BIM 模型（图 7.2.3.1-4）、预应力 BIM 细致模型（图 7.2.3.1-5）和主桥挂篮 BIM 模型（图 7.2.3.1-6）。

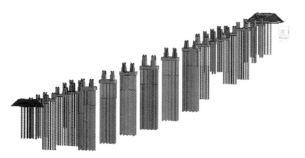
图 7.2.3.1-3 大桥主体 BIM 参数化模型

图 7.2.3.1-4 波形钢腹板 BIM 参数化模型

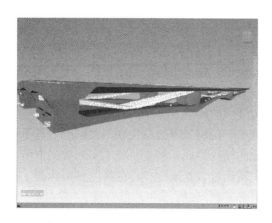
图 7.2.3.1-5 预应力 BIM 参数化模型

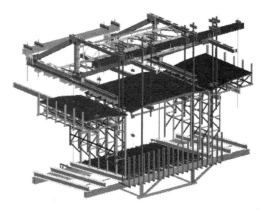
图 7.2.3.1-6 主桥挂篮 BIM 参数化模型

7.2.3.2 空间优化——场地布置模拟

在场地模型的基础上，根据施工要求及经验对现场进行布置，合理安排塔吊、库房、加工厂地和生活区等的位置，解决现场施工场地平面布置和划分问题，减少不必要的场地浪费，降低对周边居民和环境的影响，实现智慧施工。同时通过与业主的可视化沟通协调，对施工场地进行优化，选择设计最优施工路线，避免后期方案更改及返工。该工程场地布置模拟如图 7.2.3.2-1 所示。

7.2.3.3 能源节约——施工方案模拟

基于 BIM 技术对本工程的施工方案进行预演，避免传统施工方案编制过程中经常出现的平立面图标书不确定性的问题。施工方案模拟有"静态"和"动态"两类，以吊装方案为例，可以依据吊装方案，逐步检查吊车机位与吊装，静态调整，确定最合理的吊装机位，初步排除吊装高度、工作半径不合理的问题（图 7.2.3.3-1）。在静态模拟的基础上对施工方案进行动态模拟，发现可能存在于施工过程中的安全隐患，提前处理（图 7.2.3.3-2）。

7.2.3.4 精细化建造——BIM 专项施工工艺动态展示

本工程存在大量复杂节点，施工工艺复杂多样，比如波形钢腹板施工、挂篮悬臂施工和黄河桥主桥预应力施工等。单纯地通过图纸和人工指导施工的工作方式存在以下缺陷：

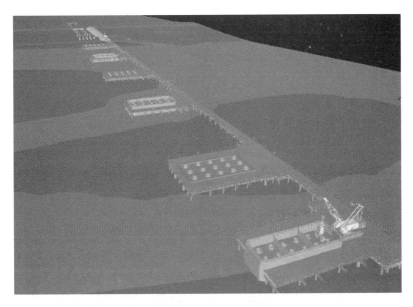

图 7.2.3.2-1 场地布置模拟图

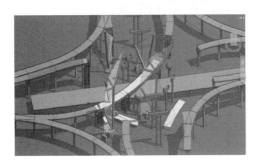

图 7.2.3.3-1 静态施工模拟（吊车机位检）

图 7.2.3.3-2 动态施工模拟（碰撞监测）

其一，会由于交流和理解不当与不及时，导致错误施工和返工；其二，二维图纸对精细复杂施工工艺的表达不够清楚，且图纸修改困难。本工程通过 BIM 技术对项目的重点或难点部分进行可见性模拟，以提高计划的可行性。基于 BIM 技术分解具体施工工艺，在 Revit 平台上建立相关族和整体模型，将模型导入 Navisworks、Lumion，效果处理后进行方案模拟。由于所有的模型和仿真动画文件可以云储存并共享，图纸与模型、模型与实际相关联，便于动态实时的展示施工工艺，直观地了解整个施工安装环节的时间节点和安装工序，并准确把握在安装过程中的难点和要点。施工方也可以进一步对原有安装方案进行优化和改善，以提高施工效率和减少工程变更的浪费。

该工程基于 BIM 的黄河桥主桥悬臂挂篮施工工艺动态展示如图 7.2.3.4-1 所示。

图 7.2.3.4-1　悬臂挂篮施工工艺动态展示

7.2.3.5　时间节省——基于 BIM 的工程进度控制

进度作为工程项目三大管理之一，受施工方案、资源（人、材、机等）、环境、地质、天气、管理水平等多种因素影响，其相应的管理技术也在不断更新与发展。从横道图到网络图，实现了工序的优化，但这种二维图纸和网络计划式的进度管理仍是静态的，无法预测、模拟、动态调整整个施工过程，在施工过程中可能会引起可避免的时间浪费。

为了解决以上施工进度问题，叶盛黄河大桥项目运用了 5D-BIM 技术将时间和成本维度加载到三维模型上，实现了施工进度的实时控制和动态跟踪优化。

首先将 project 格式的进度计划和 BIM 模型通过数据接口导入 5D 平台，在平台上根据进度计划划分流水段，同时将 BIM 模型与进度相关联，便可实现进度计划可视化模拟。然后在进度模拟的基础上进行进度管理：

第一，project 提供的是计划进度，根据施工情况将实际进度录入平台中，实现计划完成时间和实际完成时间的对比，判断提前完工还是延期；

第二，进度与模型相关联后，便可以实时动态、直观地关注施工进程，对进度的概念不再停留在已完工程量、阶段性成果上；

第三，基于 BIM 的施工模拟，可以对当前或本阶段的资源、资金消耗情况进行统计，快速精确的统计可以为进度调整提供依据，有效减少工程浪费。

1）BIM 技术在叶盛黄河大桥项目施工中的成功应用，在参数化建模、场地仿真性布置、施工过程模拟和进度控制等方面积累的丰富经验为今后路桥施工项目管理中 BIM 技术的应用提供了宝贵的参考价值。

2）BIM 技术的应用有效地解决了叶盛黄河大桥施工过程中面临的难点和问题，实现了施工过程的可视化、参数化、信息化的管理及控制。

3）叶盛黄河大桥智慧建造技术的应用实现了绿色施工中的节地、节材和节时控制的要求。

7.3 BIM 应用案例三：莲山路跨线桥项目

7.3.1 项目概况

莲山路跨线桥位于广州市花都区，为花都大道其中一部分，整体项目由 S118 线、G106 线及 X283 线（平步大道）三段组成。路线总体为东西走向，起于机场高速北延线花山立交（设计起点桩号 K1+760），之后路线沿 S118 线向西，沿途经机场高速北延线花山立交，在 S118 线与 G106 线相交处转入 G106 线之后向南至平步大道，沿平步大道向西，沿途与莲山路（规划）、凤凰北路、曙光路（规划）、天贵路、芙蓉大道（建设北路）、狮岭大道、广清高速海布立交相交后下穿武广高铁、广清高速主线至平步大桥（在建，1.6km 长，不纳入本项目），经平步大桥上跨京广铁路、大布河、大迳河后接平步大道西，终点与红棉大道相接（设计终点桩号 K15+810.259）。

其中莲山路跨线桥为其中一座具有代表性的一座大桥，跨度大，施工困难为其主要特点。

7.3.2 项目 BIM 应用策划

本工程属特大型道路工程，且涉及施工工艺众多，各专业工程需交叉施工，对施工总体策划作出更高要求。工程地处花都区交通主干道，车流密集，交通量大，工程存在与周边交通交叉影响的风险，征拆工作艰巨。项目红线内分布民房、商铺、农田等障碍物，并与珠三角城轨项目、万达旅游城项目等存在场地交叉，其中 80％的用地尚未完成征拆或移交且均未完成迁改。征拆工作的推动，是摆在项目部面前的一项严峻课题。

7.3.3 项目 BIM 应用及效果

本项目以广州市莲山路跨线桥工程为依托，针对大道路桥梁项目管理中的难题，采用建立路桥建筑信息模型（BIM）等手段，实现项目管理信息化，提升项目生产效率、提高路桥建筑质量、缩短工期、降低建设成本，实现建设目标标准化、精细化、协同化的管理目标，为今后类似工程的项目管理提供指导和借鉴。

7.3.3.1 BIM 建模软件的选择

目前国内外 BIM 建模工具种类较多，且各系列建模软件具有不同的建模特色、使用特征、适用环境、硬件要求及实施价格，故在项目 BIM 实施之初——BIM 建模阶段选择合适的建模软件是至关重要的，直接关系到后期整个项目的应用与实施效果。

BIM 核心建模软件公司主要有 Autodesk、Bentley、Graphisoft/Nemetschek AG 以及 Gery Technology 公司等详见表 7.3.3.1-1 核心建模软件表。

BIM 核心建模软件表 表 7.3.3.1-1

公司	Autodesk	Bentley	NeMetschek Graphisoft	Gery Technology Dassault
软件	Revit Architecture	Bentley Architecture	Archie CAD	Digital Project
	Revit Structural	Bentley Structural	AllPLAN	CATIA
	Revit MEP	Bentley Building Mechanical Systems	Vector works	—

在 BIM 建模软件选择上，总结国内外大量实际工程 BIM 应用情况，可初步得出以下参考结论：

1）民用建筑或路桥工程可选用 Autodesk Revit；

2）工厂设计和基础设施可选用 Bentley；

3）单专业可选用 ArchiCAD、Bentley 、Revit；

4）异形建筑或预算充裕可选用 Digital Project。

该项目属于路桥工程且在后期需要与其他软件实现交互链接，故选用 Autodesk Revit 作为初期主要建模软件。

7.3.3.2 建模标准及规则的制订

BIM 模型是 BIM 技术在项目中应用的基础与前提，BIM 模型是否标准、精度是否达标，直接决定了 BIM 模型的实用性、协同性及准确性，对后期项目 BIM 应用过程及成果影响重大。故在 BIM 模型建立之前，需对建模标准及模型进行明确规定。

因为各个项目具有不同特征及应用需求，针对不同的应用需求，模型标准及精度也不尽相同。本项目根据中国建筑标准设计研究院编制的工程国家标准《路桥工程设计信息模型分类和编码》《路桥工程设计信息模型交付标准》，参考其他工程项目实际应用的情况，结合广州市莲山路跨线桥工程自身特点，进行明确规定。

在 BIM 应用过程中，考虑项目不同阶段的图纸设计深度不同，对 BIM 的应用要求也不同，故在不同阶段对 BIM 模型的精度亦有不同。本项目的整体模型精度参照《BIM 模型精度标准表》中 LOD400 的要求，部分信息根据实际需要进行调整，部分信息待总包方提供资料后进行添加。

目前 LOD 可分为五个等级如表 7.3.3.2-1 所示。在实际工程项目使用过程中，可根据具体应用需求拟定模型精细度，参考总结一些常规的路桥工程阶段及使用需求，对其对应的模型精细度要求归纳如表 7.3.3.2-2 所示。

路桥工程信息模型精度细分表 表 7.3.3.2-1

等级	英文名	简称
100 级精细度	Level of Detail 100	LOD100
200 级精细度	Level of Detail 200	LOD200
300 级精细度	Level of Detail 300	LOD300
400 级精细度	Level of Detail 400	LOD400
500 级精细度	Level of Detail 500	LOD500

阶段	阶段代码	建模精细度	阶段用途
勘察/概念化设计	SC	LOD100	1. 项目可行性研究； 2. 项目用地许可
方案设计	SD	LOD200	1. 项目规划评审报批； 2. 路桥建筑方案评审报批； 3. 设计概算
初步设计/施工图设计	DD/CD	LOD300	1. 专项评审报批； 2. 节能初步评估； 3. 路桥建筑造价估算； 4. 路桥工程施工许可； 5. 施工准备； 6. 施工招投标计划； 7. 施工图招标控制价
虚拟建造/产品预制/采购/验收/交付	VC	LOD400	1. 施工预演； 2. 产品选用； 3. 集中采购； 4. 施工阶段造价控制

路桥工程各阶段使用需求及对应的模型精细度建议表　　表 7.3.3.2-2

项目中 BIM 应用主要属于施工期阶段的应用，对模型精度要求较高。需将模型精度定为 LOD400。

7.3.3.3　参数化族库的应用

本项目工程在建模过程中基于 BIM 技术的参数化特征，建立支持实时快捷修改的参数化专项构件族库，通过参数化的定义及调整可快速建立或修改构件模型，从而有效实现数据库与模型的链接。同时参数的赋予，也是后期模型应用的数据基础及前提条件。

首先根据后期应用，确定其 BIM 模型数据库所需求的参数类型包括几何参数、材料参数、时间参数及成本参数等。而后结合施工图纸数据及现场具体情况对其各类型参数进行落实及赋值。

BIM 构件或图元中的信息属性是通过参数化的形式输入及保存的，通过参数的调整即可实现对图元的修改。族是一个包含通用属性（称作参数）集和相关图形表示的图元组。属于一个族的不同图元的部分或全部参数可能有不同的值，但是参数（其名称与含义）的集合是相同的。族中的这些变体称作族类型或类型。

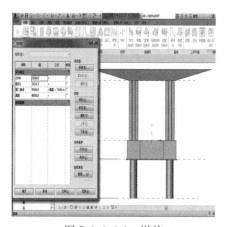

图 7.3.3.3-1　墩族

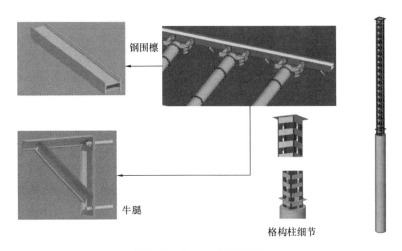

钢围檩

牛腿

格构柱细节

图 7.3.3.3-2　族细部节点

7.3.3.4　BIM 保障机制

1. 技术保障机制

1）BIM 设计成果的管理

（1）建立规范文件存储体系

针对本项目建立自己的文件体系，根据统一的标准，将不同阶段不同类型的模型和文档放在各自的文件中中，以便有效归档和及时查阅。

（2）定制统一的标准。

本项目对模型各要素建立了统一的标准，如建模规则、构件命名规则、统一颜色方案等。本项目命名根据《建设工程量清单计价规范》中的分部分项工程量清单项目命名规则，实现与其项目编码的对应，并且结合设计命名的常规习惯和清单分部分项的项目特征有效组合。

（3）深化设计变更管理

以 BIM 模型为依托，对施工图纸进行深化设计，深化设计的成果及时汇报至施工单位、建设方、设计方，并协调及时进行设计变更和洽商，提前发现和解决设计问题，增加施工精准度，减少工期。

（4）竣工模型管理

将最后的竣工模型以及所有模型信息以绝对路径打包移交于业主，用于后期的运营维护。

2）安全保障措施

（1）BIM 小组采用独立的内部局域网，隔绝与因特网的联系。

（2）局域网内部采用真实身份验证，非 BIM 工作组成员无法登录该局域网，进而无法访问网站数据。

（3）BIM 小组进行严格分工，数据存储按照分工和不同用户等级设定访问和修改权限。

（4）全部 BIM 数据进行加密，设置内部交流平台，对平台数据进行加密，防止信息外漏。

（5）BIM 工作组的电脑全部安装密码锁进行保护，BIM 工作组单独安排办公室。

3）进度及效率保障措施

（1）进度计划安排

本工程 BIM 实施将紧跟施工的开展，使用 BIM 集成管理平台，以深化设计 BIM 模型、场地布置措施及大型机械设备模型为基础，集成进度、质量、成本管理、安全文明施工、总平面及文档等管理，直至形成最终竣工图 BIM 成果。

（2）进度控制措施

在确保模型质量的前提下，并确保模型按照计划进度准时完成，提前对完成的模型初次审核，再由组长与专业负责人进行二次审核，对出现的问题模型，及时修改，保障模型的质量。项目经理按期对实际进度计划进行分析，并对有问题的环节进行相应调整与优化，确保进度计划高效、有序地实施。详细内容见图 7.3.3.4-2 进度监控基本程序

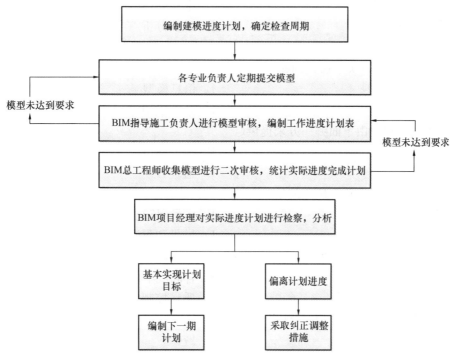

图 7.3.3.4-2 进度监控基本程序

7.3.4 应用案例分析

花都大道扩建改造工程项目是花都区重点项目，肩负着提升花都城区交通疏导和对外通达能力，完善区域路网并带动沿线区域经济快速发展的重要使命。区政府极为重视，要求 2018 年底完成所有主体工程施工。以建筑信息模型（BIM）为工具，探索了 BIM 在道路桥梁项目中的多个方面的实施和应用，包括多专业的管线综合、BIM 模型信息化、建设施工模拟、VR 技术应用等诸多内容。最终实现了项目管理信息化，提升了项目生产效率，提高了建筑质量，缩短工期，降低建设成本，实现了建设目标标准化、精细化、协同化的管理目标。基本实现了项目既定的工作目标。

花都大道扩建改造工程项目在 BIM 应用的诸多探索丰富了 BIM 技术的内涵与外延，促进了 BIM 技术的深化。得益于这些探索与研究，本项目的工作成果也为国内同类路桥工程以及大中型公共建筑的 BIM 应用提供了许多借鉴意义。

课 后 习 题

一、单项选择题

1. 建筑师为满足环境规划要求，基于环境分析数据设计的多个建筑型体，概念设计阶段结合 BIM 技术初步建立的模型为（　　　）。

A. 初设模型 　　　　　　　　　　　　B. 概念模型

C. 体量模型 　　　　　　　　　　　　D. 方案模型

2. 可持续建筑设计及分析软件 Ecotect，不能支持的功能是（　　　）。

A. 建筑能耗分析 　　　　　　　　　　B. 室外风环境

C. 水耗分析 　　　　　　　　　　　　D. 日照分析

3. 冲突检测是指通过建立 BIM 三维空间（　　　），在数字模型中提前预警工程项目中不同专业在空间上的冲突、碰撞问题。

A. 建筑模型 　　　　　　　　　　　　B. 信息模型

C. 体量模型 　　　　　　　　　　　　D. 几何模型

4. 工程材料单应由下面哪一方来提供（　　　）？

A. 业主方 　　　　　　　　　　　　　B. 施工方

C. 设计方 　　　　　　　　　　　　　D. 监理方

5. 塔吊安全管理中首要确定的是（　　　）。

A. 塔吊高度 　　　　　　　　　　　　B. 塔吊回转半径

C. 塔吊臂长 　　　　　　　　　　　　D. 塔吊和附近建筑物的安全距离

6. BIM 的 4D 是在 3D 建筑信息模型基础上，融入（　　　）。

A. 成本造价信息 　　　　　　　　　　B. 合同成本信息

C. 进度控制信息 　　　　　　　　　　D. 质量控制信息

7. 三维激光扫描仪水平扫描范围是（　　　）。

A. 180° 　　　　　　　　　　　　　　B. 270°

C. 300° 　　　　　　　　　　　　　　D. 360°

8. 一般 BIM 模型拆分要求，根据一般电脑配置要求分析，多专业模型宜控制在（　　　）内，单个文件不大于 100MB。

A. 3000m 　　　　　　　　　　　　　B. 5000m

C. 6000m 　　　　　　　　　　　　　D. 8000m

9. 以下说法错误的是（　　　）。

A. 三维可视化视角能体现室内装修细节，在项目还没开始的时候，就能让业主理解这种独特设计的意图，以及结合业主的建议来优化设计方案。

B. 传统设计表现手法在结合 BIM 技术之后，包括三维视图和实时漫游等，设计团队能够传递复杂想法，并更好地把这些想法交给业主查看。

C. 通过 BIM 模型数据生成的实时漫游，能让业主获得对建筑的视觉化体验，以便与让业主觉得此项目值得额外的投资。

D. 三维视角又能用于方案设计和业主交流，不能在施工现场展示。

10. 结构（   ），用于绘制结构梁板柱的钢筋、标注钢筋代号和布筋范围、钢筋量注释等。

A. 布置平面   B. 配筋平面
C. 模板平面   D. 基础平面

二、多选题

1. BIM 在项目规划设计阶段的应用，需要配合的专业有（   ）。

A. 建筑专业   B. 结构专业
C. 内装专业   D. 幕墙专业
E. 机电专业

2. 下面关于 BIM 施工图设计中协同设计说法错误的是（   ）。

A. 各专业统一在一个中心文件中建立模型、完成施工图设计。

B. 实时更新模型，同步修改。

C. 协同方式为阶段性协同。

D. 减少了对图、改图的工作量。

E. 减少设计周期。

3. BIM 深化设计协调管理流程是（   ）。

A. 建立规范文件存储体系   B. 定制统一的标准
C. 工程量预算管理   D. 深化设计变更管理
E. 竣工模型管理

4. 企业决定使用 BIM 技术进行深化设计时需要关注哪些方面的问题（   ）？

A. 使用 BIM 技术介入项目的时间点

B. BIM 软件、硬件的选用

C. 组建 BIM 实施团队

D. 指定 BIM 深化设计流程

E. 根据自身需求制定深化设计标准要求

5. 风管安装的顺序通常为（   ）。

A. 先上层后下层   B. 先支管后干管
C. 先干管后支管   D. 先水平管后主管
E. 先主管后水平管

参考答案

一、单选题

1. C   2. B   3. D   4. B   5. B   6. C   7. D   8. C   9. D   10. B

二、多选题

1. ABE   2. CE   3. ABDE   4. ABCDE   5. ACE

参 考 文 献

[1] 俞洪良，毛义华编著. 工程项目管理[M]. 杭州：浙江大学出版社，2014.12.

[2] 何铭新，李怀健主编；张斌副主编；谢步瀛主审. 土木工程制图 第4版[M]. 武汉：武汉理工大学出版社，2015.7.

[3] 李广瑞，李铭娜. 路桥施工过程产生的问题及解决措施[J]. 黑龙江科技信息，2013(18)：217.

[4] 张江宇. 十二五期间我国高等级公路发展规划与建设[J]. 建设机械技术与管理，2011，24(11)：84-87.

[5] 李锐. 试析路桥施工中安全管理存在的问题与解决措施[J]. 绿色环保建材，2017(11)：87.

[6] 邓晓陆. 路桥行业经营战略浅论[J]. 湖南大学学报(社会科学版)，2001(1)：62-64.

[7] 周春波. BIM技术在建筑施工中的应用研究[J]. 青岛理工大学学报，2013，34(1)：51-54.

[8] 高晶晶，邹俊桢，张金钥. BIM技术在桥梁施工中的应用[J]. 西部交通科技，2016(1)：57-61.

[9] 吴平. 浅谈BIM技术在路桥工程全生命周期中的应用[J]. 青海交通科技，2017(4)：104-106.

[10] 类成满. 基于BIM的施工项目数据集成平台研究[D]. 青岛理工大学，2018.

[11] 林良帆，邓雪原. BIM数据存储标准与集成管理研究现状[J]. 土木路桥工程信息技术，2013，5(3)：14-19+36.

[12] 王广斌，刘守奎. 建设项目BIM实施策划[J]. 时代建筑，2013(2)：48-51.

[13] 杜慧鹏. 影响项目策划的四因素[J]. 施工企业管理，2013(5)：33-35.

[14] 李建成. 建筑信息模型BIM应用丛书 BIM应用导论[M]. 上海：同济大学出版社，2015.

[15] 刘占省，赵雪峰. BIM技术与施工项目管理[M]. 北京：中国电力出版社，2015.

[16] 孙艺键. 面向建筑施工企业的BIM咨询[A]. 中国科学技术协会、云南省人民政府. 第十六届中国科协年会——分7绿色设计与制造信息技术创新论坛论文集[C]. 中国科学技术协会、云南省人民政府，2014：5.

[17] 申玲，宋家仁，钱经. 基于DEMATEL的BIM应用效益关键影响因素及对策[J]. 土木工程与管理学报，2018，35(2)：45-51.

[18] 葛文兰，于晓明，何波. BIM第二维度——项目不同参与方的BIM应用[M]. 北京：中国建筑工业出版社，2011.

[19] 李慧民. BIM技术应用基础教程[M]. 北京：冶金工业出版社，2017.

[20] 王幸来. 型钢混凝土桁架转换层复杂节点基于BIM的深化设计及可行性研究[D]. 江苏：江苏科技大学，2017.

[21] 向聃. BIM技术在道路桥梁施工管理中的应用研究[J]. 湖南交通科技，2017(3).

[22] 孙新强. 铁路桥梁建设应用BIM技术强化设计与管理的浅见[J]. 理论与实践，2017.

[23] 王莉，万婷婷，李晨. 浅析BIM技术在土木工程安全管理中的应用[J]. 建筑安全，2017(8).

[24] 周红波，汪再军. BIM技术在既有桥梁运维管理中的应用[J]. 建筑经济，2016(12).

[25] 于五星. BIM在档案管理中的应用[J]. 城建档案，2017(71).

[26] 王欢，熊峰，张云，郑荣跃. 基于BIM的桥梁运维管理系统研究[J]. 宁波大学学报(理工版)，2017(5).

[27] 张玲玲. 基于BIM的项目运维管理研究[J]. 价值工程.

[28] 董莉莉，谢月彬，王君峰. 用于运维的桥梁BIM模型交付方案——以港珠澳跨海大桥项目为例

[J]. 土木工程与管理学报，2017(6).

[29] 和瑞峰. 基于 BIM 的运维阶段建筑设备资产管理实现路径研究——以天津某工业厂房为例[D]. 天津理工大学，2017.

[30] 刘占省，赵雪锋，BM 技术与施工项目管理[M]. 北京：中国电力出版社，2015.

[31] 王辉，建设工程项目管理[M]. 北京：北京大学出版社，2014.

[32] 中华人民共和国建设部，CB/150326 2001. 建设工程项目管理规范[S]. 北京：中国建筑工业出版社，2002.

[33] 张建平，夺丁，林住瑞，颤钢文. BIM 在工程施工中的应用[J]. 施工技术，2012，16：10-17 +15.

[34] 张建平. 基于 RM 和 4D 技术的建筑施工优化及动态管理门[J]. 中国建设信息，2010，2：18-23.

[35] 刘占省，赵明，徐瑞龙. BIM 技术在我国的研发及工程应用[J]. 建筑技术，2013，10：893-897. L7.

[36] 刘占省，赵明，徐瑞龙，王泽强. BIM 技术在我国的研发及应用[N]. 建筑时报，20131-1004

[37] 刘占省，王泽强，张桐容，徐瑞龙 BIM 技术全寿命周期 一体化应用研究[J]. 施工技术，2013，18：91-95.

[38] 刘占省，赵明，徐瑞龙. BIM 技术在建筑设计、项目施. 及管理中的应用[J]. 建筑技术开发，2013，3：65-71.

[39] 何关培. BIM 总论[M]. 北京：中国建筑工业出版社，2011.

[40] 何关培，李刚那个叫 BIM 的东西究竟是什么[M]. 北京：中国建筑工业出版社，2011.

[41] 丁士照，建设工程信息化导论[M]. 北京：中国建筑工业出版社，2005.

[42] 王发武，工程项目信息化管理 Aurodesk Buzzsaw[M]. 北京：中国建筑工业出版社，2005.

[43] 张建平. 信息化土木工程设计 Aurodesk Civil 3DL[M]. 北京：中国建筑工业出版社，2005.

[44] 张建平，郭杰，王盛卫，徐止元，基于 IFC 标准和建筑设备集成的智能物业管理系统[J]. 清华大学学报(自然科学版). 2004(10)：940-942，946.

[45] 肖伟，胡晓非，胡端. 建筑行业的挑战与 BLM/BIM 的革新及运用[J]. 中国勘察设计. 2008(1)：68-70.

[46] 倪江波，赵昕. 中国建筑施工行业信息化发展报告(2015)BIM 深度应用与发展[M]. 北京：中国城市出版社，2015.

[47] 付勇攀，千竞超，赵雪锋，刘古省，曾卫军，张亮亮. BIM 在叶盛黄河大桥施工安全管理中的应用[J]. 建筑技术，2017，48(11)：1142-1144.

[48] 刘占省，韩泽斌，张禹，徐瑞龙. 基于 BIM 技术的预制装配式风电塔架数值模拟[J]. 建筑技术，2017，48(11)：1131-1134.

[49] 刘占省，张禹，郑媛元，徐瑞龙. 装配式风电塔架钢混连接段力学及可靠性研究[J]. 建筑技术，2017，48(11)：1135-1138.

[50] 张晓东，仲青，吴明庆. 基于工程量清单计价模式下的已竣工工程数据库建设[J]. 建筑技术，2017，48(11)：1227-1230.

[51] 余军，刘占省，孙佳佳. 基于 BIM 的首都机场急救中心专项管理平台研发与应用[J]. 建筑技术，2017，48(9)：976-979.

[52] 周哲敏. BIM 技术在国内外的发展及使用情况研究[A]. 天津大学、天津市钢结构学会，第十七届全国现代结构工程学术研讨会论文集[C]. 天津大学、天津市钢结构学会，2017：7.

[53] 杜艳超. 三维协同设计与管理工作流程研究[D]. 吉林建筑大学，2017.

[54] 张红艳，基于 BIM 的施工质量管理研究[J]. 能源技术与管理，2017，42(6)：196-99.

[55] 许多，BIM 技术下预制装配式混凝土的结构设计分析[J/OL]. 工程技术研究，2017(12)：21920.

［56］ Bhargav Dave，Andrea Buda，Antti Nurminen，Kary Främling. A framework for integrating BIM and IoT through open standards［J］. Automation in Construction，2018，95.

［57］ 张裕超，张学钢，李立功. BIM 技术在转体桥施工中的应用——以银西铁路跨定武高速公路转体桥为例［J］. 河北工业科技，2018(5)：341-347.

［58］ 王领先. BIM 技术在桥梁施工中的应用探析［J］. 海峡科技与产业，2017(10)：116-117.

［59］ 李红学，郭红领，高岩，刘文平，韦笑美. 基于 BIM 的桥梁工程设计与施工优化研究［J］. 工程管理学报，2012，26(6)：48-52.

［60］ 高懿琼，翟康. BIM 在设计阶段的实践应用探析［J］. 中国管理信息化，2018，21(19)：157-159.

［61］ 刘俊娥，高思，郭章林. BIM 技术在装配式建筑中的应用探究［J］. 价值工程，2017，36(23)：161-163.

［62］ 许炳，朱海龙. 我国建筑业 BIM 应用现状及影响机理研究［J］. 建筑经济，2015，36(3)：10-14.

［63］ Ahmed Louay Ahmed，Mohamad Kassem. A unified BIM adoption taxonomy：Conceptual development，empirical validation and application［J］. Automation in Construction，2018，96.

［64］ Conrad Boton. Supporting constructability analysis meetings with Immersive Virtual Reality-based collaborative BIM 4D simulation［J］. Automation in Construction，2018，96.

［65］ Mohamed Marzouk，Ismail Al Daour. Planning labor evacuation for construction sites using BIM and agent-based simulation［J］. Safety Science，2018，109.

［66］ James Fountain，Sandeep Langar. Building Information Modeling (BIM) outsourcing among general contractors［J］. Automation in Construction，2018，95.

［67］ Bhargav Dave，Andrea Buda，Antti Nurminen，Kary Främling. A framework for integrating BIM and IoT through open standards［J］. Automation in Construction，2018，95.

［68］ Stuart Porter，Tele Tan，Xiangyu Wang，Vishnu Pareek. LODOS - Going from BIM to CFD via CAD and model abstraction［J］. Automation in Construction，2018，94.

［69］ Aaron Costin，Alireza Adibfar，Hanjin Hu，Stuart S. Chen. Building Information Modeling (BIM) for transportation infrastructure-Literature review，applications，challenges，and recommendations［J］. Automation in Construction，2018，94.

［70］ 严沾谋，李希龙，王正清，孙正华，张磊. BIM＋GIS 技术在水利枢纽工程全生命周期的应用［J/OL］. 水利规划与设计，2018(11)：127-129［2018-1023］. http：//kns. cnki. net/kcms/detail/11. 5014. TV. 20181020. 2356. 066. html.

附件　建筑信息化工程师岗位技术
培训与考核项目管理办法

北京绿色建筑产业联盟文件

联盟　通字　【2018】09 号

通　知

各会员单位，BIM 技术教学点、报名点、考点、考务联络处以及有关参加考试的人员：

根据国务院《2016—2020 年建筑业信息化发展纲要》《关于促进建筑业持续健康发展的意见》（国办发〔2017〕19 号），以及住房和城乡建设部《关于推进建筑信息模型应用的指导意见》《建筑信息模型应用统一标准》等文件精神，北京绿色建筑产业联盟组织开展的全国建筑信息化工程师岗位技术培训与考核项目，各项培训、考试、推广等工作均在有效、有序、有力的推进。为了更好地培养和选拔优秀的实用性 BIM 技术人才，搭建完善的教学体系、考评体系和服务体系。我联盟根据实际情况需要，组织建筑业行业内 BIM 技术经验丰富的一线专家学者，对于本项目在 2015 年出版的 BIM 工程师培训辅导教材和考试管理办法进行了修订。现将修订后的《建筑信息化工程师岗位技术培训与考核项目管理办法》公开发布，2019 年 2 月 1 日起开始施行。

特此通知，请各有关人员遵照执行！

附件：建筑信息化工程师岗位技术培训与考核项目管理办法　全文

二〇一九年一月十五日

附件：

建筑信息化工程师岗位技术培训与考核
项目管理办法

建筑业关键岗位高新技能人才培养工程具体是指以北京绿色建筑产业联盟的名义设立并开展覆盖建筑行业重点关键岗位高新技能人才培养课程体系面向社会推广的人才培养系统工程，对培训与考核成绩合格人员，北京绿色建筑产业联盟向学员颁发【岗位技术证书】（非国家职业资格证书）。

本人才培养系统工程中设立的建筑信息化工程师岗位技术培训与考核项目是采取产教融合、理论实践结合、线上与线下相结合的模式，在课程设置、培训模式、教学管理、人才发展等方面具有较强的系统性和实践性。为了提高学员学习效果，检验学员学习过程中知识掌握的程度，特制定《建筑信息化工程师岗位技术培训与考核项目管理办法》。

一、培训与考核评估岗位

（一）综合类岗位
1. 建筑信息化工程师（BIM 建模技术）
2. 建筑信息化工程师（BIM 项目管理）
3. 建筑信息化工程师（BIM 战略规划）

（二）专业类岗位
4. 建筑信息化工程师（BIM 造价方向）
5. 建筑信息化工程师（BIM 装饰方向）
6. 建筑信息化工程师（BIM 电力方向）
7. 建筑信息化工程师（BIM 轨道交通方向）
8. 建筑信息化工程师（BIM 装配式建筑方向）
9. 建筑信息化工程师（BIM 机电方向）
10. 建筑信息化工程师（BIM 路桥方向）
11. 建筑信息化工程师（BIM 市政方向）
12. 建筑信息化工程师（BIM 系统开发方向）
13. 建筑信息化工程师（BIM 运营维护方向）
14. 建筑信息化工程师（BIM 建筑专项设计方向）
15. 建筑信息化工程师（工程动画方向）
16. 建筑信息化工程师（BIM 铁路工程方向）

二、考核对象及报名条件

（一）考核对象

工程类、工程经济类、财经、管理、计算机等相关专业的在校大学生、高校教师，以及相关专业毕业从事工程项目设计与施工技术和管理工作涉及建筑信息化专项技术有关业务的从业人员。

（二）报名条件

满足下列条件之一的有关人员均可参加培训与评估：

1. 在校大学生已经选修过建筑信息化相关 BIM 技术有关理论知识、实操技能、综合案例分析相关课程的；

2. 从事工程项目施工设计与施工技术和管理人员已经掌握相关理论知识和经过 BIM 技术有关应用能力训练的；

3. 社会有关从业人员参加过相关机构的 BIM 技术有关理论与实践相结合系统培训，具备 BIM 技术专项技能的。

三、报名时间及报名方式

（一）报名与考核评估时间

	第一次	第二次	第三次	第四次	第五次	第六次
报名时间	2 月 1 至 3 月 10 日	4 月 1 至 5 月 10 日	6 月 1 至 7 月 10 日	8 月 1 至 9 月 10 日	10 月 1 日至 11 月 10 日	12 月 1 至 1 月 10 日
考核时间	4 月第三个周六	6 月第三个周六	8 月第三个周六	10 月第三个周六	12 月第三个周六	次年 2 月第三个周六

（二）报名方式

1. 个人报名方式

报名人员统一登录：www.bjgba.com 网站提交考核评估申请，并缴纳相关费用。具体流程：

① 报名人员注册；②完善个人档案；③选择考核评估岗位；④选择培训方式；⑤选择报名人员所在地；⑥缴纳考核评估费用；⑦完成报名。

2. 集体报名方式

凡是参加由学校、教学点、考点考站、联络办事处、报名点等机构组织开展现场面授培训学习的有关报名人员，可由机构统一代报名。报名人员信息将会在 www.bjgba.com 网站上查询。

四、考核评估规则

（一）准考证打印

准考证信息会在考核评估前十天由系统自动生成，报名人员可登录 www.bjgba.com（建筑信息化 BIM 技术人才培养工程综合服务平台）进行打印。

（二）考核评估方式

评估考核采取四统一原则，即统一辅导教材、统一考核时间、统一考核大纲、统一考试试题。

1. 考核评估采取计算机答题的方式，参加考核评估人员统一登录远程网络考核评估系统进行答题，网址：exame.bjgba.com。

2. 考核评估试卷及试题按照《考试大纲》要求自动生成，各参考人员试题均不一致。

（三）考场安排

除港澳台外，其余省会、直辖市均设有现场考核点。报名人员可根据自身实际情况就近选择现场考核点。现场考核地点以平台公示为准。

五、培训与学习要求

本项目评估考核的命题范围和依据是选自北京绿色建筑产业联盟组织编写，由中国建筑工业出版社出版发行的"BIM 技术系列岗位人才培养项目辅导教材"和"建筑信息化服务技术人员职业技术辅导教材"系列丛书及考试大纲之中的内容，学员参加培训学习时应考虑知识体系和命题范围等因素，选用学习用书和学习内容，各岗位理论与实践操作学习时长应不少于 120 学时。

1. 建筑信息化工程师（BIM 建模技术）

学习内容包括《BIM 技术概论》《BIM 建模应用技术》《BIM 设计施工综合技能与实务》理论知识及实践操作，共三个科目。

2. 建筑信息化工程师（BIM 项目管理）

学习内容包括《BIM 技术概论》《BIM 建模应用技术》《BIM 应用与项目管理》《BIM 应用案例分析》理论知识及实践操作，共四个科目。

3. 建筑信息化工程师（BIM 战略规划）

学习内容包括《BIM 技术概论》《BIM 建模应用技术》《BIM 应用与项目管理》《BIM 应用案例分析》《论文书写攻略》理论知识及实践操作，共五个科目。

4. 建筑信息化工程师（BIM 造价方向）

学习内容包括《BIM 造价专业基础知识》《BIM 造价专业操作实务》理论知识及实践操作，共二个科目。

5. 建筑信息化工程师（BIM 装饰方向）

学习内容包括《BIM 装饰专业基础知识》《BIM 装饰专业操作实务》理论知识及实践操作，共二个科目。

6. 建筑信息化工程师（BIM 电力方向）

学习内容包括《BIM 电力专业基础知识与操作实务》理论知识及实践操作，共一个科目。

7. 建筑信息化工程师（BIM 轨道交通方向）

学习内容包括《BIM 轨道交通专业基础知识》《BIM 轨道交通专业操作实务》理论知识及实践操作，共二个科目。

8. 建筑信息化工程师（BIM 装配式建筑方向）

学习内容包括《装配式钢结构建筑与 BIM 应用》《装配式建筑 BIM 技术概论》《装配

式建筑 BIM 操作实务》理论知识及实践操作，共三个科目。

9. 建筑信息化工程师（BIM 机电方向）

学习内容包括《BIM 机电专业基础知识》《BIM 机电专业操作实务》理论知识及实践操作，共二个科目。

10. 建筑信息化工程师（BIM 路桥方向）

学习内容包括《BIM 路桥专业基础知识》《BIM 路桥专业操作实务》理论知识及实践操作，共二个科目。

11. 建筑信息化工程师（BIM 市政方向）

学习内容包括《BIM 市政专业基础知识》《BIM 市政专业操作实务》理论知识及实践操作，共二个科目。

12. 建筑信息化工程师（BIM 系统开发方向）

学习内容包括《BIM 系统开发专业基础知识》《BIM 系统开发专业操作实务》理论知识及实践操作，共二个科目。

13. 建筑信息化工程师（BIM 运营维护方向）

学习内容包括《BIM 运营维护基础知识与操作实务》《BIM 技术概论》《三维扫描与 BIM 技术应用》理论知识及实践操作，共三个科目。

14. 建筑信息化工程师（BIM 建筑专项设计方向）

学习内容包括《BIM 技术概论》《BIM 建模应用技术》《BIM 应用与项目管理》《BIM 应用案例分析》《BIM 设计施工综合技能与实务》《ARCHICAD 基础应用》理论知识及实践操作，共六个科目。

15. 建筑信息化工程师（工程动画方向）

学习内容包括《建筑工程动画基础知识》《建筑工程模型创建》《灯光材质与渲染》理论知识及实践操作，共三个科目。

16. 建筑信息化工程师（BIM 铁路工程方向）

学习内容包括《铁路工程 BIM 基础知识》，共一个科目。

六、考核评估内容

（一）各岗位考核科目

1. 建筑信息化工程师（BIM 建模技术）：《BIM 技术概论》《BIM 建模应用技术》《BIM 设计施工综合技能与实务》，共三个科目。

2. 建筑信息化工程师（BIM 项目管理）：《BIM 技术概论》《BIM 建模应用技术》《BIM 应用与项目管理》《BIM 应用案例分析》，共四个科目。

3. 建筑信息化工程师（BIM 战略规划）培训课程：《BIM 技术概论》《BIM 应用案例分析》，完成以上两个科目的考核后 10 日内提交自拟题目论文一篇。

4. 建筑信息化工程师（BIM 造价方向）：《BIM 造价专业基础知识》《BIM 造价专业操作实务》，共二个科目。

5. 建筑信息化工程师（BIM 装饰方向）：《BIM 装饰专业基础知识》《BIM 装饰专业操作实务》，共二个科目。

6. 建筑信息化工程师（BIM 电力方向）：《BIM 电力专业基础知识与操作实务》，共一个科目。

7. 建筑信息化工程师（BIM 轨道交通方向）：《BIM 轨道交通专业基础知识》《BIM 轨道交通专业操作实务》，共二个科目。

8. 建筑信息化工程师（BIM 装配式建筑方向）：《装配式钢结构建筑与 BIM 应用》《装配式建筑 BIM 技术概论》《装配式建筑 BIM 操作实务》，共三个科目。

9. 建筑信息化工程师（BIM 机电方向）：《BIM 机电专业基础知识》《BIM 机电专业操作实务》，共二个科目。

10. 建筑信息化工程师（BIM 路桥方向）：《BIM 路桥专业基础知识》《BIM 路桥专业操作实务》，共二个科目。

11. 建筑信息化工程师（BIM 市政方向）：《BIM 市政专业基础知识》《BIM 市政专业操作实务》，共二个科目。

12. 建筑信息化工程师（BIM 系统开发方向）：《BIM 系统开发专业基础知识与操作实务》，共一个科目。

13. 建筑信息化工程师（BIM 运营维护方向）：《BIM 运营维护基础知识与操作实务》《BIM 技术概论》《三维扫描与 BIM 技术应用》，共三个科目。

14. 建筑信息化工程师（BIM 建筑专项设计方向）：《BIM 技术概论》《BIM 建模应用技术》《BIM 设计施工综合技能与实务》，共三个科目。

15. 建筑信息化工程师（工程动画方向）：《建筑工程模型创建》，共一个科目。

16. 建筑信息化工程师（铁路工程方向）：《铁路工程 BIM 基础知识》，共一个科目。

（二）题型、题量、分值

序号	科目名称	题量与分值	时间安排
1	《BIM 技术概论》	单选题 30 题，每题 2 分，共 60 分。多选题 10 题，每题 4 分，共 40 分	8:30—10:00，共计 90 分钟
2	《BIM 建模应用技术》		10:30—12:00，共计 90 分钟
3	《BIM 应用与项目管理》		14:00—15:30，共计 90 分钟
4	《BIM 应用案例分析》	单选题 10 题，每题 2 分，共 20 分。多选题 5 题，每题 4 分，共 20 分。案例分析题 3 题，每题 20 分，共 60 分	16:00—18:00，共计 120 分钟
5	《BIM 设计施工综合技能与实务》	每套试卷中土建专业建模 4 题共 100 分，机电专业建模 4 题共 100 分。其中：建模题每题 25 分，考生根据自身掌握的建模专业知识自选土建专业或机电专业答题	14:00—17:00，共计 180 分钟
6	《BIM 电力专业基础知识与操作实务》	单选题共 40 题，每题 1 分，共 40 分。多选题共 20 题，每题 2 分，共 40 分。简答题共 4 题，每题 5 分，共 20 分	8:30—10:30，共计 120 分钟
7	《BIM 装饰专业基础知识》	单选题共 40 题，每题 1 分，共 40 分。多选题共 20 题，每题 2 分，共 40 分。简答题共 4 题，每题 5 分，共 20 分	8:30—10:30，共计 120 分钟

序号	科目名称	题量与分值	时间安排
8	《BIM 装饰专业操作实务》	工装建模软件操作共 2 题，每题 30 分，共 60 分。家装建模软件操作共 2 题，每题 20 分，共 40 分	14:00—17:00，共计 180 分钟
9	《BIM 造价专业基础知识》	单选题共 40 题，每题 1 分，共 40 分。多选题共 20 题，每题 2 分，共 40 分。简答题共 4 题，每题 5 分，共 20 分	8:30—10:30，共计 120 分钟
10	《BIM 造价专业操作实务》	土建计量与计价 4 题，每题 25 分，共 100 分。安装计量与计价 4 题，每题 25 分，共 100 分	14:00—17:00，共计 180 分钟
11	《BIM 机电专业基础知识》	单选题共 40 题，每题 1 分，共 40 分。多选题共 20 题，每题 2 分，共 40 分。简答题共 4 题，每题 5 分，共 20 分	8:30—10:30，共计 120 分钟
12	《BIM 机电专业操作实务》	模型题共 4 题，每题 25 分，共 100 分	14:00—17:00，共计 180 分钟
13	《BIM 市政专业基础知识》	单选题共 40 题，每题 1 分，共 40 分。多选题共 20 题，每题 2 分，共 40 分。简答题共 4 题，每题 5 分，共 20 分	8:30—10:30，共计 120 分钟
14	《BIM 市政专业操作实务》	模型题共 4 题，每题 25 分，共 100 分	14:00—17:00，共计 180 分钟
15	《装配式钢结构建筑与 BIM 应用》	单选题共 30 题，每题 2 分，共 60 分。多选题共 10 题，每题 4 分，共 40 分	8:30—10:00，共计 90 分钟
16	《装配式建筑 BIM 技术概论》		10:30—12:00，共计 90 分钟
17	《装配式建筑 BIM 操作实务》	模型题共 4 题，每题 25 分，共 100 分	14:00—17:00，共计 180 分钟
18	《BIM 路桥专业基础知识》	单选题共 40 题，每题 1 分，共 40 分。多选题共 20 题，每题 2 分，共 40 分。简答题共 4 题，每题 5 分，共 20 分	8:30—10:30，共计 120 分钟
19	《BIM 路桥专业操作实务》	模型题共 4 题，每题 25 分，共 100 分	14:00—17:00，共计 180 分钟
20	《BIM 系统开发专业基础知识与操作实务》	单选题共 40 题，每题 1 分，共 40 分。多选题共 20 题，每题 2 分，共 40 分。简答题共 4 题，每题 5 分，共 20 分	8:30—10:30，共计 120 分钟
21	《BIM 运营维护基础知识与操作实务》		8:30—10:30，共计 120 分钟
22	《三维扫描与 BIM 技术应用》		14:00—16:00，共计 120 分钟
23	《BIM 轨道交通专业基础知识》		8:30—10:30，共计 120 分钟
24	《铁路工程 BIM 基础知识》		8:30—10:30，共计 120 分钟

序号	科目名称	题量与分值	时间安排
25	《BIM 轨道交通专业操作实务》	模型题共 4 题，每题 25 分，共 100 分	14:00—17:00，共计 180 分钟

七、成绩与证书颁发

1. 各科卷面分数 100 分，合格分数为 60 分。

2. 证书颁发：考核评估成绩合格者由北京绿色建筑产业联盟颁发《岗位技术证书》（非国家职业资格证书）。

3. 证书领取：

（1）个人报名人员成绩合格后的 30 个工作日内，由北京绿色建筑产业联盟考务处统一邮寄证书，或自行前来领取；

（2）由机构统一代报名的，成绩合格后北京绿色建筑产业联盟考务处统一将证书邮寄至代报机构，由代报机构负责证书的颁发。

4. 成绩查询时间：考核评估结束 30 个工作日，在官方网站 www.bjgba.com 查询。

5. 证书颁发时间：自成绩公布之日起 30 工作日。

6. 考核评估成绩有效期：相同考核评估岗位的各科目考核成绩长期有效。

八、有关费用的说明

考核评估费用包括：证书工本费、项目研发费、项目运营管理费、项目人力资源费、税金、项目办公经费、档案管理费、项目推广费、考试平台开发及维护费、考试场地费、命题费、阅卷费等费用。

（一）收费标准

1. 综合类岗位收费标准

（1）建筑信息化工程师（BIM 建模技术）：首次报名 380 元/人；考试未通过科目补考 100 元/科。

（2）建筑信息化工程师（BIM 项目管理）：首次报名 450 元/人；考试未通过科目补考 100 元/科。

（3）建筑信息化工程师（BIM 战略规划）：首次报名 450 元/人；考试未通过科目补考 100 元/科。

2. 专业类岗位收费标准

专业类岗位收费标准统一为首次报名 380 元/人；考试未通过科目补考 100 元/科。

（二）缴费方式与发票开具

个人申报人员可以直接通过 www.bjgba.com 网站进行考核评估费用的缴纳，支持微信支付和支付宝支付。个人报名成功后，可自行在平台申请发票。

通过机构代报名的，由机构统一收取考核评估费用。发票统一由代报机构开具。

九、其他

1. 本办法根据实际情况，每两年修订一次，同步在 www.bjgba.com 平台进行公示。

本办法由 BIM 技术系列岗位专业技能人才考评项目运营办公室负责解释。

2. 凡参与"建筑业重点关键岗位高新技能人才培养工程——建筑信息化工程师（BIM 系列）岗位技术培训与考核"项目的报名人员、BIM 技术培训机构、考试服务与管理、市场宣传推广、命题判卷、指导教材编写等工作的有关人员，均适用于执行本办法。

3. 本办法自 2019 年 4 月 1 日起执行。

北京绿色建筑产业联盟
二〇一九年三月